これ1冊ですっきりわかる！
年金のしくみともらい方
25-26年版

ナツメ社

年金くんに聞いてみよう！
年金が受給できる年齢になった。どうすればいい？

老齢年金は原則65歳から。請求しないと受け取れません！

●老齢年金の受給開始年齢は65歳が原則

国民年金から支給される**老齢基礎年金**と厚生年金保険から支給される**老齢厚生年金**は**65歳から受け取る**のが原則です。

加入していた制度によって老齢基礎年金のみ受け取る人と老齢基礎年金と老齢厚生年金をあわせて受け取る人がいます。

国民年金に加入していると
⇒老齢基礎年金のみ受け取れる。

厚生年金保険に加入していると
⇒老齢基礎年金と老齢厚生年金をあわせて受け取れる。

もっとくわしく！　老齢基礎年金 ➡P88へ　　老齢厚生年金 ➡P98へ

原則65歳から受け取り。でも、例外があります！

例外①
特別支給の老齢厚生年金を60〜64歳から受け取れる人がいる。

昭和36年4月1日以前に生まれた男性、昭和41年4月1日以前に生まれた女性は60〜64歳から特別支給の老齢厚生年金を受け取れる。

例外②
60歳以降に会社員として働くと年金が支給停止されることがある。

（**在職老齢年金**：一定以上の収入のある就労している高齢者の老齢厚生年金をカットする制度）。

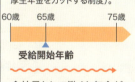

会社員として働くと年金が支給停止になることも。

例外③
65歳より前に受け取る「**繰上げ受給**」、65歳より後に受け取る「**繰下げ受給**」を選択できる。

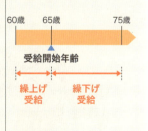

もっとくわしく！
特別支給の老齢厚生年金 ➡P98へ
働きながら年金を受け取る ➡P116へ
老齢基礎年金の繰上げ受給 ➡P94へ
老齢基礎年金の繰下げ受給 ➡P96へ

年金が受給できる年齢になった。どうすればいい？

●年金は請求の手続きが必要

老齢年金を受け取れる年齢が近づくと、加入記録が記載された**年金請求書**が送られてきます。記録が正しいことを確認してから必要事項を記入し、**戸籍謄本**などの必要な書類※をそろえたうえで、**年金事務所**に提出することで、手続きが始まります。

※マイナンバーが登録されている人は添付を省略できる書類があります。

●年金受給までの流れ

受給開始年齢になる3か月前	受給開始年齢の誕生日の前日以降	約1〜2か月後	約1〜2か月後
年金請求書が送られてくる	年金請求書を年金事務所に提出する	年金証書・年金決定通知書が送られてくる	年金の受け取り開始

繰上げ受給をする人はいつ請求すればいい？

年金請求書が送られてくるのを待たずに請求することになります。受給を希望する時期に「支給繰上げ請求書」を年金事務所等に提出します。

繰下げ受給をする人はいつ請求すればいい？

受給開始年齢になるときは手続きをせず、繰下げを希望する時期に請求することになります。受給を希望する時期に「支給繰下げ請求書」を年金事務所等に提出します。

 老齢年金の受け取り ➡ P202へ

●60〜64歳から年金を受け取れる人がいる！

　60〜64歳になったら**特別支給の老齢厚生年金**を受け取れる人がいます。性別と生年月日によって受け取れるかどうかが決まりますので、自分が当てはまるかを確認しましょう。

※性別と生年月日のほかにも受給するための要件があります。

●特別支給の老齢厚生年金の受給開始年齢

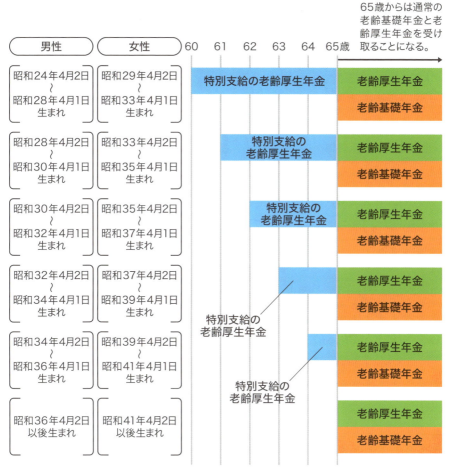

昭和36年4月2日以後生まれの男性と昭和41年4月2日以後生まれの女性は65歳からの受給となります

もっとくわしく！　特別支給の老齢厚生年金　受給要件と計算　➡P98へ

年金くんに聞いてみよう！
老齢年金の繰上げ受給、繰下げ受給ってなに？

老齢年金の受給時期は60〜75歳で自由に選ぶことができます

● **早めに年金を受け取りたい人は60歳からでも受け取れる（繰上げ）**

　老齢年金の受給開始は原則として65歳からですが、請求の手続きをすれば自分で決めた時期（60〜64歳）に減額された老齢年金を繰上げ受給することができます。なお、老齢基礎年金と老齢厚生年金は同時に繰上げ請求となります。特別支給の老齢厚生年金（→P5）も繰上げ受給できます。

● 65歳から受給と繰上げ受給した場合の年金額イメージ

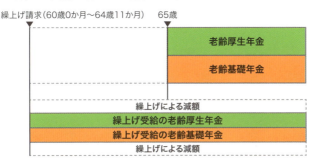

老齢基礎年金の繰上げ受給　➡P94へ
老齢厚生年金の繰上げ受給　➡P105へ

● **受給開始時期を66歳以降に遅らせると年金が増額される（繰下げ）**

　老齢年金の受給開始となる65歳になっても年金を請求せずに、自分で決めた時期（66〜75歳）に請求の手続きをして、増額された老齢年金を繰下げ受給することができます。老齢基礎年金のみの繰下げ、また老齢厚生年金のみの繰下げを選択することもできます。

● 65歳から受給と繰下げ受給した場合の年金額イメージ

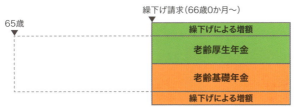

老齢基礎年金の繰下げ受給　➡P96へ
老齢厚生年金の繰下げ受給　➡P106へ

繰上げ受給と繰下げ受給が見直されました

年金を早く受け取るときの減額率が月0.4％に緩和された

繰上げ受給では、一定の率の減額があります。この減額率が月0.5％から0.4％に緩和されています。

繰上げ受給の減額率 ＝ 0.4％* × 繰上げを請求した月から65歳になる月の前月までの月数

＊2022〈令和4〉年4月1日以降に60歳になる人が対象。

●繰上げ受給する場合の減額率

	60歳	61歳	62歳	63歳	64歳
2022〈令和4〉年3月まで	30.0％	24.0％	18.0％	12.0％	6.0％
2022〈令和4〉年4月から	24.0％	19.2％	14.4％	9.6％	4.8％

＊各年齢の0か月のときの減額率。実際は月単位で計算される。

●繰上げ受給・繰下げ受給の割合（2022〈令和4〉年4月〜）

65歳より前に受け取ると減額、65歳より後に受け取ると増額されるんだ。

＊各年齢の0か月のときの減額率、増額率。実際は月単位で計算される。
＊年金を受け取る権利が発生してから5年経過後に、繰下げ受給の申し出を行わず、老齢年金をさかのぼって受けることを選択した場合は、請求の5年前に繰下げ受給の申し出があったとみなして、増額された年金を一括で受け取ることができる（→P107）。

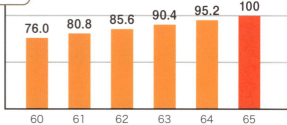

老齢年金の受給開始時期は60歳から75歳の間で自由に選ぶことができます。自分の働き方、老後のライフプランを考えて選びましょう。

年金を75歳まで繰り下げられるようになった

65歳より後に老齢年金の受給の開始を繰り下げると、受給額が増額されます。以前は70歳が上限でしたが、この上限が75歳に引き上げられています。*

繰下げ受給の増額率 ＝ 0.7％ × 65歳になった月から繰下げを申し出た月の前月までの月数

＊2022＜令和4＞年4月1日以降に70歳になる人が対象。

● 繰下げ受給の増額率

	66歳	67歳	68歳	69歳	70歳
	8.4%	16.8%	25.2%	33.6%	42.0%

2022〈令和4〉年4月から	71歳	72歳	73歳	74歳	75歳以上
	50.4%	58.8%	67.2%	75.6%	84.0%

＊各年齢の0か月のときの増額率。実際は月単位で計算される。

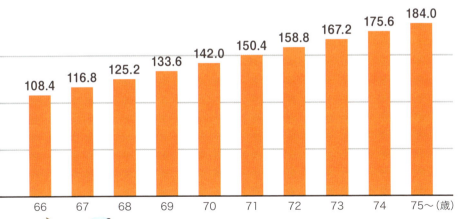

老齢基礎年金の繰上げ受給と繰下げ受給 ➡P94、96へ
老齢年金の繰上げ受給と繰下げ受給の手続き ➡P220へ

> 繰上げ受給と繰下げ受給が見直されました

選べるとはいうけれど、結局、年金はいつもらうのがベスト？

2022〈令和4〉年4月から、老齢年金の繰下げ受給が75歳まで繰り下げられるようになりました。最大の75歳まで繰り下げれば、65歳から受給する場合と比較して、84%も増額されます。しかし、「いつまで生きるのか」がわからないため、遅くすればするほどお得とも限りません。結局、いつもらうのがよいのか、考えてみます。

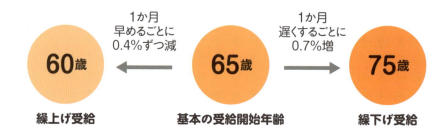

1か月早めるごとに0.4%ずつ減 ← 60歳 繰上げ受給
65歳 基本の受給開始年齢
→ 1か月遅くするごとに0.7%増 75歳 繰下げ受給

繰上げ受給のメリットとデメリット

早くから年金を受け取り始める繰上げ受給の減額率は2022年4月に0.5%から0.4%に改正され、減りが少なくなりました。それでも「減ってしまう」のが繰上げ受給をするか迷うポイントでしょう。ほかにも注意点があります。

繰上げ受給のメリット	早く受け取れる。
繰上げ受給のデメリット	年金額が減額される（一生減額されたまま）、障害基礎年金の請求ができない、寡婦年金が支給されない（受給中の場合は権利がなくなる）　など

総額の比較	60歳0か月で繰上げ請求した場合の年金総額が、65歳で受け取り始めた場合の総額を下回るのは、80歳10か月
繰上げ受給を選ぶ際に多い理由	●生活費が不足している ●貯金がない ●働くことができない

収入のあてがなく、生活費が不足する場合は、繰上げ受給を検討してみましょう。

繰下げ受給のメリットとデメリット

　65歳を過ぎても生活費に困らない場合は、繰下げ受給を検討することができます。繰上げの場合は老齢基礎年金と老齢厚生年金を同時に繰り上げる必要がありますが、繰下げはどちらか一方のみでも可能です。

繰下げ受給の**メリット**……… 年金額が増える。
繰下げ受給の**デメリット** …… 繰下げ待機期間（年金を受け取っていない期間）は加給年金額や振替加算を受け取ることができない。

繰下げ受給の注意点	収入が増えるため、税金や社会保険料が上がったり、医療保険や介護保険の自己負担割合が増えたりする可能性がある
総額の比較	70歳0か月で繰下げ請求した場合の年金総額が、65歳で受け取り始めた場合の総額を上回るのは、81歳11か月 75歳0か月で繰下げ請求した場合の年金総額が、65歳で受け取り始めた場合の総額を上回るのは、86歳10か月
繰下げ受給を選ぶ際に多い理由	●十分な収入がある ●十分な貯金がある ●公的年金以外の年金制度（iDeCoや個人年金、企業年金など）がある

公的年金がなくても生活できる収入がある場合は、長生きをしたときのために、繰下げ受給を検討してみましょう。

繰上げ？　繰下げ？　試算してみましょう！

　自分が将来、繰上げ受給や繰下げ受給をした場合の年金収入をリアルに知ることができるのが試算です。ねんきんネットの「詳細な条件で試算」（P109）コーナーや公的年金シュミレーター（P111）では、今後の職業や受給開始年齢などを入力して試算することができます。ぜひ活用してみてください。

年金くんに聞いてみよう！
働いて収入があるから年金はもらえない？

働いている人にも老齢年金はあります！

●支給停止になる年金と必ずもらえる年金

　60歳を過ぎて働いている場合は**在職老齢年金**のしくみにより、老齢厚生年金と給料や賞与の額に応じて、年金の一部または全部が支給停止になることがあります。ただし、65歳からの老齢基礎年金（国民年金）は全額受け取ることができます。

●在職老齢年金のしくみ

60～64歳

年金と報酬の額によって老齢厚生年金の一部または全部が支給停止

65歳以上

年金と報酬の額によって老齢厚生年金の一部または全部が支給停止

＋

老齢基礎年金は全額受給

もっとくわしく！　在職老齢年金　➡P116へ

●雇用保険の給付と年金の調整

　60歳以降に雇用保険からの給付がある場合は、年金が受け取れないことがあります。たとえば、60～64歳で退職して失業給付を受けたり、働きながら高年齢雇用継続基本給付金を受けると、特別支給の老齢厚生年金の全部または一部が支給停止となります。

雇用保険からの給付と老齢厚生年金を同時に受け取ることはできない

雇用保険からの給付と老齢厚生年金を同時に受け取れる

もっとくわしく！　老齢年金と雇用保険　➡P262へ

働きながらもらえる在職老齢年金が見直されました

在職中に年1回の改定が行われる

　以前は、65歳以上で働きながら（厚生年金保険料を納めながら）老齢厚生年金を受け取っている人の場合、年金額の改定は、70歳になるときか退職するときまで行われませんでしたが、在職中も年1回の改定が行われることになっています。これにより、1年間納めた保険料の分の年金額が増えていきます。

●70歳まで会社員として働く人の年金額の改定方法

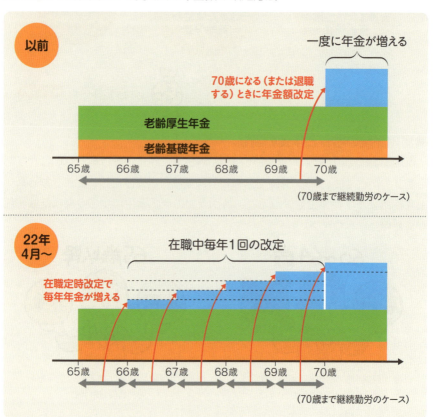

支給停止の基準額が引き上げられることによって、働いていても受け取れる年金額が増えることが見込まれます。定年後の就労時にチェックしましょう。

働くことで年金が支給停止になる基準額が引き上げられた

　65歳未満で特別支給の老齢厚生年金を受け取れる人が会社などで働く場合、平均月収が50万円を超えると年金が支給停止となっていましたが、この基準額が51万円に引き上げられました。

● 支給停止の基準額が引き上げられた

● 支給停止の基準額が引き上げられたので…（一般的な例）

以前	見直し後
年金が支給停止にならないよう、働き方を抑えることも	年金のことをあまり気にせずに働くことができるように

＊51万円の基準額は現役男性の平均月収を基準として設定されている。

もっとくわしく！　在職老齢年金 ➡P116へ

年金くんに聞いてみよう！
ねんきん定期便、面倒でちゃんと見ていない

ねんきん定期便は必ず確認を！
納付書や税申告の書類も見逃さないで！

◉損をしないよう、年に一度のねんきんチェック

ねんきん定期便は毎年誕生月に届きます。節目の年には封書、それ以外の年にはハガキが届くので、必ず確認を。

●ねんきん定期便は年齢によって「ハガキ」または「封書」で届く

毎年／ハガキ

35歳、45歳、59歳（節目の年）／封書

◉電子版ねんきん定期便ならデータで記録を管理・保存できる

ねんきんネットを利用して、ねんきん定期便を**PDFファイルの電子版**で確認することもできます。ダウンロードしてデータで記録を管理・保存できて便利です。方法は簡単。ねんきんネット上で「郵送を希望しない」と登録します。電子版の利用には、ねんきんネットのユーザーID取得またはマイナポータルからの登録が必要です。

●電子版ねんきん定期便

年金受給開始後については
年金受給者に届くさまざまな書類 ➡P236へ

ねんきん定期便、面倒でちゃんと見ていない

●年金の公式サイト「わたしとみんなの年金ポータル」

年金のしくみはとても複雑です。わからないことがあるとき、インターネットは便利ですが、古い情報や間違った情報も含まれますので注意しましょう。公的年金制度を運営している厚生労働省のウェブサイト**「わたしとみんなの年金ポータル」**ならいつも最新情報が確認できます。

●厚生労働省　わたしとみんなの年金ポータル
https://www.mhlw.go.jp/nenkinportal/index.html

●いつでも見られる「ねんきんネット」

ねんきんネットは、登録することで記録の確認や年金見込額の試算、年金情報の確認、各種手続きなどができるサービスです。マイナポータルと連携すれば、通知書の確認や電子申請など、さらに便利な機能を利用できます。

●日本年金機構　ねんきんネット
https://www.nenkin.go.jp/n_net/index.html

年金の記録の確認や相談をする　➡P76へ

●使う書類や保管が必要な書類

　国民年金の加入中には納付に使う書類や確定申告に必要な書類などがあります。マイナポータルとの連携手続きをすればペーパーレス化できるものもあります。また、受給が近づくと日本年金機構から送られてくる書類はいずれも重要なもの。必ず開封して中身をよく確認してください。

見落とさないで！　年金に関するおもな重要書類

加入中

国民年金保険料納付書	保険料を現金で納付、電子納付（Pay-easy）、スマートフォンアプリで納付するときなどに使用する。
国民年金保険料口座振替額通知書	口座振替で納付する場合に送付される。マイナポータルへの通知に切り替えることができる。
社会保険料控除証明書	確定申告や年末調整に使用する。ねんきんネットで電子送付希望の登録を行うと、郵送は行われない。
ねんきん定期便	毎年誕生月に届く。ねんきんネットを利用して電子版で確認することもできる。

年金受給直前〜受給開始

年金請求書	年金の受給年齢である65歳になる前に送られてくる。年金の請求手続きを行うのに必要な書類。
年金証書年金決定通知書	年金請求書の提出から約1、2か月後に送られてくる、年金を受け取っている人の身分証明書といえる書類。届出のときに必要となるので、大切に保管すること。

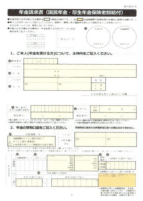

年金請求書は年金の受給年齢である65歳になる前に緑の封筒に入って送られてきます。

老齢年金の受給手続き ➡P202へ

19

年金くんに聞いてみよう！
保険料を納めていない時期があるけど年金はもらえる？

老後の年金を受け取るための受給資格期間は10年に短縮！

●10年保険料を納めれば年金がもらえる

65歳からの「老齢基礎年金」の受給資格期間は、以前は25年でしたが2017〈平成29〉年8月から**10年**となっています。ただし、老齢基礎年金は40年間保険料を納めて満額を受け取れるので、期間が満たない場合などには減額されます。

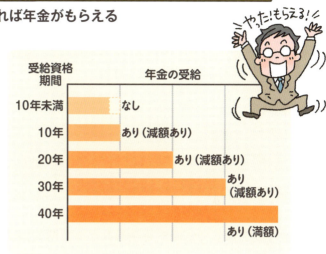

「年金の給付を受け取るための加入期間」 ➡P48へ

●保険料を納めた期間だけではない「受給資格期間」

年金を受け取るためには<u>受給資格期間</u>を満たしていることが必要です。受給資格期間には、保険料を納めた期間のほかにも、いくつかの期間を計算に入れることができます。

●いろいろあります、受給資格期間

- 国民年金の保険料を納めた期間
- 厚生年金保険の保険料を納めた期間
- 第3号被保険者の届出をしてある期間
- 免除・猶予・特例期間
- カラ期間

合計して10年以上

老齢基礎年金の受給に必要な納付期間 ➡P88へ

保険料を納めていない時期があるけど年金はもらえる？

●追納して年金を満額に近づけよう

　国民年金には、経済的に保険料を納めるのが困難な場合に保険料の**免除**や**猶予**、**学生納付特例**といった制度が設けられています。これらの承認を受けて保険料を納めなかった期間は年金の受給資格期間にはなりますが、将来の年金額は減額されます。しかし、10年以内に後から納付（**追納**）すれば、老齢基礎年金額を満額に近づけることができます。

●追納の方法

①日本年金機構のウェブサイトから「追納申込書」をダウンロードし、必要事項を書き込む。 → ②マイナンバーカードなどの本人確認ができる書類を用意する。 → ③年金事務所に申請（窓口または郵送）する。

ねんきんネット上で追納申込書を作成することもできます。

●手続きなしで保険料を納めなかった期間（未納期間）を調べる

　保険料の免除や猶予、学生特例の手続きもせずに保険料を納めないことを**未納**といいます。未納の場合は、年金額が減額になるばかりでなく、受給資格期間にも入りません。ねんきん定期便やねんきんネットで確認しましょう。

●未納期間の確認

　35歳、45歳、59歳のときに受け取る封書のねんきん定期便で確認できる。

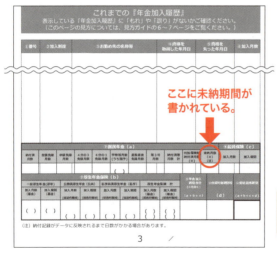

ここに未納期間が書かれている。

ねんきんネットならいつでも確認できます！

 国民年金への加入と保険料 P50へ

22

●未納期間を減らして満額に近づける方法①
2年以内なら後から納付できる

　国民年金保険料の未納期間がある場合は、納付期限から2年以内であれば、後から納付することができます。納付書の使用期限が切れていなければ納付書を使って納付ができます。納付書の使用期限が切れている場合は、年金事務所で手続きをしましょう。

●免除や猶予期間は10年、未納は2年

保険料の免除、猶予、学生特例	保険料の未納
⇒**10年以内**に後から納める（後納）で満額に近づける	⇒納付期限から**2年以内**なら納付可能

●未納期間を減らして満額に近づける方法②
「任意加入」で年金を受け取れるように

　老齢基礎年金の受給資格期間を満たしていない人や、満たしていても満額の老齢基礎年金を受けられない人などは、60歳以上65歳未満の期間などに、**国民年金に任意加入**することができます。ただし、厚生年金保険や共済組合に加入している人は除きます。

●任意加入できるのはこんな人

- 60歳までに老齢基礎年金の受給資格を満たしていない
- 40年の保険料納付済期間がなくて老齢基礎年金を満額受給できない
- 年金の受給資格期間を満たしていない65歳以上70歳未満の人

年金ゼロから年金アリにできるチャンスです。あきらめないで保険料の納付を！

もっとくわしく！　希望して国民年金に加入する「任意加入」　➡P51へ

年金くんに聞いてみよう！
公的年金だけで老後の生活は大丈夫かな？

公的年金をベースに、個人年金などをプラスしたプランを考えてみては？

●高齢者の暮らしを支える公的年金

　今の高齢者の暮らしを見ると、公的年金だけで生活している世帯が約44％となっています。また、高齢者世帯の1世帯あたりの所得の内訳では公的年金が約60％。公的年金をおもな収入としながら、何らかの上乗せの所得があることがわかります。

公的年金・恩給が所得に占める割合

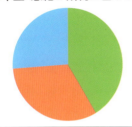

- すべて公的年金・恩給　　　　　　41.7%
- 公的年金・恩給が60％以上100％未満　31.8%
- 公的年金・恩給が60％未満　　　　26.5%

高齢者世帯1世帯あたりの所得の内訳

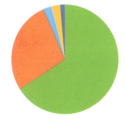

- 公的年金・恩給　　　　　　　　62.9%
- 稼働所得　　　　　　　　　　　26.1%
- 財産所得　　　　　　　　　　　2.4%
- 仕送り・企業年金・個人年金など　2.7%
- 年金以外の社会保障給付金　　　　1.1%

※高齢者世帯とは65歳以上の人のみ、またはこれに18歳未満の未婚の人が加わった世帯のこと。

出典：2023年調査 国民生活基礎調査（厚生労働省）

●公的年金に上乗せするのはどんな年金？

　厚生年金保険に加入する会社員は、企業年金にも加入している場合があります。国民年金に上乗せするなら国民年金基金や個人型確定拠出年金（iDeCo）を選ぶと税の優遇があります。そのほか、民間の保険会社と契約する個人年金保険もあります。

公的年金に上乗せできる制度 →P66へ
個人年金保険で公的年金を補う →P74へ

自分年金のプランを考えよう

老後の生活費、どこからまかなう？

　60歳を過ぎても現役で働く人も多い昨今、「老後」のタイミングも多様化しています。退職後の生活設計を考えるにあたり、まずは働いて得る収入をのぞいた年間の収入と支出を書き出して比較します。支出が収入を上回る場合は、自分が過ごしたい老後に合う「自分年金」を考えてみてはいかがでしょうか。

●60歳定年での老後の収入と支出の比較

老後の年間収入合計額

資産

退職金 ＿＿＿＿＿＿＿ 円

金融資産 ＿＿＿＿＿＿＿ 円

生命保険 ＿＿＿＿＿＿＿ 円

合計額 ＿＿＿＿＿＿＿ 円

年間に受け取る年金など

公的年金
（老齢基礎年金＋
老齢厚生年金）＿＿＿＿＿＿＿ 円

企業年金 ＿＿＿＿＿＿＿ 円

個人年金
（国民年金基金
など）＿＿＿＿＿＿＿ 円

合計額 ＿＿＿＿＿＿＿ 円

合計額÷ 男性約24年／女性約29年 ＝ ＿＿＿＿ 円
（60歳の平均余命）
平均余命は厚生労働省の簡易生命表で確認。

＿＿＿＿＿＿＿ 円

比較する

老後の年間支出合計額

支出については、P74の表を参考に1年間にかかる食費や住居費、公共料金などを算出してください。

＿＿＿＿＿＿＿ 円

一生確実に受け取れる公的年金をベースに、自分の老後プランにあわせてプラスする年金を選びましょう。まずは収入と支出の比較からはじめるといいでしょう。

企業年金・個人年金・民間会社の年金商品

企業年金は勤務先が加入していれば、社員はみんな加入しています。上乗せの公的年金制度として、自営業者のための国民年金基金や多くの人が加入できる個人型確定拠出年金（iDeCo）といった個人年金に任意で加入することもできます。さらに、民間の保険会社や金融機関の年金商品を契約する選択肢もあります。

企業年金
加入している場合は内容を知っておこう
- 確定給付企業年金（DB）
- 厚生年金基金
- 企業型確定拠出年金（DC）

上乗せできる年金
任意で加入でき、税の優遇などがある
- 国民年金基金
- 個人型確定拠出年金（iDeCo）

個人年金保険
目的にあった商品を選べる
- 終身年金（一生受け取れるタイプ）
- 確定年金（契約した一定期間、年金を受け取るタイプ）
- 変額個人年金保険（運用実績によって年金額が大きく変化するタイプ）

など目的に応じてさまざまな種類がある

もっとくわしく！　年金を上乗せする ➡P66へ

確定拠出年金がさらに加入しやすくなりました

受給開始時期の選択肢が広がる（2022〈令和4〉年4月〜）

　確定拠出年金は、掛金と運用収益によって将来の給付額が決まります。企業年金のひとつで掛金を事業主が出す**企業型確定拠出年金**と、個人単位で加入する**個人型確定拠出年金（iDeCo）**があります。

　公的年金の受給開始時期が60歳から75歳の間で選択できるようになることにあわせて、確定拠出年金も企業型、個人型ともに上限年齢が75歳に引き上げられています。確定給付企業年金は60歳から70歳までの間に拡大されました。

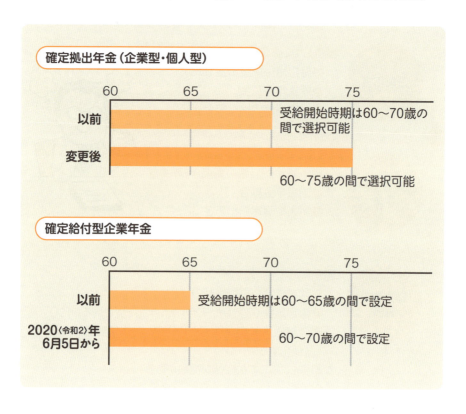

個人型確定拠出年金（iDeCo）は、受給開始の時期の選択肢が65歳未満まで広がって、加入しやすくなりました。上乗せの手段として検討してみてください。

より多くの人が加入できるように条件が変更された（2022〈令和4〉年5月〜）

年々加入者が増えている確定拠出年金ですが、加入できる条件がさらに広がっています。

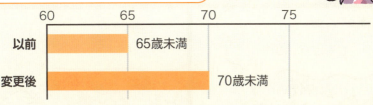

その他の加入に関する改正

中小企業向け制度（iDeCo＋）の対象範囲の拡大（2020〈令和2〉年10月から）

従業員**100人以下**の企業が実施可能 従業員**300人以下**の企業が実施可能

企業年金に加入している人も個人型確定拠出年金（iDeCo）に加入できる（2022〈令和4〉年10月から）

企業型確定拠出年金に加入している人が個人型確定拠出年金（iDeCo）に加入するには労使の合意が必要な場合がある 労使の合意は不要。原則加入可能

 年金を上乗せする ➡P66へ

老齢年金を増やすには2ステップで考えてみましょう

ステップ1　公的年金の受給額を増やす

できるだけ長く働いて繰下げも利用する、という方法も検討してみてください

| 国民年金の加入記録を確認しましょう。今からでも保険料を納められる期間があれば、後から納めて老齢基礎年金を満額に近づけます。 | 60歳を過ぎても会社員であれば厚生年金保険に加入できます（70歳になるまで）ので、保険料を納め続けて年金額を増やすことができます。 | 年金の受給開始を66歳以降にする「繰下げ受給」にすれば1か月あたり0.7％ずつ増額していきます。 |

もっとくわしく！

- 年金の記録の確認や相談をする　➡P76へ
- 国民年金の保険料をあとから支払う　➡P56へ
- 厚生年金保険への加入と保険料　➡P58へ
- 老齢基礎年金の繰下げ受給　➡P96へ

ステップ2　上乗せの年金を検討する

- 公的年金の制度を利用　**付加年金**　➡P66へ
- 国民年金法にもとづく公的な年金基金　**国民年金基金**　➡P67へ
- 公的年金の被保険者が加入できる　**iDeCo**（個人型確定拠出年金）　➡P68へ
- 会社員なら加入しているかも　**企業年金**　➡P69へ
- 保険会社などと契約する　**個人年金保険**　➡P74へ

もっとくわしく！

- 公的年金に上乗せできる制度　➡P66へ
- 個人年金保険で公的年金を補う　➡P74へ

25～26年

年金関連法・制度のおもな改正

改正される事項	改正前	改正後
国民年金の保険料（月額）	16,980円（2024〈令和6〉年4月～2025〈令和7〉年3月）	17,510円（2025〈令和7〉年4月～2026〈令和8〉年3月）　➡P52へ
国民年金の保険料口座振替による前納	月16,920円（60円割引）（2024〈令和6〉年度）	月17,450円（60円割引）（2025〈令和7〉年度）　➡P53へ
基礎年金額（年額）の改定＊老齢基礎年金満額	816,000円（昭和31年4月2日以後生）813,700円（昭和31年4月1日以前生）	831,700円（昭和31年4月2日以後生）829,300円（昭和31年4月1日以前生）　➡P92、P138、P186へ
配偶者等への加給年金の額（年額）	配偶者234,800円子ども2人目まで各234,800円子ども3人目以降78,300円（2024〈令和6〉年度）	配偶者239,300円子ども2人目まで各239,300円子ども3人目以降79,800円（2025〈令和7〉年度）　➡P113へ
在職老齢年金の見直し	年金＋給与＝50万円を超えると年金がカットの対象に	年金＋給与＝51万円を超えると年金がカットの対象に　➡P118、P121へ

今後予定されている年金関連法・制度の改正

予定されている改正	改正内容
標準報酬月額上限見直し	厚生年金保険料の計算に使われる標準報酬月額（→P60）の上限等級が新たに追加される予定（2027年9月～予定）。
在職老齢年金のカットライン大幅な見直し	2025年4月から50万円が51万円に上がった在職老齢年金（→P116）のカットラインが、2026年4月からは62万円に上がる予定。
厚生年金記録の分割請求期限の延長	厚生年金記録の分割（→P124）は離婚した日の翌日の2年以内に年金事務所に請求書を提出する必要があるが、2年から5年に期限が延長される法改正が予定されている。
子に対する遺族基礎年金支給停止規定の見直し	遺族基礎年金の受給対象者（遺族）の要件（→P136）のうち、生計維持要件等に該当しない、受給権のない父または母と生計を同じくする子どもには支給停止されているが、ケースによっては支給されるような見直しが予定されている。
遺族基礎年金子の加算額の改定	遺族基礎年金の子の加算額（→P138）について、第3子が第1子と同額に、また子の加算額も増額になり、改正後の額が現在の受給者も対象となるという法改正が予定されている。
遺族厚生年金原則5年の有期給付	現制度では、妻は無期給付であるのに対し、55歳未満の夫には給付がないなどの男女格差がある。それを是正して、男女ともに原則5年の有期給付にし（60歳未満の場合）、配慮が必要な人には5年目以降も継続して受給を可能とする法案など、さまざまな改正が検討されている。
寡婦年金・中高齢寡婦加算の将来的な廃止	寡婦年金（→P142）や中高齢寡婦加算（→P152）は、保障が妻のみに限定されているため、男女差解消の観点から将来的にはそれらを廃止し、その代わりに死亡一時金（→P144）で一元的に対応するという法案が検討されている。

［注意］改正予定の内容は変更される可能性があります。厚生労働省、日本年金機構のウェブサイトなどで最新情報を確認してください。

　社会保障制度の根幹である年金は、複数の制度が多岐にわたって影響し合うのでわかりにくいしくみとなっています。また、年金に関する専門用語は理解が難しく、それが年金制度への無関心、不信感を生んでいるのではないかと思います。

　しかし、平成29年8月に、老齢基礎年金の受給資格期間が従来の25年から10年に大幅に短縮され、これにより年金がより受け取りやすくなりました。このような近年の法改正を知らずに、年金制度に対する誤解や不信という感情論だけで年金制度に背を向け、保険料を未納すると、そのつけはいずれ自分に回ってきます。

　年齢を重ね、収入を得られなくなったときに頼りになるのは老齢年金です。また、不幸にして一家の大黒柱を亡くした家族には、遺族年金が強い味方となり、障害が残るような疾病やけがを負った場合、障害年金が生活の補てんをしてくれます。年金はわたしたちの生活を下支えしてくれるものであり、それをライフプランの中心に据えるべきでしょう。

　本書は、わたしたち法人の4名の社会保険労務士が、得意とする専門分野を担当し、なるべく法律用語は使わず、誰もが理解できる本を目指しました。年金に関する正しい知識を身につけていただくことで、若いうちから公的年金を補完する個人年金の準備を考える方もいるでしょう。また、一般の書籍では解説されていない、労災保険の年金にも触れましたので、無駄のない生命保険の加入などへの参考になるはずです。

　本書が、長い人生のリスクヘッジの参考になれば、著者としてこれ以上の喜びはありません。

社会保険労務士　小林幸雄

【注意】2025年度の基礎年金額は、生年月日が昭和31年4月1日以前か、4月2日以後かで異なります。
　　　本文中の試算は、昭和31年4月2日以後生まれの人の満額である831,700円をもとに計算しています。昭和31年4月1日以前生まれの人の満額は829,300円です。

※本書は、2025年3月に公表されている金額、各種書式等に基づいて編集をしています。
　年金額、書式などは厚生労働省、日本年金機構が発表する最新データを確認してください。

これ1冊ですっきりわかる！ 年金 のしくみともらい方

25〜26年版

年金くんに聞いてみよう! 年金が受給できる年齢になった。どうすればいい? ………… 2

老齢年金は原則65歳から。請求しないと受け取れません! ………… 3

年金くんに聞いてみよう! 老齢年金の繰上げ受給、繰下げ受給ってなに? ………… 6

老齢年金の受給時期は60〜75歳で自由に選ぶことができます ………… 7

繰上げ受給と繰下げ受給が見直されました ………… 8

年金くんに聞いてみよう! 働いて収入があるから年金はもらえない? ………… 12

働いている人にも老齢年金はあります! ………… 13

働きながらもらえる在職老齢年金が見直されました ………… 14

年金くんに聞いてみよう! ねんきん定期便、面倒でちゃんと見ていない ………… 16

ねんきん定期便は必ず確認を! 納付書や税申告の書類も見逃さないで! …… 17

年金くんに聞いてみよう! 保険料を納めていない時期があるけど年金はもらえる?… 20

老後の年金を受け取るための受給資格期間は10年に短縮! ………… 21

年金くんに聞いてみよう! 公的年金だけで老後の生活は大丈夫かな? ………… 24

公的年金をベースに、個人年金などをプラスしたプランを考えてみては? … 25

自分年金のプランを考えよう ………… 26

確定拠出年金がさらに加入しやすくなりました ………… 28

年金くんに聞いてみよう! で、結局、老後の資金を増やすにはどうすればいい?…… 30

老齢年金を増やすには2ステップで考えてみましょう ………… 31

25〜26年　年金関連法・制度のおもな改正 ………… 32

今後予定されている年金関連法・制度の改正 ………… 32

第1章 年金の基礎知識

年金のよくある疑問あれこれ ………… 40

❶年金とは?

公的年金と加入者 ………… 42

年金から受け取れるおもな給付 ································ 46

年金の給付を受け取るための加入期間 ····················· 48

❷ 国民年金への加入と保険料

国民年金の加入手続き ····································· 50

国民年金の保険料の納付 ··································· 52

国民年金の保険料を支払えないとき ························ 54

国民年金の保険料をあとから支払う ························ 56

❸ 厚生年金への加入と保険料

厚生年金保険の加入条件と手続き ·························· 58

厚生年金保険料の計算 ····································· 60

産前産後休業や育児休業中の保険料の免除 ·················· 64

❹ 年金を上乗せする

公的年金に上乗せできる制度 ······························ 66

個人年金保険で公的年金を補う ···························· 74

❺ 年金の記録の確認や相談をする

ねんきん定期便を利用する ································· 76

ねんきんネットの利用と年金相談窓口 ······················ 78

【コラム1】公的年金は必要? ······························· 82

第2章 **老齢年金**

老齢年金のよくある疑問あれこれ ··························· 84

❶ 老齢年金のアウトライン

老後に受け取れる年金 ····································· 86

❷ 老齢基礎年金

老齢基礎年金の受給に必要な納付期間 ······················ 88

老齢基礎年金の受給額の計算 ······························ 92

老齢基礎年金の繰上げ・繰下げ ···························· 94

❸ 老齢厚生年金

特別支給の老齢厚生年金　受給要件と計算 ·················· 98

老齢厚生年金　受給要件と計算 ···························· 104

35

❹ 老齢年金の試算

ねんきんネットで年金見込額を試算 ……………………… 108

ねんきん定期便と公的年金シミュレーター ……………… 110

❺ 受け取り方と働き方を考える

老齢厚生年金の加給年金 …………………………………… 112

在職老齢年金 ………………………………………………… 116

❻ 離婚したら年金を分割

厚生年金分割制度 …………………………………………… 124

【コラム2】公的年金は生涯受け取れる? …………………… 128

第3章 遺族年金

遺族年金のよくある疑問あれこれ …………………………… 130

❶ 遺族年金のアウトライン

被保険者の死亡時　家族に支給される ……………………… 132

❷ 遺族基礎年金

遺族基礎年金の受給要件 …………………………………… 134

遺族基礎年金の受給額の計算 ……………………………… 138

遺族基礎年金が受け取れなくなるとき …………………… 140

寡婦年金 夫を亡くした妻を保障 ………………………… 142

死亡一時金 遺族基礎年金が受けられない人に支給 …… 144

❸ 遺族厚生年金

遺族厚生年金の受給要件 …………………………………… 146

遺族厚生年金の受給額の計算 ……………………………… 150

中高齢寡婦加算と経過的寡婦加算 ………………………… 152

遺族厚生年金と老齢厚生年金の併給 ……………………… 154

遺族厚生年金が受け取れなくなるとき …………………… 156

労災での遺族補償等給付と遺族等給付 …………………… 158

【コラム3】物価が上昇したら年金の価値は下がる? ……… 162

第4章 障害年金

障害年金のよくある疑問あれこれ ……………………………………… 164

❶ 障害年金のアウトライン
障害の状態になったときに支給される ………………………………… 166

❷ 障害年金を受給するには
障害年金の受給要件 ……………………………………………………… 168

障害年金の受給対象者 …………………………………………………… 172

精神障害での障害年金 …………………………………………………… 176

障害年金が受け取れなくなるとき ……………………………………… 178

❸ 初診日と障害認定日
障害年金の初診日 ………………………………………………………… 180

障害認定日 ………………………………………………………………… 182

事後重症や併合認定 ……………………………………………………… 184

❹ 障害年金の受給額
障害年金の受給額の計算 ………………………………………………… 186

❺ 障害手当金
障害手当金の受給要件と額 ……………………………………………… 192

労災での障害（補償）給付 ……………………………………………… 196

【コラム4】公的年金は所得の低い世帯に有利? ……………………… 198

第5章 年金の請求

年金の請求のよくある疑問あれこれ …………………………………… 200

❶ 老齢年金の受け取り
65歳前の手続き …………………………………………………………… 202

年金請求書 ………………………………………………………………… 206

65歳時の手続き …………………………………………………………… 216

老齢年金の繰上げ受給と繰下げ受給の手続き ………………………… 220

37

❷ 遺族年金の受け取り

遺族年金の請求手続き ································· 228

❸ 障害年金の受け取り

障害年金の請求手続き ································· 232

❹ 年金受給者に届く書類

年金受給者に届くさまざまな書類 ················· 236

❺ 年金の請求　こんなときどうする?

受給する年金の選択 ································· 240

年金受給者が亡くなったとき ················· 242

【コラム5】年金積立金は大丈夫? ················· 246

第6章 年金にかかる保険料と税金

社会保険料と税金のよくある疑問あれこれ ················· 248

❶ 老齢年金と社会保険

老齢年金と厚生年金保険料 ················· 250

健康保険のしくみ ································· 252

老齢年金受給後の会社員の健康保険料 ················· 256

老齢年金と介護保険 ································· 260

❷ 老齢年金と雇用保険

雇用保険のしくみ ································· 262

雇用保険の額と受け取り ················· 264

高年齢雇用継続給付 ································· 266

雇用保険との調整 ································· 272

❸ 年金にかかる税金

年金にかかる所得税と住民税 ················· 278

年金から天引きされる保険料と税金　まとめ ················· 282

さくいん ································· 284

- 本文デザイン … 志岐デザイン事務所
- イラスト ········ すぎやまえみこ／瀬川尚志
- 図版作成 ········ 原田あらた
- 執筆協力 ········ 石川実恵子
- 編集協力 ········ 三輪高芳（パケット）
- 編集担当 ········ 柳沢裕子 (ナツメ出版企画)

第 1 章

年金の基礎知識

年金のよくある

Q1 年金の保険料はどうやって決まるの?

国民年金の保険料は定額、厚生年金保険料は給与に一定の率をかけて計算します。

　年金の保険料は主に高齢者が受ける年金に充てられるため、かつては給付に足りるように額が決められていましたが、現役世代の負担等を考えて保険料額・保険料率を調整することになりました。
　国民年金保険料は2004〈平成16〉年度に定められた額を基準に物価や賃金水準によって毎年改定され、厚生年金保険料率は18.3%に固定されています。

国民年金の保険料の納付 → P52　　厚生年金保険料の計算 → P60

Q2 国民年金の保険料を親に納めてもらってもいいの?

親が納めても大丈夫です。学生なら納付特例、ほかにも免除や猶予制度もあります。

　子どもの保険料を親が納めることもできます。その場合、納めた保険料は親の社会保険料控除の対象となり、所得税や住民税が軽減されますので、忘れずに申告してください。また、保険料を納めるのが難しいときは、免除や猶予制度、学生の納付特例制度を利用して、後払いにすることもできます。

国民年金の保険料を支払えないとき → P54　　国民年金の保険料をあとから支払う → P56

疑問あれこれ

Q3 年金に入る手続きをした覚えがないんだけど、どうなっている？

「ねんきん定期便」を確認し、わからないところは「年金事務所」などでくわしく調べてください。

　毎年誕生月に自宅に「ねんきん定期便」が届いていれば、加入できています。はがきには直近1年間の情報が、節目の年に送られる封書には全加入期間の年金記録が記されていますので、確認してください。インターネットのサービス「ねんきんネット」に登録すれば、いつでも記録が確認できます。お近くの年金事務所でも調べることができます。

ねんきん定期便を利用する → P76　　ねんきんネットを利用する → P78

Q4 公的年金だけで老後を過ごすのは無理？

公的年金のみで生活している人もたくさんいますが、より豊かな老後にしたいと考えるなら、上乗せの年金制度があります。

　公的年金制度には国民年金を土台として、会社員や公務員には上乗せの厚生年金保険があります。上乗せの年金制度がない自営業などの人が任意で加入できる「国民年金基金」や一部の例外を除いてほとんどの人が加入できる「個人型確定拠出年金（iDeCo）」などを検討してみてはいかがでしょうか。

公的年金と加入者 → P42　　公的年金に上乗せできる制度 → P66
個人年金保険で公的年金を補う → P74

41

❶ 年金とは？

公的年金と加入者

現在の公的年金のしくみは"国民皆年金"

　年金には、**公的年金**と**私的年金**があります。これは管理運営をだれが行っているかによる分類で、公的年金は国と**日本年金機構**が管理運営をしている年金です。

　日本の公的年金には、日本に住んでいる20歳から60歳未満のすべての人が加入する**国民年金**があり、国民年金から支給される年金を、**基礎年金**といいます。また、民間の企業に勤めている会社員や公務員は、**厚生年金保険**という公的年金にも加入します。つまり、会社員や公務員は、国民年金と厚生年金保険の両方に加入しています。厚生年金保険から支給される年金を**厚生年金**といいます。公務員や私立学校の教職員が加入していた**共済年金**という公的年金もありましたが、平成27年10月に厚生年金保険へ一元化されました。なお、厚生年金や共済年金など、企業や官公庁に雇用されている人が加入する年金を**被用者年金**ということがあります。

●年金の種類

```
            ┌─ 公的年金 ──┬─ 国民年金
            │  国が法律に基づいて   │  20歳以上60歳未満の国民全員が加入する年金
            │  管理運営している年金 │
            │            └─ 厚生年金保険
年金 ─┤               会社員や公務員などが加入する年金
            │
            └─ 私的年金 ──┬─ 企業年金
               公的年金以外の年金  │  企業が社員の福利厚生として行っている年金
                        │
                        └─ 個人年金保険
                           生命保険などの個人が任意で加入する年金
```

ちょっと補足　**代表者の被保険者の種類は？**　個人事業主は国民年金の第１号被保険者となりますが、法人の代表取締役は厚生年金保険に加入するので、第２号被保険者となります。

国民年金の加入者は3種類

国民年金の加入者は**被保険者**といい、次の3種類に分けられます。

第1号被保険者…20歳以上60歳未満の農林漁業者や自営業者とその配偶者、学生、労働時間の少ないアルバイトなどが対象。また、個人事業主である弁護士や会計士などの士業や医師なども対象です。

第2号被保険者…厚生年金保険の適用事業所（→P58）で働く会社員や公務員などが対象。会社が厚生年金保険への加入手続きを行うと、自動的に国民年金にも加入することになります。

第3号被保険者…第2号被保険者の収入で生計を維持されている20歳以上60歳未満の配偶者が対象。つまり、会社員や公務員である夫や妻に収入面で生活を支えられている主婦や主夫が対象です。具体的には、年収が130万円未満で、夫や妻である第2号被保険者の年収の半分以下であることなどの要件があります。国民年金に加入はしていますが、保険料を自分で支払うことはありません。第2号被保険者が加入している厚生年金保険制度全体で負担し、支えているのです。

●年金制度は1階建てもしくは2階建て式

厚生年金保険

第1号被保険者	第2号被保険者	第3号被保険者
自営業者とその配偶者、20歳以上の学生など。	会社員や公務員など。国民年金と厚生年金保険加入の2階建て式。	会社員や公務員の配偶者である主婦や主夫など。

第1号と第3号被保険者は国民年金のみ加入の1階建て式

※このほかにも増築できる上乗せ年金（国民年金基金など）がある。　→P66

第3号被保険者の要件追加　2020〔令和2〕年4月より第3号被保険者には「日本国内に住所を有する」という要件が追加されました。例えば海外赴任に同行する第3号被保険者は国内に住んでいませんが、特例（海外特例要件）があります。特例に該当することが確認できる書類を添えて、届出が必要です。

公的年金と加入者

公的年金への加入状況を把握して将来に備える

人生におけるさまざまな変化の中で、どの公的年金制度にどのくらいの期間加入し、いくら保険料を納めたのかによって、受け取れる年金の種類と年金額は変わってきます。下図のAさんのように多くの人はライフステージに変化があり、その変化も十人十色といえます。逆に、高校卒業後、自営の家業を継いで60歳まで国民年金にのみ加入する人や、20歳で企業

● 具体例で加入している公的年金を確認してみよう

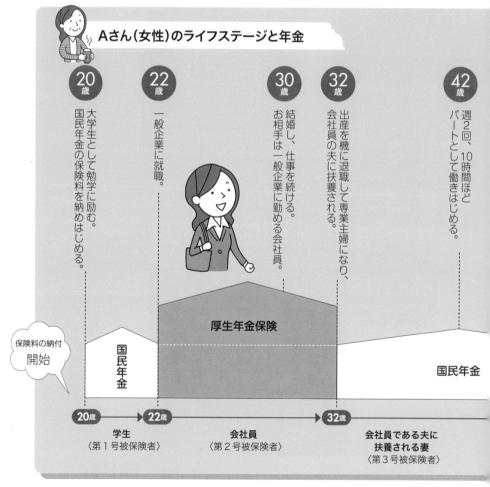

Aさん（女性）のライフステージと年金

- 20歳：大学生として勉学に励む。国民年金の保険料を納めはじめる。
- 22歳：一般企業に就職。
- 30歳：結婚し、仕事を続ける。お相手は一般企業に勤める会社員。
- 32歳：出産を機に退職して専業主婦になり、会社員の夫に扶養される。
- 42歳：週2回、10時間ほどパートとして働きはじめる。

保険料の納付 開始

20歳〜22歳	22歳〜32歳	32歳〜
学生〈第1号被保険者〉	会社員〈第2号被保険者〉	会社員である夫に扶養される妻〈第3号被保険者〉

ちょっと補足　第3号被保険者になる人の手続き　国民年金の第3号被保険者となる人は「国民年金第3号被保険者該当届」を配偶者（第2号被保険者）の勤務先を通して提出します。

に就職して定年退職まで変わることなく厚生年金保険に加入するというような変化のない人、変化の少ない人もいるでしょう。

老後には、国民年金に加入した期間分の**老齢基礎年金**を受け取ることができます。そして厚生年金保険に加入していたなら、その期間分の老齢基礎年金と**老齢厚生年金**（報酬に応じて金額が異なる）を受け取ることができます。老後にいくらの年金が支給されるのか、自分の年金の加入状況を確認して、受け取れる年金額を把握しておくことが大切です。

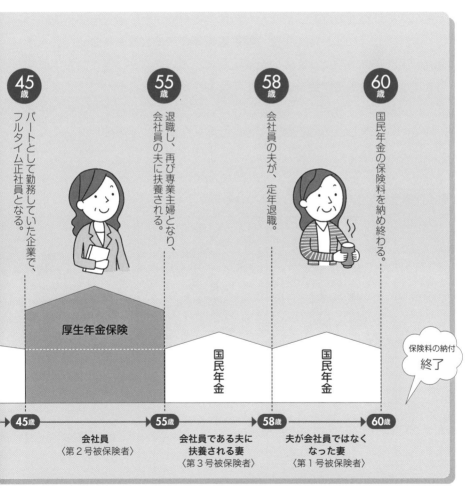

> **ちょっと補足** 受け取れる年金額を確認するには？ 年金額は、ねんきん定期便(→P76)やねんきんネット(→P78)で確認できるほか、年金事務所等の窓口で相談し、確認することもできます。

❶ 年金とは？

年金から受け取れるおもな給付

障害者となったとき、亡くなったときにも年金

年金というと「老後に受け取るもの」というイメージが強いかもしれませんが、それだけではありません。被保険者自身が事故などで障害を負ってしまったときには、障害年金（**障害基礎年金**や**障害厚生年金**）を、また、家族の生活を経済的に支えていた被保険者が死亡すると、遺された家族は遺族年金（**遺族基礎年金**や**遺族厚生年金**）を受け取ることができます。つまり、年金には、万が一のときに困らないよう、生活を保障する働きがあるのです。ただし、それぞれの年金には要件があり、その要件を満たしたときにのみ、年金の給付を受けることができます。

● 国民年金や厚生年金保険から支払われる年金

	老後	障害	死亡

国民年金から支払われる年金	老齢基礎年金	障害基礎年金	遺族基礎年金
厚生年金保険から支払われる年金	老齢厚生年金	障害厚生年金	遺族厚生年金

🔑 **キーワード** **障害年金** 国民年金や厚生年金保険など公的年金に加入している間に病気やケガで一定の障害状態になった場合に、受給要件を満たせば受け取れる給付のこと（詳しくは→第4章）

●加入した公的年金別、受け取れる老齢年金

第1号や第3号被保険者期間のみの人
（加入してきた公的年金が国民年金のみの人）

老齢基礎年金 を受け取ることができる。

第2号被保険者の期間のある人
（厚生年金保険に加入したことがある人）

老齢厚生年金
老齢基礎年金
を受け取ることができる。

●事由によって複数の年金を受けることもある

第2号被保険者の配偶者を亡くしている65歳以上のAさん

遺族厚生年金
老齢基礎年金
を受け取ることができる。

もし、Aさんに障害基礎年金の受給権があれば

遺族厚生年金
障害基礎年金
を受け取ることができる。

ちょっと補足　**遺族年金**　国民年金や厚生年金保険など公的年金に加入している被保険者または被保険者であった人が亡くなった場合に、その家族の生活を保障することを目的に支給される給付のこと（詳しくは→第3章）

❶ 年金とは？
年金の給付を受け取るための加入期間

保険料を10年以上納付が老齢年金の受給ライン

年金の給付を受け取るためには一定以上の加入期間が必要です。老齢基礎年金を受け取るためには、10年以上の受給資格期間があることが要件となっています。受給資格期間とは、年金を受け取る資格を得るための期間のことで、それを満たしているというのは、国民年金や厚生年金保険の保険料納付済期間、保険料免除および猶予期間（→P54）、合算対象期間（→P91）のすべての期間を合計して10年以上あることをいいます。老齢基礎年金の受給資格期間は25年以上でしたが、平成29年8月から10年に短縮されました。

老齢基礎年金の受給資格期間は10年以上。

遺族・障害年金の受給にも保険料の納付期間が必要

遺族基礎年金・障害基礎年金にも定められた加入期間が必要。

遺族年金や障害年金を受け取るにも、各年金の対象となったとき、亡くなった人や障害者となった本人の加入期間が重要になってきます。

遺族基礎年金・障害基礎年金を受け取るには、被保険者期間の3分の2以上が保険料を納めた期間や免除などの期間であることなどの要件があります（→P135、168）。

ちょっと補足　厚生年金にも加入期間の要件がある　老齢厚生年金は「老齢基礎年金を受け取れる人」が受給の対象となります。また、65歳未満の老齢厚生年金は「1年以上」、65歳からの老齢厚生年金は「1か月以上」の加入期間が必要です。

受給資格期間が10年に満たないときは

ねんきん定期便（→P16、76）などで、自分の年金の加入履歴を確認したところ、受給資格期間が10年に満たない、老齢基礎年金の年金額も満額にはほど遠い、そんなときはどうしたらよいでしょうか。

対策1　まだ納められる保険料を支払う

国民年金保険料は、納付期限から 2年以内 であれば後から納めることができます。2年を過ぎると時効により納めることができなくなりますので、注意してください。

免除などの期間は 10年以内の期間 であれば納めることができます（**追納**）。ただし2年を超えた期間の分については、保険料に加算がつきます。

対策2　厚生年金保険の適用事業所で働き続ける

厚生年金保険の被保険者として70歳になるまで加入することで、受給資格期間を満たすほか、年金額も増やすことができます。

対策3　国民年金に任意加入をする（任意加入被保険者になる）

希望すれば、**任意加入被保険者**となって保険料を納めることができます。対象となるのは、60歳以上65歳未満の人で、保険料を納めることで老齢基礎年金を受けられるようになったり、受給額を満額に近づけたりできます。受給資格期間が足りない65歳以上70歳未満の人は、期間を満たすまで任意加入できます（昭和40年4月1日以前生まれの人に限る）。

厚生年金保険の高齢任意加入　厚生年金の適用事業所で70歳以降も働き続け、任意加入することもできます。受給資格期間を満たすと、任意加入は終了となります。

❷ 国民年金への加入と保険料

国民年金の加入手続き

国民年金の加入対象となる人

　国民年金への加入は日本国内に住んでいる20歳以上60歳未満の人が対象で、加入は義務です。原則国籍は関係がないため、20歳以上60歳未満であれば日本に住む外国人労働者や留学生なども対象になります。

　一方、日本国籍があっても、日本国内に住んでいない20歳以上60歳未満の人は、加入が義務ではありません。申し出をすると任意で国民年金に加入することができます。これを、任意加入被保険者といいます。

20歳になったら国民年金に自動的に加入

　20歳の誕生日から2週間程度で日本年金機構から国民年金に加入したお知らせのほか、国民年金保険料納付書、パンフレットなどが送られてきます。加入のお知らせとは別に基礎年金番号通知書が届きます。基礎年金番号通知書は、届出や相談、将来年金を受け取る手続きなどに必要ですので、大切に保管しましょう。原則として手続きは不要ですが、お知らせが届かないときは、市区役所や町村役場、または近くの年金事務所に問い合わせてください。なお、2019〈令和元〉年9月までは自動的に加入するのではなく、20歳になると送られてくる案内に従って、加入手続きが必要でした。

　20歳になる前から会社員や公務員で厚生年金保険に加入している人（第2号被保険者）にはこれらのお知らせは送られません。第2号被保険者に扶養されている配偶者（第3号被保険者）にはお知らせが送られますので、配偶者の勤務先を通じて第3号被保険者の手続きをしてください。

 年金手帳から基礎年金番号通知書へ　2022〈令和4〉年4月以降、新たに加入した人には年金手帳に代わり、基礎年金番号通知書が送付されています。すでに発行された年金手帳は引き続き使用できます。

希望して国民年金に加入する「任意加入」

日本国内に住む20歳以上60歳未満の人は国民年金に強制加入となりますが、海外に住む人や60歳以上の人が加入したい場合は「任意加入」の手続きを行い、任意加入被保険者になることができます。

● 国民年金の任意加入

■60歳以上65歳未満の人

老齢基礎年金の受給資格期間（10年）を満たしていない、受給額を満額に近づけたいという場合は、60歳を過ぎても国民年金に加入して保険料を納めることができる。付加保険料（→P52）を納めて、上乗せの付加年金を受け取ることもできる。

■65歳以上70歳未満の人

老齢基礎年金の受給資格期間を満たしていない場合に限り、任意加入することができる。ただし、昭和40年4月1日以前生まれの人が対象で、受給資格期間10年をクリアすると任意加入は終了となる。

■海外に住む20歳以上65歳未満の人

海外に住む人は強制加入ではないが、任意加入できる。

加入の種別が変わったときは手続きを

国民年金の第1号～第3号被保険者の加入のしかた（→P43）を「**種別**」といいます。就職や退職などで種別が変わるときは、種別変更の手続きが必要です。新たに第1号被保険者となる人は市区役所や町村役場に、第2号被保険者となる人は勤務先に、第3号被保険者となる人は配偶者の勤務先に届け出てください。

ちょっと補足 任意加入被保険者は口座振替で保険料を納付　任意加入の保険料額は第1号被保険者が納める月額（→P52）と同じです。保険料は原則として口座振替で納付することになっています。

51

❷ 国民年金への加入と保険料

国民年金の保険料の納付

毎月納める国民年金の保険料の額

自営業者や学生などの第1号被保険者は月額17,510円（2025〈令和7〉年度*）の保険料を納めます。月400円の付加保険料を納めると、200円×保険料納付月数の付加年金（→P66）を受け取ることができます。

*2025〈令和7〉年4月～2026〈令和8〉年3月

毎月の保険料は翌月末日が納付期限となっています。例えば4月分の保険料は5月末日までに納めます。

保険料の納め方を選ぶ

保険料の納め方には、金融機関やコンビニエンスストアなどで現金を支払う「現金納付」のほか、いくつかの方法があります。

●国民年金保険料の納め方

現金で納付	日本年金機構から送られてくる納付書を使い、銀行などの金融機関、郵便局、コンビニエンスストアやATMを利用して納める方法。
口座振替	事前に年金事務所や金融機関窓口に申し出て、指定した口座から引き落とす方法。
クレジットカードで納付	年金事務所に申し出て、クレジットカードの内容を登録し、定期的に納める方法。
電子納付	銀行などの金融機関と契約を結び、納める方法（例：インターネットバンキング）。
電子決済	スマートフォンアプリを利用した決済方法。（2023年2月～）

割引制度を利用してお得に納める

保険料を数か月～2年分まとめて納める「前納」にすると割引がありま

国民年金の前納　2017年4月からは、現金やクレジットカードでも2年前納ができるようになりました。

す。現金納付やクレジットカード納付などと口座振替では割引率が異なり、口座振替のほうが安く納めることができてお得です。

● 前納の割引額（2025〈令和7〉年度）

(円)

支払い方法	支払うタイミングなど	1回あたりの保険料	1年間分合計保険料		1年あたりの割引額
現金納付 電子納付 クレジットカード納付	6か月前納	104,210	208,420	104,210×2回	1,700
	1年前納	206,390	206,390	—	3,730
	2年前納	409,490	—	—	15,670*
口座振替	6か月前納	103,870	207,740	103,870×2回	2,380
	1年前納	205,720	205,720	—	4,400
	2年前納	408,150	—	—	17,010*

＊2年あたり

月々納めるなら「早割」で60円安く

　口座振替には「早割」という制度があり、毎月の保険料を納付期限どおりに翌月末引落しではなく、当月末引落しに設定することで月々60円割引になります。

● 早割のしくみ

口座振替で毎月納付

口座振替を早割にすると…

ちょっと補足　**年度途中にまとめて振替もできる**　2024〈令和6年〉年3月から国民年金保険料の口座振替、クレジットカードによる前納について、年度の途中からまとめて振替（立替）できるようになりました。

53

② 国民年金への加入と保険料

国民年金の保険料を支払えないとき

未納（みのう）が続くと基礎年金が受け取れないケースも

　国民年金は加入が義務であるため、かならず保険料を納めなければなりません。保険料を払いたくないからとか、経済的な理由で払えないからと保険料を納めずにそのままにしておくと、**未納**という状態になります。未納が続けば、老後に受け取れるはずの老齢基礎年金を受け取れない可能性があるだけでなく、事故などで障害を負ったり、万が一亡くなって家族が遺（のこ）されたりした場合に、それぞれに応じた年金（障害基礎年金や遺族基礎年金）を受け取ることができないケースも出てきてしまいます。

　経済的な理由で保険料を納められない場合は、保険料の納付を免除してくれる**免除制度**や、納付を待ってくれたりする**猶予（ゆうよ）制度**が準備されています。この制度を利用した期間は、**受給資格期間**（年金を受け取る資格を得るための期間）となります。

●保険料の免除と猶予制度

申請できるケース		所得確認の対象者	準備されている制度	老齢年金額への反映
前年の所得が一定額以下であった。		本人、世帯主、配偶者	全額免除 一部免除 ・4分の3免除 ・半額免除 ・4分の1免除	○
特例免除	失業した、あるいは退職した。	世帯主、配偶者		
	震災や風水害などの天災で被災した（財産の1/2の損害を受けた）。	―		
	配偶者からDVを受け、異なる住居に住んでいる。	本人、世帯主（DV加害者である配偶者を除く父母等）		
20歳以上50歳未満で前年の所得が一定額以下だった。		本人、配偶者	納付猶予制度	×
在学中の学生である。		本人	学生納付特例制度	

ちょっと補足　**生活保護者の保険料は？**　障害基礎年金等や生活保護法の生活扶助を受けている人は、法律上、国民年金保険料の納付は免除になります。これを「法定免除」といいます。

保険料免除が申請できる期間とその方法

免除の事由に該当しても、申請をしなければ免除制度は利用できません。申請を忘れていても、さかのぼって免除申請をできるようにはなっていますが、さかのぼれる期間が決まっているため、申請は早めに行いましょう。

国民年金保険料の免除の手続き

提出書類…「国民年金保険料免除・納付猶予申請書」、年金手帳(基礎年金番号通知書)や申請のケースに応じた必要書類

提出先……お住まいの市区役所、町村役場、年金事務所

提出方法…窓口へ持参または郵送

＊法定免除に該当する人も「国民年金保険料免除事由該当届」の提出が必要です。

免除された保険料はどのように年金額に反映するか

申請をして保険料が免除されたとしても、保険料を全額支払った人と同じ年金額を老後に受け取れるわけではありません。

平成21年4月から老齢基礎年金の支払いに含まれる税金の負担分(国庫負担)割合が2分の1に変わっているので、平成21年3月以前と平成21年4月以降では、受け取れる基礎年金額の計算方法が異なります。今後申請をする人が計算しやすいよう、平成21年4月以降の免除利用時は下の通りです。

●保険料の免除と受け取れる年金の割合

保険料を全額支払った場合に受け取る老齢基礎年金の額を1とすると…

全額免除期間	4分の3免除期間	半額免除期間	4分の1免除期間
2分の1	8分の5	4分の3	8分の7

第1号被保険者の産前産後期間の保険料免除

第1号被保険者が出産をした際、国民年金保険料が一定期間免除される制度があります。出産予定日または出産日が属する月の前月から4か月間の保険料が免除となります。免除を受けるときは、市区役所や町村役場に届出を行います。なお、老齢基礎年金額は、保険料を納めたものとして計算されます。

ちょっと補足 免除の承認を受けても未納となる場合がある？ 一部免除の申請をして承認を受けても、納めるべき保険料を納めなければ未納となります。

❷ 国民年金への加入と保険料

国民年金の保険料をあとから支払う

保険料の未納がないか確認を

　国民年金の保険料を納めていないと、年金が受け取れなかったり、受け取れても年金額が少なくなってしまったりするケースがあります。

　国民年金の保険料は、納付期限から2年以内であれば後から納めることができます。2年を過ぎると時効により納めることができなくなりますので、保険料を毎月納めているか、必ず確認しましょう。

届出忘れで発生する未納期間に注意

　国民年金の被保険者の種別が変わるときは、届出が必要です（→P51）。第1号被保険者となったのに届出を忘れ、保険料を納めていないと、未納期間が発生してしまいます。特に多いのが、第3号被保険者から第1号被保険者になったことを届け出ていない人です。届出忘れに気づいたら、年金事務所に相談してください。

●よくある届出忘れの例

会社員の夫が退職して第2号被保険者ではなくなったら、扶養されている妻も第3号被保険者ではなくなる。60歳未満なら、第1号被保険者として保険料の納付が必要。

第3号被保険者だったが、パートの収入が増えて夫の扶養からはずれた。厚生年金保険に加入していない場合は、第1号被保険者として保険料の納付が必要。

 キーワード　種別変更　国民年金の第1号被保険者が第3号被保険者になる手続きは、国民年金をやめるわけではないので種別変更といいます。第3号被保険者から第1号被保険者になる手続きも同じく種別変更です。

56

保険料免除や猶予制度を利用したあとに追納制度を利用

　国民年金保険料の免除制度や支払いを待ってくれる猶予制度を利用することは、年金をまったく受け取れない将来を避けるためにはよい方法ですが、将来受け取れる年金額は減ってしまいます。それを避けるために、受け取る年金額を満額に近づけられるよう、免除されていた保険料をあとから支払うことができます。これを**追納制度**といいます。

　追納ができるのは免除された月から10年以内に限られています。追納の申込書を提出すると、要件を満たすかどうかの審査が行われ、結果が通知されます。承認が下りると納付書が送られてくるので、追納保険料を納めます。追納が可能な期間のうち、古い期間分から新しい期間分の順番で納めることになっています。利子に相当する加算額がつくので、それもいっしょに納めましょう。また、一括で支払うほか、無理のない範囲で支払いができるように、1か月ずつ支払う、6か月ずつ支払うなどの方法を選ぶことができます。ただし、口座振替やクレジットカード納付には対応していません。

　なお、追納の申し込みをしても、承認がすぐに下りず、希望の日から納められないケースがあります。追納制度を利用する場合は、できるだけ早めに手続きをするようにしましょう。

国民年金保険料の追納の手続き

提出書類 … 「国民年金保険料追納申込書」
提出先 …… 近くの年金事務所
提出方法 … 年金事務所の窓口へ持参または郵送

> 免除制度や猶予制度は受給資格期間を延ばすことはできますが、年金額をアップすることはできません。受取額を増やすには追納制度を利用しましょう。

ちょっと補足　**社会保険料控除**　国民年金の保険料は、年末調整や確定申告を行う際に社会保険料控除の対象となり、所得税や住民税が軽減されます。追納した保険料も控除の対象になります。

③ 厚生年金への加入と保険料

厚生年金保険の加入条件と手続き

厚生年金保険制度への加入対象となる人

ここからは厚生年金保険について説明します。まず、厚生年金保険への加入対象となる人です。厚生年金保険の**適用事業所**になっている会社で働いている**70歳未満**の人は、国籍や性別、国内に住んでいるか、海外に駐在しているかにかかわらず厚生年金保険制度への加入対象となります。パートタイマーなどの短時間労働者についても、正社員の1週間の所定労働時間および1か月の所定労働日数の4分の3以上働いている人は対象となります。ただし、適用除外にあてはまる人は、対象にはなりません（下記表参照）。

適用事業所

強制適用事業所
・法人の事業所（事業主のみで従業員がいない会社も含む）や国、地方公共団体。
・個人の事業所でも常時5人以上の従業員を使用する事業所（農林漁業、飲食店や旅館といったサービス業などを除く）。

任意適用事業所
・強制適用事業所に当てはまらない事業所でも、従業員の半数以上が適用事業所になることに同意して、事業主が申請し、厚生労働大臣の認可をうけた事業所。

● 原則として厚生年金保険の適用除外の人

適用除外の人		例外で適用となる場合
①臨時に使用される人	日々雇い入れられる人	1か月を超えて引き続き使用されることになった場合、超えた日から被保険者へ。
	2か月以内の期間を定めて使用される人	所定の期間を超えて引き続き使用されると、期間を超えた日から被保険者へ。
②所在地が一定しない事業所に使用される人 （例：国内を転々とするサーカス一座など）		例外なし。
③季節的業務に使用される人 （例：杜氏（とうじ）やスキースクールのインストラクターなど）		継続して4か月を超えて使用されることがわかっていれば、はじめから被保険者になる。
④臨時的事業の事業所に使用される人 （例：博覧会など期間限定で働く人など）		継続して6か月を超えて使用されることがわかっていれば、はじめから被保険者になる。

 キーワード 強制適用事業所　厚生年金保険制度に加入することが法律で定められている事業所。加入するかしないかを自由に選択することはできません。2022〈令和4〉年10月から弁護士・税理士・社会保険労務士などの「法律・会計事務を取り扱う士業」が追加されました。

短時間労働者の厚生年金保険制度への加入

パートタイマーやアルバイトなどの短時間労働者の加入の範囲は、これまでも段階的に拡大されてきましたが、2024〈令和6〉年10月からさらに広がりました。正社員と短時間労働者の社会保障制度の格差を解消し、人口減少に備えて、特に女性の就業をすすめる目的で法律が改正されたためです。

● 短時間労働者が厚生年金保険へ加入できる条件

以前の条件	2024〈令和6〉年10月から拡大された範囲
❶ 労働時間が週20時間以上 ❷ 月額賃金88,000円以上 （年収約106万円以上） ❸ 2か月を超えて働く見込み ❹ 学生でないこと ❺ 従業員が100人超の企業など ❶〜❺を満たす人が加入の対象となる。	❶ 労働時間が週20時間以上 ❷ 月額賃金88,000円以上 （年収約106万円以上） ❸ 2か月を超えて働く見込み ❹ 学生でないこと ❺ 従業員が50人超の企業など ❶〜❺を満たす人が加入の対象となる。

厚生年金保険制度の取得手続きと喪失手続き

従業員が入社したときに、事業主は厚生年金保険の加入（取得）の手続きを行います。事業主がマイナンバーまたは基礎年金番号を確認した上で「被保険者資格取得届」を提出します。入社した日が厚生年金保険の資格取得日となり、同時に健康保険の加入手続きをします。

また、従業員が退職したり、亡くなったりしたときに、事業主は厚生年金保険をやめる（喪失）手続きを行います。事業主が「被保険者資格喪失届」を提出しますが、同時に健康保険をやめる手続きも行います。退職の場合は、退職日の翌日が資格喪失日となります。

 厚生年金保険の資格取得または資格喪失の手続き

提出先 …… 取得手続き、喪失手続きのいずれも各都道府県の事務センターまたは事業所の管轄年金事務所

提出方法 … 電子申請または郵送、窓口への持参

提出期限 … 取得は社員として採用した日から5日以内、喪失は社員が退職した日の翌日から5日以内

 ちょっと補足 月途中で入社、退社した場合の保険料は？　保険料は月単位で計算するので、資格取得した月の保険料から支払う必要があります。また、月途中の退職の場合は退職日の翌日に厚生年金の被保険者資格を喪失することになり、資格喪失日が属する月の前月分まで納める必要があります。

③ 厚生年金への加入と保険料

厚生年金保険料の計算

厚生年金保険料は事業主と従業員が折半して支払う

　厚生年金保険料は、毎月の給与や賞与の額に**保険料率**を掛けて計算するため、個人によって保険料が異なります。また、保険料を事業主と従業員である被保険者とで折半して負担する点も、国民年金との大きな違いです。厚生年金保険料は給与から天引きされ、事業主が事業主負担分と合わせて**日本年金機構**へ支払います。翌月末までに、金融機関の窓口で納めるほか、口座振替や電子納付でも納めることができます。

厚生年金保険料の計算式

　厚生年金保険料は、次の計算式で計算します。

● **毎月の給与の場合**

> **厚生年金保険料** ＝ **標準報酬月額** × **厚生年金保険料率**

　会社が支払う1か月分の給与等（報酬）のことを**報酬月額**といいます。P63の保険料額表に報酬月額をあてはめると、**標準報酬月額**が求められます。これに**厚生年金保険料率**を掛けて毎月の保険料を求めます。その保険料を会社（事業主）と従業員が折半して支払います。

● **賞与の場合**

> **厚生年金保険料** ＝ **標準賞与額** × **厚生年金保険料率**

　会社が支払った賞与額の1,000円未満の端数を切り捨てた額を**標準賞与額**といい、これに**厚生年金保険料率**を掛けて保険料を計算します。

キーワード

翌月徴収　給与から天引きされる厚生年金保険料は、原則として前月分の保険料です。例えば4月の給与から天引きされる保険料は3月の分です。

標準報酬月額の決定のタイミング

　標準報酬月額は、実際に支払われるその月の給与によって決まるわけではなく、次の4つのタイミングで決定・変更が行われます。厚生年金保険料の額もそのタイミングに合わせて変更されます。将来受け取れる年金額へ反映されるので、注意しましょう。

①厚生年金保険の被保険者の資格を取得したとき

　入社したとき、雇用契約を変更して新たに被保険者の資格を取得したときに、契約したときの給与によって標準報酬月額が決まります。

②定時決定

　毎年1回、被保険者全員に対して行われる1年間の標準報酬月額を決定するための手続きで、算定（さんてい）ともいわれます。原則として7月1日現在の被保険者全員について、4月・5月・6月に受けた給与など（報酬）を年金事務所に届け出ることで標準報酬月額を決定し、その額によってその年の9月から翌年8月までの厚生年金保険料を計算します。

●定時決定と適用される期間

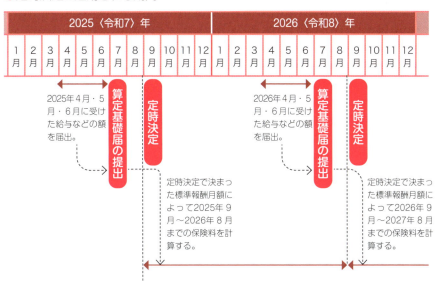

ちょっと補足　標準賞与額の上限　標準賞与額は1か月150万円が上限と定められているため、実際には150万円以上の賞与が支払われても、150万円の賞与が支払われたものとして保険料を計算します。

厚生年金保険料の計算

標準報酬月額の変更のタイミング

　資格取得時や定時決定で決まった標準報酬月額は、原則として次の定時決定まで1年間は変更されません。しかし、給与などの額が大きく変動した場合は、標準報酬月額の変更を行います。

③随時改定

　昇給や降給などによって給与などの額が大きく変動した場合に行う標準報酬月額の変更です。2等級以上の差がある場合のみ変更が行われます。「**被保険者月額変更届**」を提出するため、**月変**ともいわれます。

●随時改定と適用される期間

2月に給与額の変動があった場合、2月・3月・4月で随時改定に該当するかどうかを判断します。該当することになったら、変動月の4か月目（この場合5月）に随時改定を行います。

④産前産後休業・育児休業等終了時改定

　従業員が産前産後休業や育児休業を終了したあとに職場復帰したものの、短時間勤務などにより休業前よりも給与が下がった場合で本人から申し出のあったときに標準報酬月額の改定を行います。定時決定を待たずに職場復帰日から4か月目に改定します。

 ちょっと補足　産前産後休業・育児休業等終了時改定での標準報酬月額の基礎となる給与　復帰後3か月の低下した給与の平均となります。また、随時改定と違い、以前の標準報酬月額と1等級の差しかなくても改定を行います。

厚生年金保険料率とは

厚生年金保険料を計算するときに使う厚生年金保険料率（→P60）は、183／1000です。厚生年金保険料率は毎年9月に引き上げられていましたが、平成29年9月から183／1000に固定されています。

●毎月の厚生年金保険料率を計算してみる

Aさん

標準報酬月額150,000円

厚生年金保険料 ＝ 標準報酬月額 × 厚生年金保険料率
　　　　　　　＝ 150,000 × 183／1000
　　　　　　　＝ 27,450円 ← 厚生年金保険料

会社とAさんが折半して支払う。

会社　13,725円

13,725円　Aさん

＊端数は50銭以下の場合は切り捨て、50銭超の場合は切り上げて1円に（事業主が給与から控除する場合）。

厚生年金保険の保険料額表

標準報酬月額から厚生年金保険の毎月の保険料がすぐにわかる便利な表があります。それが「**厚生年金保険の保険料額表**」で、**日本年金機構**のホームページから最新のものをダウンロードできるようになっています。
　適用期間が書かれているので、古いものを使用しないように注意しましょう。

●厚生年金保険の保険料額表

○令和2年9月分（10月納付分）からの厚生年金保険料額表（令和6年度版）

（単位：円）

標準報酬		報酬月額		一般・坑内員・船員 （厚生年金基金加入員を除く）	
等級	月額	円以上	円未満	全額 18.300%	折半額 9.150%
1	88,000	～	93,000	16,104.00	8,052.00
2	98,000	93,000～	101,000	17,934.00	8,967.00
3	104,000	101,000～	107,000	19,032.00	9,516.00
4	110,000	107,000～	114,000	20,130.00	10,065.00
5	118,000	114,000～	122,000	21,594.00	10,797.00
6	126,000	122,000～	130,000	23,058.00	11,529.00
7	134,000	130,000～	138,000	24,522.00	12,261.00
8	142,000	138,000～	146,000	25,986.00	12,993.00
9	150,000	146,000～	155,000	27,450.00	13,725.00
30	590,000	575,000～	605,000	107,970.00	53,985.00
31	620,000	605,000～	635,000	113,460.00	56,730.00
32	650,000	635,000～		118,950.00	59,475.00

○厚生年金保険料率（平成29年9月1日～　適用）
　一般・坑内員・船員の被保険者等　…18.300%　（厚生年金基金加入員　…13.300%～15.900%）
○子ども・子育て拠出金率（令和6年4月1日～　適用）　…0.36%
　［参考］令和5年4月分～令和6年3月分までの期間は、0.36%
　※子ども・子育て拠出金については事業主が全額負担することとなります。

これは「厚生年金基金」に加入していない一般の被保険者向けの表。厚生年金基金に加入している人の表も別に用意されている。

ここに適用期間が書いてある。古いものを使用しないように注意。

ちょっと補足　**標準報酬月額の等級**　2020〈令和2〉年9月に厚生年金保険の標準報酬月額の上限が1等級引き上げられ、32級の650,000円が上限と変更になりました。

③ 厚生年金への加入と保険料

産前産後休業や育児休業中の保険料の免除

産前産後休業や育児休業中の厚生年金保険料の免除

　労働基準法では、出産予定の女性が休業を申し出ると、産前6週間（多胎の場合は14週間）は仕事を休むことができ、また産後8週間は、出産した女性に会社が仕事をさせてはいけないということが決まっています（産前産後休業）。育児・介護休業法では、産前産後休業が終わったあと、子どもが1歳に達するまで育児休業を取得できる原則があります。また、2022〈令和4〉年からは育児休業とは別に、子の出生後8週間以内に4週間まで2回に分けて休業が取得できる産後パパ育休制度もできました。

　これらの休業中の厚生年金保険料は、事業主が申し出をすることにより、被保険者である本人の負担分と事業主の負担分とともに免除となります。保険料を実際には納めなくても、納めたものとして年金額の計算に含めてもらえます。なお、休業中に支払いのあった賞与についても保険料は免除となります。

🖉 産前産後休業および育児休業中の保険料免除の手続き

提出書類 … 産前産後休業期間中の保険料免除…「産前産後休業取得者申出書」
※出産予定日がずれたなど産前産後休業期間が変更したら「産前産後休業取得者変更届」の提出も必要。

育児休業期間中の保険料免除…「育児休業等取得者申出書」
※予定より早く育児休業を終了する場合には「育児休業等取得者終了届」の提出も必要。

提出先 …… 各都道府県の事務センターまたは事業所管轄の年金事務所

提出方法 … 電子申請または郵送、窓口への持参

提出期限 … それぞれ産前産後休業や育児休業の期間中または終了後1か月以内

ちょっと補足　男性の育児休業　男性が育児休業を取得した場合も、女性と同じように保険料は免除となります。

具体例で産前産後休業と厚生年金保険料の免除を見てみよう

Aさんの産前産後休業と職場復帰の場合

2025年4月14日が出産予定日だったので、3月4日から産前休業に入る。
→「産前産後休業取得者申出書」を提出する。
→3月分から保険料が免除される。

時短勤務を選んだので給与が減る。6月〜8月に支払われた給与から産前産後休業終了時改定で標準報酬月額が変わる。
→「産前産後休業終了時報酬月額変更届」

2025〈令和7〉年 2 3 4 5 ⑥ ⑦ ⑧ 9 10 11 12 | 2026〈令和8〉年 1 2 3

予定日より少し遅れて2025年4月15日に無事出産する。
→「産前産後休業取得者変更届」を提出する。

2025年6月11日に予定通り産後休業を終えて職場に復帰する。
→6月分から保険料が徴収される。

産前産後休業または育児休業等を開始した月は、保険料が免除になります。そして、産前産後休業または育児休業等が終了した日の翌日（つまり職場に復帰した日）の含まれる月から保険料が徴収されます。なお、介護休業中の保険料は免除されません。

養育期間中の標準報酬月額の特例措置

養育期間中の標準報酬月額の特例措置とは、3歳未満の子の養育期間中の標準報酬月額が、時短勤務の影響などを受けて低下してしまったときに利用できる制度のことです。年金額の計算をする際には、養育開始前の標準報酬月額だったとみなして計算するため、実際に納める保険料で計算される年金額よりも多い年金額を将来受け取ることができます。

この特例措置は、3歳未満の子を養育している被保険者本人からの申し出が必要です。

養育期間中の標準報酬月額の特例措置の手続き

提出書類 …「養育期間標準報酬月額特例申出書」
　　　　　　子の戸籍謄（抄）本または戸籍記載事項証明書
　　　　　　＊申出者と子の身分関係および子の生年月日を証明できるもの。
　　　　　　住民票　＊申出者と子が同居していることを確認できるもの。
提出先 ……事業主を経由して、事業所所在地を管轄する事務センターまたは事業所管轄の年金事務所
提出方法 …電子申請または郵送、窓口への持参

育児休業の期間　保育園に入れたいのに入れられないなどの理由があれば最長で2歳まで取得でき、子どもが3歳に達するまでの育児休業制度に準じた休業をしている期間も育児休業となります。

❹ 年金を上乗せする
公的年金に上乗せできる制度

個人で上乗せできる制度

　公的年金に上乗せする部分として、個人単位で任意に加入できる制度があります。老後の安心のために、検討してみてはいかがでしょうか。

●公的年金に個人で上乗せできる制度

付加年金と国民年金基金の両方に加入することはできません。どちらかを選ぶことになります。

第1号被保険者（国民年金保険料を納めている人）が加入できる制度

第3号被保険者（第2号被保険者の被扶養配偶者）が加入できる制度

個人で上乗せできる制度①　付加年金

　付加年金は、付加保険料月額400円を支払った人が、老齢基礎年金の受給権を取得したときに支給される、上乗せの年金です。付加年金と国民年金基金の両方に加入することはできません。

　〈対象者〉国民年金の第1号被保険者および60歳以上65歳未満の任意加入被保険者。ただし、保険料免除を受けている人や農業者年金の被保険者は加入できません。

 付加保険料の前納　付加保険料は定額の国民年金保険料とセットで納めます。前納する場合は、その期間によって付加保険料も割引を受けられます。

個人で上乗せできる制度② 国民年金基金

国民年金基金は、老齢基礎年金に上乗せ給付をする年金制度で、厚生年金保険に加入している人との受け取れる年金額の格差を減らすために設けられた制度です。**全国国民年金基金**もしくは、**職能型国民年金基金**のいずれかに加入します。

●全国国民年金基金

国民年金の第1号被保険者であれば、住所地や業種は問わずに加入できます。

●職能型国民年金基金

歯科医師国民年金基金や司法書士国民年金基金など、基金ごとに定められた事業や業務に従事する国民年金の第1号被保険者が加入できます。

掛金は、給付の型、加入口数、加入時の年齢・性別の違いで額が異なっており、個人型確定拠出年金の掛金と合わせて、68,000円が限度となります。

付加年金と国民年金基金の両方に加入することはできないため、どちらかを選ぶことになります。付加年金を納めている人が国民年金基金を選ぶ場合は、「**付加保険料納付辞退申出書**」を提出します。なお、国民年金基金への加入は任意ですが、第1号被保険者でいる限り、途中でやめることはできません。

〈対象者〉国民年金の第1号被保険者および60歳以上65歳未満の任意加入被保険者や海外に居住している任意加入被保険者。ただし、保険料免除を受けている人や農業者年金の被保険者は加入できません。

●給付の種類

年金額や給付の型は自分で選択できます。

1口目　　　終身年金A型、B型のいずれかを選択
2口目以降　終身年金A型、B型、確定年金Ⅰ型、Ⅱ型、Ⅲ型、Ⅳ型、Ⅴ型から選択

終身年金（終身受給する年金）
A型　65歳受給開始　15年間保証（受給前や保証期間中に亡くなると、遺族に一時金を支給）
B型　65歳受給開始　保証期間なし

確定年金（受給期間が定まっている年金）
Ⅰ型　65歳受給開始　15年間保証
Ⅱ型　65歳受給開始　10年間保証
Ⅲ型　60歳受給開始　15年間保証
Ⅳ型　60歳受給開始　10年間保証
Ⅴ型　60歳受給開始　5年間保証

ちょっと補足　確定年金Ⅰ型、Ⅱ型、Ⅲ型、Ⅳ型、Ⅴ型に加入している人が、年金を受け取る前や保証期間中に亡くなった場合も、遺族に一時金が支払われます。

公的年金に上乗せできる制度

個人で上乗せできる制度③ 個人型確定拠出年金(iDeCo)

確定拠出年金(DC)とは、掛金が加入者ごとに管理され、その掛金と掛金を運用した結果で老後の年金額が決まる制度です。確定拠出とは、掛金が確定しているという意味です。掛金は税控除の対象となるなどのメリットがありますが、投資損のリスクを加入者が負うことになります。確定拠出年金には個人型と企業型の2つの制度があります。

個人型確定拠出年金は、加入を希望した人が自分で申し込みを行い、加入者となります。加入者は自身で掛金を支払い、運用方法を選び、自己責任で掛金を運用します。国民年金第1号被保険者は付加年金や国民年金基金に加入している人も加入できます。掛金が全額所得控除を受けるなどメリットがある一方、原則60歳まで積立金を引き出せないなどのデメリットを把握しましょう。

〈対象者〉原則、公的年金制度に加入している65歳未満のすべての被保険者。今まで60歳未満の被保険者が対象でしたが、2022〈令和4〉年5月より65歳未満まで引き上げられました。

●個人型確定拠出年金の拠出(掛金)限度額

加入の種類		拠出限度額
国民年金第1号被保険者・任意加入被保険者(自営業者など)		月額6.8万円(年額81.6万円)※国民年金基金または付加保険料との合算枠
国民年金第2号被保険者(会社員・公務員など)	企業年金がない会社員	月額2.3万円(年額27.6万円)
	企業型DCのみに加入の会社員	月額2.0万円＊1
	DBと企業型DCに加入の会社員	月額2.0万円＊2
	DBのみに加入している会社員	月額1.2万円(年額14.4万円)
	公務員	月額2.0万円(年額24.0万円)
国民年金第3号被保険者(専業主婦・主夫)		月額2.3万円(年額27.6万円)

＊1 企業型DCのみに加入する場合　月額5.5万円―各月の企業型DCの事業主掛金額(ただし月額2万円を上限)
＊2 企業型DCとDB等の他制度に加入する場合　月額5.5万円―各月の企業型DCや他制度の事業主掛金額(ただし月額2万円を上限)

ちょっと補足　iDeCoのメリット　毎月の掛金を5,000円から1,000円単位で設定できる手軽さや、運用益が非課税でかつ年金の受け取り時にも控除を受けられるなどのメリットがあり、加入者が増加しています。

職場で加入する上乗せの制度

　会社員や公務員などの厚生年金保険に加入している人は、国民年金（基礎年金）と厚生年金保険という２階建ての公的年金があります。さらに上乗せする３階部分として、会社員には**企業年金**、公務員には**退職等年金給付**などの制度があります。

　会社員の３階部分である企業年金には、**企業型確定拠出年金（企業型DC）**と**確定給付企業年金（DB）**と**厚生年金基金**があります。企業年金は、企業年金を導入している会社に勤める人が、原則として全員加入するものです。すべての会社員が加入しているわけではありません。

　公務員の３階部分は**退職等年金給付**（**年金払い退職給付**）で、すべての公務員が加入し、受給することができます。公務員の**共済年金制度**は平成27年10月から変わりました。そのため、平成27年９月以前に共済組合の加入期間がある人は、旧制度の３階部分にあたる**経過的職域加算**があわせて支給されます。

　さらに会社員や公務員は個人で個人型確定拠出年金（iDeCo）に加入することもできます。

●企業年金制度

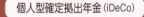

個人型確定拠出年金(iDeCo)	個人型確定拠出年金(iDeCo)
企業型確定拠出年金(企業型DC)	旧職域部分〈経過的職域加算〉
確定給付企業年金(DB)	退職等年金給付〈年金払い退職給付〉
厚生年金基金	厚生年金保険（過去の共済年金）
厚生年金保険	国民年金
国民年金	

 厚生年金保険に加入している会社員の上乗せの制度

 公務員や私学の教職員（旧共済組合の加入期間がある人も含む）の上乗せの制度

 転職時の企業年金　企業年金のある会社を退職した場合、積み立てたお金は一時金で受け取るほか、ポータビリティ制度を利用して他の年金制度に移しかえることができます。

公的年金に上乗せできる制度

職場で加入する上乗せの制度① 企業型確定拠出年金（企業型DC）

企業型確定拠出年金（企業型DC） は、会社が加入者である社員のために掛金を支払い、加入者自らが運用管理機関を通じて運用商品を選んで運用します。

● 会社が掛金を積み立て、加入者が運用

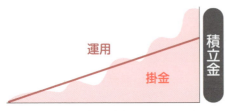

掛金は一定の額を会社が支払います。用意された各商品から社員個人が選択して運用します。運用成果によって積立金＝受取額が変わります。

給付は積立金を一時金として一括で受け取るか、年金として分割で受け取ることができます。

なお、取り決めにより加入者も掛金を払うマッチング拠出を認めている会社もあります。加入者が払うマッチング拠出の掛金の上限額は、会社が拠出する掛金の金額を超えないようにする必要があります。掛金とその運用益で額が決まった老齢給付金の受給開始時期は原則60歳から75歳までの間で選択できます。

掛金や運用益が非課税といったメリットがある一方、運用する責任は個人が負うことになるので、基本的な投資の知識が必要です。

〈対象者〉企業型確定拠出年金を実施している企業に勤めている厚生年金保険の被保険者。

なお、条件を満たせば同時に個人型確定拠出年金（iDeCo）に加入することもできます。また、企業年金のない会社に勤める会社員は希望すれば個人型確定拠出年金（iDeCo）に加入できます。

職場で加入する上乗せの制度② 確定給付企業年金（DB）

確定給付企業年金 は、将来の上乗せ部分の給付金額をあらかじめ確定

キーワード　ＤＣ　ＤＣはDefined Contributionの略で、掛金を加入者が運用し、運用結果に基づいて給付額が決定される確定拠出年金制度のことをさします。

しておき、その給付金の額を支給できるように必要な掛金を決める制度です。**確定給付**とは、老後に給付される金額が確定しているという意味です。原則事業主が掛金を支払いますが、取り決めにより加入者も掛金を負担することができます。将来の年金額があらかじめわかるので老後の生活設計が立てやすい、また中途引き出しもできる、などのメリットがあります。

〈対象者〉確定給付企業年金を実施している企業に勤めている厚生年金保険の被保険者。

●定めた給付額になるように会社が掛金を拠出し、運用する

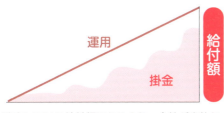

確定している給付額になるよう、会社が支払う掛金の拠出額は運用の結果によって変動します。運用のリスクは会社が負います。

給付は一時金として一括で受け取るか、年金として分割で受け取るか、組み合わせるか、それぞれのDBの規約で定められています。

職場で加入する上乗せの制度③　厚生年金基金

厚生年金基金は、本来国が行っている厚生年金保険の老齢厚生年金給付の一部を国に代わって支給します（**代行**）。さらに厚生年金基金の独自給付を加えた年金を加入員に支払うことで、老後の生活をより安定させる制度になっています。

しかし、経済状況の変化などにより、現在は新しい厚生年金基金の設立はできません。基金によっては、代行部分を国に戻し、上乗せ部分を確定給付企業年金へ移行したり、財政状況が思わしくない基金については解散をしたりするケースもあります。現在厚生年金基金に加入している企業に勤務している人は、今後の基金の動向に注目です。

〈対象者〉厚生年金基金へ加入している企業に勤めている厚生年金保険の被保険者（被保険者は**加入員**とよばれます）。

キーワード
DB　DBはDefined Benefit Planの略です。厚生年金基金も給付内容が確定している制度なので、大きくはDBに分類されます。

公的年金に上乗せできる制度

職場で加入する上乗せの制度⑦　元共済組合員のための制度

　平成27年10月に被用者年金が一元化され、共済年金の組合員だった公務員や私立学校の教職員は、厚生年金保険の被保険者となりました。かつての共済年金は3階建てになっていて、その3階建ての部分を**職域加算**といいました。現在、公務員の保険料は厚生年金と同額となっており、私立学校の教職員の納める保険料は、厚生年金保険料に合わせて段階的に引き上げを行っています。3階建ての職域加算部分に代わる新しい制度が**退職等年金給付**で、民間の企業年金に相当します。老後の上乗せ部分の支払われ方は、人によって異なります。

　なお、退職等年金給付は、年金の受け取り期間が決まっている有期年金と、一生涯受け取り続けられる終身年金を組み合わせた給付です。

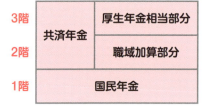

●共済年金組合員への上乗せ部分の支払われ方

平成27年9月30日までに年金を受け取れる権利を持った人	→	退職共済年金または老齢厚生年金（2階部分）に、旧職域加算部分（3階部分）を上乗せして受け取れます。
平成27年10月1日の一元化後に年金を受け取れる権利が発生した人	→	老齢厚生年金（2階部分）に加え、旧職域加算部分と退職等年金給付を加入期間に応じて受け取れます（3階部分）。
平成27年10月1日以降に公務員や私学の教職員になった人	→	老齢厚生年金（2階部分）に退職等年金給付（3階部分）を上乗せして受け取れます。

 キーワード　職域加算　共済年金は、厚生年金と比較して保険料が安いなど、厚遇されていましたが、一元化により職域加算は廃止され保険料も段階的に引き上げられて厚生年金と同額になりました。私立学校教職員は引き上げの途中です。

会社員・公務員が加入するiDeCo

　会社員や公務員も希望すれば原則として個人型確定拠出年金（iDeCo）に加入することができます。ただし、企業型確定拠出年金（企業型DC）に加入している人は加入対象にならない場合がありますので注意してください。

　また、掛金の拠出限度額が国民年金の第1号被保険者（自営業など）とは異なりますので（→P68）、よく確認して検討しましょう。

● 個人型確定拠出年金（iDeCo）の加入対象にならない人

- 職場で加入している企業型確定拠出年金（企業型DC）の事業主掛金が拠出限度額の範囲内での各月拠出となっていない。
- 企業型確定拠出年金（企業型DC）にマッチング拠出（→P70）している。

上乗せの保険料は控除の対象にもなる

　上乗せ部分の掛金や保険料は、所得税や住民税の計算の際に控除（所得控除）の対象となり、税金の負担を軽減することができます。老後の安心を手に入れるだけでなく、今の生活にもやさしいのです。

● 上乗せの年金と税金の控除

加入している上乗せの年金	受けられる控除
国民年金基金	社会保険料控除
厚生年金基金	社会保険料控除
確定給付企業年金の加入者拠出分	生命保険料控除（ただし、要件あり）
確定拠出年金〈個人型および企業型の加入者拠出分〉	小規模企業共済等掛金控除
個人年金（民間の生命保険）	個人年金保険料控除（ただし、要件あり）
年金払い退職給付の掛金	社会保険料控除

ちょっと補足 　**国民年金保険料も控除の対象**　国民年金保険料も全額「社会保険料控除」の対象となり、年末調整や確定申告時に控除証明書を添付して申告します。

④ 年金を上乗せする
個人年金保険で公的年金を補う

公的年金で老後の生活をどれくらい補えるのか

　まず、公的年金だけで老後の生活を送ることを考えてみましょう。公的年金への加入が国民年金第1号被保険者の期間のみであった夫婦の場合、1か月あたりに受け取れる老齢基礎年金の額は1人あたり69,308円（2025〈令和7〉年度満額）です。

　つまり、夫婦2人分なら、138,616円（69,308円×2）になります。

　給与などの収入のある暮らしから収入が年金だけの生活になったときに、暮らしぶりを急に変えて生活していくことは容易ではありません。公的年金では足りない部分を、無計画に貯蓄から切り崩していけば、将来への不安が増えて、心身ともに健康に過ごすことが難しくなることもあるでしょう。

●定年後の生活で考えられる収入と支出

収入	
公的年金	老齢厚生年金
	老齢基礎年金
年金への上乗せ	退職金
	企業年金など
事前準備（自助努力）	株などの金融資産
	貯蓄
	生命保険
	個人年金保険

支出
食費
公共料金（電気・ガス・水道など）
住居費（メンテナンス含む）
家具　家事用品
通信費
交通費や車両費
健康維持や医療介護費用
介護保険料
健康保険料
趣味や旅行費用
冠婚葬祭費
交際費（子や孫へのプレゼント含む）
被服費や履物

老後のライフプランは老後の収入と支出の比較からはじめましょう。

ちょっと補足　人生100年時代へ　公的年金を受け取るだけでなく、健康なうちは定年後も働き続けることも検討しましょう。

総務省統計局の家計調査（2023年）によると、高齢夫婦の無職世帯の消費支出平均は月に約250,000円、高齢単身無職世帯の消費支出平均は月に約150,000円となっています。

　老齢基礎年金だけを受け取ると想定して単純に計算しても、夫婦世帯（平均250,000円必要）から老齢基礎年金の約138,000円を引くと、112,000円足りません。また単身世帯（平均150,000円必要）から老齢基礎年金の69,000円を引くと81,000円足りません。ここであげている支出は、最低限必要なものになります。ゆとりのある老後を送るためには、老齢厚生年金や退職金などで補てんできる額を確認し、さらに事前に自助努力の部分も準備する必要があります。

個人年金保険の加入のすすめ

　個人年金保険は、加入希望者が保険料の支払期間や年金の受取金額などを自分で選んで加入できる任意の保険です。民間の保険会社のほか、銀行などの金融機関、郵便局のかんぽ生命保険などでも取り扱いをしています。各社内容の異なる年金商品を提供しているので、自分の現在の年齢や年金の受け取り希望年齢（いつまで働く予定かを踏まえて）、また準備できる資金額を確認の上、相談することをおすすめします。一定の条件下では、==所得税や住民税の負担が軽くなる所得控除を受けることもできます==。

　若い人は、==毎月少しずつ積み立てていく個人年金==を検討してみるのもよいでしょう。支払う保険料よりも受け取りの年金額が上回ることが確実なタイプ（確定年金）です。無理なく老後資金を準備するという点では、保険料控除の枠を利用しながら、余裕をもって行えます。ただし、年金額が確定しているため、物価の変動には対応できません。

　他にも、受け取れる年金額は多いものの、為替相場の変動によって受け取れる年金額が変わる可能性のある外貨建ての個人年金商品や、保険料を一括で支払う余裕のある人向けの個人年金なども販売されています。

　また、すでに加入している保険の契約のうち、==積み立てた部分を年金のように受け取れる特約をつける==など、見直しをするのもよいでしょう。

ちょっと補足　トラブルにならないために　外貨建て生命保険加入後、元本が保証されなかった、外貨から日本円に替える際に手数料を取られた等のトラブル相談が消費生活センターに寄せられています。勧誘されてもすぐに契約せず、親族に相談するなど慎重に検討しましょう。

❺ 年金の記録の確認や相談をする

ねんきん定期便を利用する

年金記録を確認する「ねんきん定期便」

　国民年金や厚生年金保険に加入中の人には、毎年誕生月に日本年金機構から**ねんきん定期便**が送られてきます。保険料に納め忘れがないかの確認ができ、また将来受け取れる年金の額を把握することができるので、かならず目を通すようにしましょう。

　ねんきん定期便は、50歳未満か以上か、また節目の年齢かどうかなどによって記載内容や形式（ハガキか封書）が異なります。年金の受け取りが近づく50歳以上になると、定期便が作成されたタイミングで加入している制度に引き続き加入した場合に、受け取れるであろう老齢年金（老齢基礎年金や老齢厚生年金）の見込額が記載されるようになります。

📝 ねんきん定期便の年齢別記載内容

50歳未満	節目年齢以外	ハガキ	これまでの年金加入期間、加入実績に応じた年金額、保険料の納付額、過去1年分の納付状況が記載。
	節目年齢〈35歳・45歳〉	封書	これまでの年金加入期間、加入実績に応じた年金額、保険料の納付額に加えて、これまでの年金加入履歴や国民年金保険料の納付状況と厚生年金保険の標準報酬月額などが過去の全期間について詳細に記載。
50歳以上60歳未満	節目年齢以外	ハガキ	これまでの年金加入期間、老齢年金の見込額、保険料の納付額、過去1年分の納付状況が記載。
	節目年齢〈59歳〉	封書	これまでの年金加入期間、老齢年金の見込額、保険料の納付額に加えて、これまでの年金加入履歴や国民年金保険料の納付状況と厚生年金保険の標準報酬月額などが過去の全期間について詳細に記載。
60歳以降		ハガキ	仕事を続け、厚生年金保険に加入中の人にのみ送付。年金をすでに受け取っていても送付される。

　ねんきん定期便の海外送付　海外居住者が日本年金機構のホームページから申し出を行えば、ねんきん定期便の海外への送付にも対応してもらえます。

ねんきん定期便に書かれていること

　ねんきん定期便では将来受け取れる年金額を把握できます。セカンドライフの計画を立てるためにも、かならずチェックをしましょう。また、間違いを見つけたら、早めに日本年金機構へ「年金加入記録回答票」を提出し、確認してもらいます。

● ねんきん定期便のチェック（50歳未満の方の例）

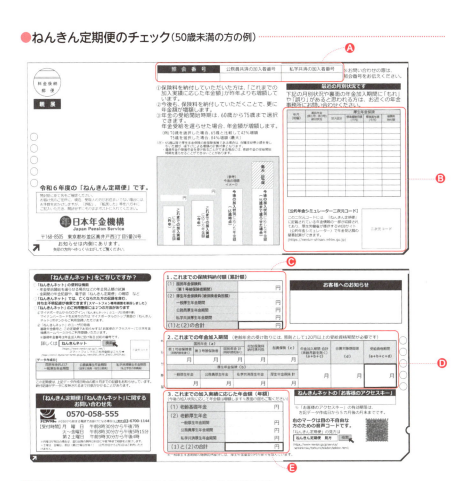

Ⓐ 基礎年金番号など照会番号。年金の内容を問い合わせする際に必要。
Ⓑ 最近の年金の加入状況。厚生年金保険加入者には「標準報酬月額」や「標準賞与額」が記載される。
Ⓒ これまで納付された保険料の累計額。
Ⓓ 「ねんきん定期便」が作成された時点での年金の加入期間。
Ⓔ 「ねんきん定期便」が作成された時点での年金の加入期間に基づいた、将来受け取れる老齢年金額を試算した見込金額。

キーワード　ねんきんネット　パソコンやスマートフォンから日本年金機構のホームページにアクセスして登録すれば、いつでも最新の年金記録を確認できるサービスです。電子版ねんきん定期便も見られるので、郵送を停止することができます。

⑤ 年金の記録の確認や相談をする
ねんきんネットの利用と年金相談窓口

自分の年金情報をいつでもチェックできる

「老後にいくら年金がもらえるか知りたい」という方は多いでしょう。

ねんきんネットなら自分の年金情報を24時間365日いつでもパソコンやスマートフォンでチェックすることができます。

ねんきんネットを利用するには、基礎年金番号とメールアドレスによって利用登録をする必要があります。登録完了後に郵送されるIDを使ってアクセスします。

● ねんきんネットでできること

【できること❶】
年金記録を確認できる

最新の年金記録を確認できます。これまでの年金記録に漏れや誤りがないかをチェックできます。また、職歴一覧を電子版「被保険者記録照会回答票」で確認できます。

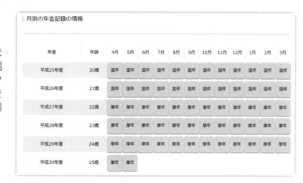

【できること❷】
将来の年金見込額の確認

現在の加入条件が60歳まで継続したとして年金見込額を自動表示する「かんたん試算」、収入や期間を設定して試算する「詳細な条件で試算」などで将来の年金額を試算できます（→P111）。

わたしとみんなの年金ポータル　https://www.mhlw.go.jp/nenkinportal/

厚生労働省が開設したポータル（玄関）サイトです。年金のことで知りたいことがあったら、最初にここからスタートしてみましょう。よくある年金制度への疑問やテーマを提示して、具体的な内容が掲載されている専門ページへ案内してくれます。

【できること❸】
ねんきん定期便・通知書の確認ができる

電子版「ねんきん定期便」を確認することができます。また、年金振込通知書などを確認できます。

【できること❹】
日本年金機構に提出する届出書を作成・印刷できる

作成したい届出書を選択して画面に表示される内容に沿って入力すれば届出書類をパソコン上で作成できます。

ねんきんネットの利用と年金相談窓口

マイナポータルからねんきんネットに登録

　行政手続きのオンライン窓口、マイナポータルを利用して、ねんきんネットに登録することもできます。マイナポータルからねんきんネットを利用するためには、マイナンバーカードとメールアドレスが必要です。

●マイナポータルからの利用登録方法

❶ パソコンやスマートフォンからマイナポータルにログインする。

❷ トップページの「年金」をクリックする。

❸ 「ねんきんネット」をクリックする。

ねんきんネット
インターネットを通じてご自身の年金の情報を手軽に確認できるサービスです。24時間いつでもどこでも、パソコンやスマートフォンからご自身の年金情報を確認することができます。
トップページ（ねんきんネット）

❹ ねんきんネットの利用規約を確認、同意し、「ねんきんネットと連携」をクリックする。

連携手続きが完了すると、ねんきんネットが表示され、以後はマイナポータルの「年金」ページで「ねんきんネットで年金記録を確認する」をクリックすれば、ねんきんネットを利用できるようになります。

年金の相談や記録の確認は窓口や電話で

年金に関する相談は、年金事務所などの窓口や電話（コールセンター）などを利用できます。年金の記録も確認できますので、利用しやすい方法を選んで活用してください。

窓口で

全国どこの年金事務所や街角の年金相談センターでも相談を受け付けています。予約受付専用電話から予約のうえ、来訪するとスムーズです。
- 予約受付専用電話

0570-05-4890 (ナビダイヤル)

050で始まる電話からは

03-6631-7521 (一般電話)

《受付時間》月～金曜日午前8時30分～午後5時15分
※土曜日、日曜日、祝日、12月29日～1月3日は利用できません。

ファクシミリで

日本年金機構のサイトでダウンロードできる「文書相談受付票（ファクシミリ）」に必要事項を記入して年金事務所にファクシミリを送ると、郵送で回答してもらえます。年金の記録についての相談は、原則として本人のみが対象となります。

チャットで

一般的な問い合わせに対し、対話形式で24時間いつでも対応する「相談チャット総合窓口」も利用できます。

日本年金機構のトップページにあるバナーをクリック。
https://www.nenkin.go.jp/

電話で

問い合わせの内容に応じた専用電話相談窓口があります。
- 年金相談に関する一般的な問い合わせ

ねんきんダイヤル

0570-05-1165 (ナビダイヤル)

050で始まる電話からは

03-6700-1165 (一般電話)

- ねんきん定期便・ねんきんネットに関する問い合わせ

ねんきん定期便・ねんきんネット専用番号

0570-058-555 (ナビダイヤル)

050で始まる電話からは

03-6700-1144 (一般電話)

《受付時間》月曜日午前8時30分～午後7時、火～金曜日午前8時30分～午後5時15分、第2土曜日午前9時30分～午後4時
※月曜日が祝日の場合は、翌日以降の開所日初日に午後7時まで受付。
※土曜日、日曜日、祝日（第2土曜日を除く）、12月29日～1月3日は利用できません。

- 年金の加入に関する一般的な問い合わせ

ねんきん加入者ダイヤル

国民年金加入者向け

0570-003-004 (ナビダイヤル)

050で始まる電話からは

03-6630-2525 (一般電話)

事業所、厚生年金保険加入者向け

0570-007-123 (ナビダイヤル)

050で始まる電話からは

03-6837-2913 (一般電話)

《受付時間》月～金曜日午前8時30分～午後7時、第2土曜日午前9時30分～午後4時
※土曜日、日曜日、祝日（第2土曜日を除く）、12月29日～1月3日は利用できません。

コラム 1

公的年金は必要？

「国の年金制度は信用できないから、保険料を納めず、貯金したいのですが…」というような質問を社会保険労務士として受けることがあります。

　いつかは訪れる老後、そして起こり得る疾病や障害などのリスクに対し、すべて自分で責任を負えるのであれば、公的年金制度に加入する必要はないかもしれません。しかし、人生のさまざまなライフステージでのアクシデントに対し、それができるかと問われると、私は自信がありません。

　例えば、90歳の私の父親は、2か月ごとに支給される老齢年金を受け取り、ケア付きの高齢者用アパートで暮らしています。仮に年金制度がなかったら、父親の生計を私が支え、私自身も老後の蓄えを心配しなければなりません。父親の生計と自分の老後の蓄えという二重の負担がのし掛かってきて、きっと安心して暮らすことができないでしょう。

　私は社会保険労務士として年金の仕事にかかわり、相談者が保険料を払っていなかったために、無年金となるケースをたくさん見てきました。公的年金制度は、国民一人ひとりの長い人生のリスクに対する、セーフティーネットとして機能しています。保険料を支払うことでそれを活用できるのです。経済的な理由で保険料が支払えないのであれば、免除や納付猶予などの制度を利用すべきです。面倒だからと放置しておくと、社会保障を受ける権利を放棄していることになります。

　「はじめに」でも述べましたが、公的年金をライフプランの中心に据えて、将来にわたって持続可能な生活設計を考えるべきでしょう。

第 **2** 章

老齢年金

老齢年金のよく

Q1 10年加入すれば年金がもらえるって本当？

本当です。老齢基礎年金の受給資格期間は10年となりました。ただし加入期間が10年の場合の年金額は満額の4分の1で約20.8万円（年額）です。

国民年金からの老後の年金「老齢基礎年金」を受け取るために必要な加入期間は、以前は25年でしたが今は10年あれば受給できます。ただし、40年間保険料を納めて満額を受け取る制度ですので、保険料を納めた期間に応じて減額されます。

老齢基礎年金の受給に必要な納付期間 → P88
老齢基礎年金の受給額の計算 → P92

Q2 厚生年金って60歳からもらえるのではなかったかしら？

以前は60歳からでしたが、支給開始年齢が引き上げられ、男性は昭和36年、女性は昭和41年の4月2日以後生まれの人は65歳からとなります。

かつては厚生年金保険からの老後の年金「老齢厚生年金」を60歳からもらえましたが、現在は65歳からが基本となっています。21年かけて受給の始まる年齢を段階的に引き上げているところなので、生年月日によっては60〜64歳から「特別支給の老齢厚生年金」を受け取れる人もいます。

特別支給の老齢厚生年金　受給要件と計算 → P98
老齢厚生年金　受給要件と計算 → P104

ある疑問あれこれ

Q3 60歳を過ぎても働いていると、年金が減ってしまう?

会社員の場合、年金と給与の額によっては老齢厚生年金の一部が支給停止となります。

　60歳以上の厚生年金保険に加入している人には、老齢厚生年金の額と給与やボーナスの額に応じて年金の一部または全部がもらえなくなる「在職老齢年金」というしくみがあります。60〜64歳と65歳以上で、年金が支給停止になる判断基準は当初は異なっていましたが、2022＜令和4＞年4月以降は同様の方法により支給停止額を判断することにしています。

在職老齢年金 → P116

Q4 離婚したいけど、老後のお金が不安です…

厚生年金保険の加入記録を分割できる制度があります。

　共働きなら「結婚していた期間に夫婦それぞれが納めた厚生年金の加入記録を分割する制度」、一方が専業主婦(夫)なら「結婚していた期間のうち、第3号被保険者だった期間の相手の厚生年金の記録を分割する制度」があります。どちらの期間もある場合は組み合わせることもできます。

厚生年金分割制度 → P124

❶ 老齢年金のアウトライン

老後に受け取れる年金

老後の生活を保障する老齢年金

　年金には万が一のときに困らないように、生活を保障する働きがあります。**老齢年金**は高齢になって思うように働けなくなったときのために所得の一部を保障してくれるものです。老齢年金には、次の種類があります。

●老齢年金の種類

　老齢年金には、国民年金から支給される**老齢基礎年金**、厚生年金保険から支給される**老齢厚生年金**があります。これらは原則65歳から受け取ることができます。また、老齢年金を受け取るためには保険料を納めた期間など納付要件を満たす必要があります。

●老齢年金を受給するための要件

受給開始年齢（原則65歳） 保険料の納付要件（加入期間など）

ちょっと補足　保険料を納めた期間を調べるには？　ねんきん定期便のほか、「ねんきんネット」（→P78）で調べるか、最寄りの年金事務所で調べることができます。

- 老齢年金の構造

1階は国民年金から給付される老齢基礎年金、2階は厚生年金保険から給付される老齢厚生年金という構造になっている。

老齢基礎年金を増やすには

　老齢基礎年金は、国民年金の加入可能期間である20歳から60歳までの40年間（480か月）、すべての月について保険料を支払い続けていたら、満額が受給できます（→P92）。

　保険料の免除を受けている期間や保険料の未納期間があると、その期間分だけ受け取る年金額も減ってしまいます。ねんきん定期便には保険料納付済期間が記載されていますから、必ずチェックしましょう。受給額を満額に近づけたいという場合は、60歳を過ぎても国民年金に加入して保険料を納めることができる任意加入を検討しましょう（→P51）。

　また、毎月の保険料にプラスして400円を支払うと、老齢基礎年金に上乗せして支給される付加年金という制度もあります（→P66）。

キーワード
付加年金　定額の保険料に付加保険料を上乗せして納めることで、年金の受給額を増やせる制度です。市区役所や町村役場の窓口で申し込みをします。

❷ 老齢基礎年金

老齢基礎年金の受給に必要な納付期間

老齢基礎年金をもらうための要件

　老齢基礎年金は、昭和61年改正により誕生した２階建て年金制度の１階部分であり、20歳以上の全国民が共通して加入する年金制度です。

　従来は国民年金に25年以上の加入期間が必要でしたが、平成29年8月1日からは10年以上に短縮されました。要件を満たしていれば、65歳からだれでももらうことのできる老齢給付の年金ですが、年金を受け取りたい場合は請求が必要となります（→第５章参照）。

　老齢基礎年金を受け取ることができる（受給資格がある）のは、次の要件を満たした場合です。

●老齢基礎年金の受給要件

❶保険料納付済期間または保険料免除期間があること。

❷❶の期間が10年以上＊であること。

❸65歳に達したこと。

＊❶の期間は、平成29年8月からは25年以上から10年以上に短縮されました。
　なお、特例としてこの期間に合算対象期間を含めることができます（→P91）。

　保険料納付済期間（保険料を支払った期間）と**保険料免除期間**、あるいは**合算対象期間**（→P91）を合わせて10年以上ないと、老齢基礎年金をもらうことはできません。

キーワード

保険料免除期間　経済的な理由などで保険料を支払えない人が、法律または申請によって保険料を免除された期間のこと。（→P54）

立場の違いによる保険料納付済期間

　保険料納付済期間とは、簡単にいえば、20歳から60歳までの間に保険料を納めた期間のことをいいます（20〜60歳の期間を**加入可能年数**といいます）。老齢基礎年金の年金額は、原則、この保険料納付済期間がどれくらいあったかで計算されることとなります。

　逆に、保険料を納めていない期間は、**保険料滞納期間**となります。この保険料滞納期間があると、将来受け取れる年金額が減ってしまうことはもちろん、年金の受給資格を判断する期間にも算入されないので、年金の受給さえできなくなることがあります。

　自営業者であるか、会社員であるかなど立場の違いで、国民年金保険料の納め方は異なります。

●第1号被保険者の保険料納付済期間

　第1号被保険者とは、自営業者など厚生年金保険に加入していない人のことです。原則としては、自ら国民年金の保険料を毎月納める必要があり、その納めた期間が保険料納付済期間となります。

●第2号被保険者の保険料納付済期間

　第2号被保険者とは、会社員や公務員など厚生年金保険に加入している人のことです。保険料は毎月給与から天引きされ、会社を通して納めていることになります。その納めた期間が保険料納付済期間となります。

●第3号被保険者の保険料納付済期間

　第3号被保険者とは、会社員や公務員などの厚生年金保険加入者に扶養されている配偶者（専業主婦や主夫）のことです。第3号被保険者は、自ら国民年金の保険料を納めてはいません。厚生年金保険の加入者である配偶者（夫や妻）が会社を通して厚生年金保険料を納めている期間が、第3号被保険者の保険料納付済期間となります。

キーワード

合算対象期間　国民年金に加入していない期間であるが、受給資格期間としてカウントできる期間。カラ期間ともいう。（→P91）

老齢基礎年金の受給に必要な納付期間

国民年金保険料が免除される保険料免除期間

国民年金保険料は、一定の要件を満たせば支払わなくてもよい場合があります。この保険料の支払いをしなくてもよい期間を**保険料免除期間**といい、**法定免除**と**申請免除**の2つがあります。保険料免除期間は、年金の受給資格を判断する期間に算入される上に、全額ではありませんが、年金額に反映させることができます。

法定免除 次の要件に該当した人が、届出を行うことによってその期間の保険料が全額免除されます。

● 法定免除の要件

- 障害等級1級または2級の障害年金の受給権者であるとき。
- 生活保護（生活扶助）を受けているとき。
- ハンセン病療養所や国立保養所などの一定の施設に入所しているとき。

法定免除期間の年金額は、年金額の計算期間において、通常の1/2の期間として年金額に反映されます。

申請免除 所得がない人や所得が少ない人を対象として、厚生労働大臣の承認によって一定期間保険料の納付が免除される制度のことをいい、申請全額免除、申請4分の3免除、申請半額免除、申請4分の1免除などがあります。申請による免除を受けるためには、前年所得が一定額以下（例えば申請全額免除の場合、扶養している親族がいない人は67万円以下）などの免除事由に該当している必要があり、厚生労働大臣に申請を行って承認されることが必要となります。また、世帯主や配偶者が免除事由に該当していない場合は、免除の対象にはなりません。

申請免除期間の年金額は、年金額の計算期間において、半額免除の場合は通常の6/8の期間、4分の1免除の場合は通常の7/8の期間といったように年金額に反映されます（→P55）。

また、親と同居している場合であっても、失業等によって本人（および配偶者）の所得が少ない20歳以上50歳未満の人に対する**納付猶予制度**や、

納付猶予制度 平成28年7月から納付猶予対象が30歳未満から50歳未満へと拡大されました。この納付猶予制度は2030〈令和12〉年6月までの時限的な措置です。

学生であるために本人の所得が少ない人に対する**学生納付特例制度**なども制度として用意されています（→P54）。ただし、納付猶予制度や学生納付特例制度に関しては、受給資格期間にはカウントされますが、追納（さかのぼって保険料を納付すること）をしない限り、年金額には反映されません。

受給資格期間にカウントされる合算対象期間（がっさんたいしょうきかん）

合算対象期間（がっさんたいしょうきかん）とは、国民年金に任意加入できたにもかかわらずしなかった期間や、国民年金に加入できなかった期間などのことをいいます。合算対象期間は、老齢基礎年金の受給資格期間である10年を満たしているかどうかを計算する場合には算入されます。しかし、年金額には反映されません。通称、**カラ期間**とよばれています。

●合算対象期間の例

これらは一例です。なお、保険料申請免除で紹介した納付猶予制度や学生納付特例制度の期間も、免除されていた保険料を10年以内に追納しないと合算対象期間となります。

例1 昭和61年4月1日以後の20歳～60歳未満の期間について日本国籍を持ちながら海外で暮らしていた人で、国民年金保険に任意加入できたのにしなかった期間。

例2 平成3年3月31日までの学生で、任意加入できたのにしなかった期間（平成3年3月31日までは学生は任意加入だった）。

例3 昭和61年4月1日前の20歳～60歳未満の期間について厚生年金保険や共済組合に加入している人の配偶者（主婦または主夫）で、国民年金に任意加入できたのにしなかった期間。

例4 昭和36年4月1日～昭和55年3月31日までの20歳以上60歳未満の期間について国会議員であったために国民年金に加入できなかった期間。

例5 昭和36年4月1日～昭和56年12月31日までの期間について昭和36年5月1日以後の20歳～65歳未満である期間に日本国籍を取得して日本で暮らしていた外国人で、国民年金に加入できなかった期間（20歳以上60歳未満の期間に限る）。

例6 第2号被保険者（会社員や公務員）として厚生年金保険や共済組合に加入していた20歳前の期間および60歳以後の期間。

キーワード　学生納付特例制度　学生で、本人の所得が一定以下（128万円＋扶養親族等の数×38万円）であれば、申請することにより在学中の保険料の納付が猶予される制度です。

❷ 老齢基礎年金

老齢基礎年金の受給額の計算

老齢基礎年金の計算式

老齢基礎年金の1年間の額は、次の計算式で計算します。

 老齢基礎年金の計算式（2025〈令和7〉年度）

$$831{,}700\text{円}^* \text{（昭和31年4月2日以後生まれの人の満額支給額）} \times \frac{\text{保険料納付済期間の月数}}{480\text{か月（加入可能年数が40年の場合）}}$$

＊昭和31年4月1日以前生まれの人の満額支給額は829,300円。

　加入可能年数である480か月すべての保険料を納付していれば老齢基礎年金は満額支給となりますが、その期間中に保険料の免除期間や未納期間（未納期間は年金額に反映されません）があれば、老齢基礎年金額はその期間分減額されていくことになります。

　また、免除期間であっても、保険料納付猶予期間や学生の保険料納付特例期間に関しては追納しないと、年金額には反映されません。

＊昭和16年4月1日以前に生まれた人は、計算式の分母である480か月が短縮される措置があります。

　保険料免除の期間があった人は、計算式がもう少し複雑になります。

 老齢基礎年金の計算式（免除期間がある場合）（2025〈令和7〉年度）

$$831{,}700\text{円}^* \text{（昭和31年4月2日以後生まれの人の満額支給額）} \times \frac{\text{保険料納付済期間の月数} + \text{保険料全額免除期間の月数} \times 4/8 + \text{保険料4分の1納付期間の月数} \times 5/8 + \text{保険料半額納付期間の月数} \times 6/8 + \text{保険料4分の3納付期間の月数} \times 7/8}{480\text{か月}}$$

※ただし、平成21年3月分までは、保険料全額免除は6分の2、4分の1納付は6分の3、半額納付は6分の4、4分の3納付は6分の5で計算をする。

＊昭和31年4月1日以前生まれの人の満額支給額は829,300円。

 保険料の多段階免除制度　平成18年7月から導入された制度で、それまでの免除であった全額免除と半額免除に加えて、3/4免除と1/4免除が追加されました。

付加年金の計算式

付加年金とは、毎月の保険料を自ら納付する義務のある第1号被保険者（学生や自営業者）に限定された制度で、毎月の保険料額にプラスして400円を支払うと、老齢基礎年金に上乗せして支給される年金のことです。

付加年金は第1号被保険者限定の制度。

● 付加年金の受給要件

❶ 第1号被保険者期間中に、付加保険料（月額400円）の納付済期間があること。

❷ 老齢基礎年金の受給権を取得したこと。

付加年金が上乗せされるのは、あくまでも老齢基礎年金のみです。その他の年金（障害基礎年金、遺族基礎年金や老齢厚生年金など）には付加年金は支給されません。また、付加保険料は、国民年金保険料と同様に前納することができ、割引も適用されます。

 付加年金の受給額（年額）

200円 × 付加保険料納付済期間の月数

例えば付加保険料を20年間納めるとすると、96,000円（400円×240か月）の保険料を納めることとなります。それに対して受け取れる付加年金額は、年額48,000円（200円×240か月）となります。付加年金を2年間受け取ると、支払った付加保険料の元が取れる計算（48,000円×2年＝96,000円）になります。

また、この付加年金48,000円は一生涯受け取ることができるので、2年で元を取ったあとは支払った保険料以上の年金額を受け取れることになり、長生きするほどお得な年金だといえるでしょう。ただし、付加年金は改定率などを考慮しないことになっているので、固定額の支給となります。

 合算対象期間は受給資格期間にカウントする？　合算対象期間は受給資格期間にカウントされるが、計算式には入れません。つまり、年金額には反映されません。

❷ 老齢基礎年金

老齢基礎年金の繰上げ・繰下げ

65歳受給開始でなくてもかまわない?

　老齢基礎年金は65歳からの受給が原則ですが、本人の希望により、60歳以上65歳未満で早めに年金の受給を開始することができます。これを繰上げ受給といいます。反対に、65歳で年金受給権を取得したとしても、本人の希望によって受給の開始を遅らせて、66歳から75歳までの間の好きなタイミングで受け取りはじめることができます。これを繰下げ受給といいます。

早めにもらいたいなら「繰上げ受給」

　老齢基礎年金の受給資格期間を満たしていれば、60歳以上65歳未満の間で老齢基礎年金を受け取る繰上げ受給の請求をすることができます。
　ただし、請求をする時期が早いほど65歳から本来受け取ることのできた年金額よりも減額され、その額を一生受け取っていくことになります。

●65歳から受け取る老齢基礎年金を100%としたときの繰上げ受給の受給率

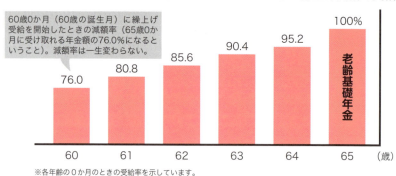

※各年齢の0か月のときの受給率を示しています。

 繰上げ受給と繰下げ受給の開始年齢　繰上げ受給、繰下げ受給の請求は月単位で行うことができ、その支給率は開始年月齢によって細かく定められています。詳しくは日本年金機構のホームページを参照してください。

繰上げ受給の減額率

　繰上げ受給で老齢基礎年金を受け取ると、65歳を基準として、繰上げ受給が1か月早まるごとに年金額が0.4％ずつ減額されていきます。つまり、60歳を迎えた時点で繰上げ受給の請求をして老齢基礎年金が支給されると、満額で831,700円（月額69,308円）＊を受け取れたはずの年金が、76％に減額されてしまい、約632,000円（月額52,670円）しか受け取れなくなってしまいます。

　なお、付加年金も同時に繰上げとなり、老齢基礎年金と同様に減額されます。

＊昭和31年4月2日以後生まれの人の満額支給額（→P92参照）。

繰上げ受給の減額率の計算式

減額率 ＝ 0.4％ × 繰上げを請求した月から65歳になる月の前月までの月数

※この減額率は昭和37年4月2日以降生まれの人が対象。昭和37年4月1日以前生まれの人の減額率は、0.5％。

●繰上げ受給の受給率一覧（数字:％）

月 年齢	0か月	1か月	2か月	3か月	4か月	5か月	6か月	7か月	8か月	9か月	10か月	11か月
60	76	76.4	76.8	77.2	77.6	78	78.4	78.8	79.2	79.6	80	80.4
61	80.8	81.2	81.6	82	82.4	82.8	83.2	83.6	84	84.4	84.8	85.2
62	85.6	86	86.4	86.8	87.2	87.6	88	88.4	88.8	89.2	89.6	90
63	90.4	90.8	91.2	91.6	92	92.4	92.8	93.2	93.6	94	94.4	94.8
64	95.2	95.6	96	96.4	96.8	97.2	97.6	98	98.4	98.8	99.2	99.6
65	100											

（繰上げ受給↑ 通常↓）

繰上げ受給を選択するときの注意点

- 一生減額された年金を受給することになります。
- 国民年金の任意加入や保険料の追納はできなくなります。
- 65歳になるまでの間、遺族厚生年金や遺族共済組合などの他の年金とあわせて受給することはできず、いずれかの年金を選択することになります。
- 寡婦年金は支給されません。寡婦年金を受給中の人は権利がなくなります。
- 事後重症などによる障害年金を請求することができません。

など

ちょっと補足　繰上げ受給・繰下げ受給の改正　2022〈令和4〉年4月から繰上げ受給の減額率が1か月0.5％から0.4％に、また繰下げ受給の年齢が最大75歳まで引き上げられました。

老齢基礎年金の繰上げ・繰下げ

「繰下げ受給」で年金額が増える

　繰上げ受給とは反対に、65歳に到達して老齢基礎年金の受給権を取得したとしても、年金の請求をせずに、66歳以降75歳までの間に受給を開始する繰下げ受給の申し出をすることができます。申請する時期が75歳に近づけば近づくほど65歳から受け取ることのできる年金額より増額され、その額を一生受け取っていくことができます。

　以前は、繰下げ受給の上限が70歳でしたが、2022〈令和4〉年4月からは上限が75歳に引き上げられました。対象となるのは昭和27年4月2日以後生まれの人です。昭和27年4月1日以前生まれの人（または平成29年3月31日以前に老齢基礎（厚生）年金を受け取る権利が発生している人）は、繰下げの上限年齢が70歳（権利が発生してから5年後）までとなります。

●65歳から受け取る老齢基礎年金を100％としたときの繰下げ受給の受給率

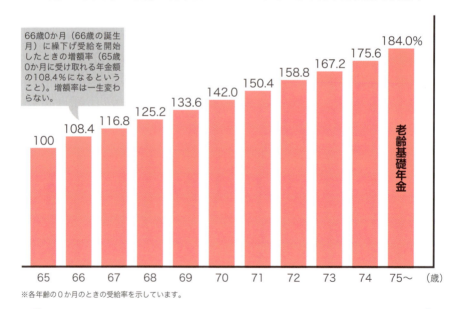

※各年齢の0か月のときの受給率を示しています。

繰下げ受給の増額率

　繰下げ受給で老齢基礎年金を受け取ると、65歳を基準として、繰下げ受

ちょっと補足　老齢厚生年金の繰下げ受給　老齢厚生年金も繰下げて受給することができます（→P106）。老齢基礎年金と老齢厚生年金のどちらか一方のみ繰下げすることもできます。

給が1か月遅くなるごとに、0.7％ずつ増額されていきます。つまり、75歳まで年金の受給を我慢して繰り下げると、満額で831,700円（月額69,308円）＊を受け取れる予定の年金が、84％増額されて、約1,530,300円（月額127,520円）を受け取っていくことになります。

付加年金も同時に繰下げされることとなり、老齢基礎年金と同様に増額されます。

＊昭和31年4月2日以後生まれの人の満額支給額（→P92参照）。

繰下げ受給の増額率の計算式

増額率 ＝ 0.7％ × 65歳になった月から繰下げを申し出た月の前月までの月数

●繰下げ受給の受給率一覧（数字:％）

通常	65	100										
	66	108.4	109.1	109.8	110.5	111.2	111.9	112.6	113.3	114	114.7	115.4	116.1
	67	116.8	117.5	118.2	118.9	119.6	120.3	121	121.7	122.4	123.1	123.8	124.5
	68	125.2	125.9	126.6	127.3	128	128.7	129.4	130.1	130.8	131.5	132.2	132.9
	69	133.6	134.3	135	135.7	136.4	137.1	137.8	138.5	139.2	139.9	140.6	141.3
繰下げ受給	70	142	142.7	143.4	144.1	144.8	145.5	146.2	146.9	147.6	148.3	149	149.7
	71	150.4	151.1	151.8	152.5	153.2	153.9	154.6	155.3	156	156.7	157.4	158.1
	72	158.8	159.5	160.2	160.9	161.6	162.3	163	163.7	164.4	165.1	165.8	166.5
	73	167.2	167.9	168.6	169.3	170	170.7	171.4	172.1	172.8	173.5	174.2	174.9
	74	175.6	176.3	177	177.7	178.4	179.1	179.8	180.5	181.2	181.9	182.6	183.3
	75	184（以降同様）										

繰下げ受給を選択するときの注意点

- 一度決めた増額率は一生変更できません。
- 加給年金額や振替加算額は増額の対象になりません。
- 原則として66歳の誕生日の前日までの間に障害年金や遺族年金を受け取る権利があると、繰下げ受給の申し出ができません。

など

キーワード　特例的な繰下げみなし増額制度　70歳に到達してから65歳からの本来の年金を受け取ることを選択した場合は、請求の5年前に繰下げ受給の申し出があったものとみなして増額された年金を一括で受け取ることができます（→P107）。

❸ 老齢厚生年金

特別支給の老齢厚生年金 受給要件と計算

65歳から受給でき、今までの報酬額により年金額が決定される

　老齢厚生年金とは、厚生年金保険から支給される老齢給付で、2階建て年金制度のいわば2階部分のことです。原則として65歳以降に受給できる年金で、厚生年金保険制度の加入期間と、その期間の給与の平均額（報酬比例）によって年金額が決定されます。

　ただし、昭和61年の法改正による経過的措置として、60歳代前半から受け取ることのできる**特別支給の老齢厚生年金**もあります。

2階建て年金の2階部分が老齢厚生年金で、厚生年金保険加入者は65歳以降に受給できます。

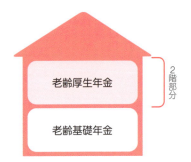

老齢厚生年金はかつて60歳から支給されていた

　昭和61年の法改正前までは、原則として男性は60歳、女性は55歳から**定額部分**（在職中の報酬額に関係なく、最低限一定額を保証しようとする部分）と**報酬比例部分**（在職中の報酬によって定められる部分）とを合わせた額が支給されていました。

　しかし、昭和61年に年金法の改正により、2階建ての年金制度がスタートします。それまで原則として男性は60歳、女性は55歳から支給され

年金法の改正　年金法は時折大きな改正がなされることがあります。過去の知識が通用しないことがありますから注意しましょう。

ていた老齢厚生年金は、男女ともに65歳から、老齢基礎年金と併せて支給されることになりました。

65歳前でも老齢厚生年金は受け取れる?

しかし、65歳と急激に受給開始年齢を引き上げることは、今まで60歳や55歳から年金を受け取ることができると思っていた加入者の期待に反することになります。そこで、65歳に達するまでの間は、従来の定額部分と報酬比例部分を厚生年金保険から独自に支給することとなりました。この60歳から65歳までの間の年金支給制度を、60歳代前半の老齢厚生年金(**特別支給の老齢厚生年金**)といいます。

●昭和61年の年金法改正前と改正後の老齢厚生年金の受給

昭和61年(1986年)の年金法改正前までは男性60歳、女性55歳から老齢厚生年金が受給できました。

年金法改正前

男性60歳・女性55歳からもらえていた
老齢厚生年金の報酬比例部分
老齢厚生年金の定額部分

年金法改正で段階的に消滅していく「特別支給の老齢厚生年金」が定められることになりました。

年金法改正後

60歳からもらえる／65歳からもらえる
特別支給の老齢厚生年金の報酬比例部分 ／ 老齢厚生年金
特別支給の老齢厚生年金の定額部分 ／ 老齢基礎年金

この部分を**特別支給の老齢厚生年金**という。

ちょっと補足 特別支給の老齢厚生年金の受給開始年齢　受給開始年齢は「性別」と「生年月日」によって受給開始年齢が変わります。

特別支給の老齢厚生年金 受給要件と計算

　そして平成6年の改正により、特別支給の老齢厚生年金のうち、定額部分の支給開始年齢が段階的に引き上げられることになりました。さらに平成12年の改正により、報酬比例部分の支給開始年齢も段階的に引き上げられることになりました。

　生年月日により支給開始年齢が順次引き上げられ、最終的に男性は昭和36年4月2日以降生まれ、女性は昭和41年4月2日以降生まれの人には、特別支給の老齢厚生年金は支給されないこととなりました。

●定額部分と報酬比例部分の引き上げ

特別支給の老齢厚生年金は段階的に支給開始年齢が引き上げられ、昭和36年4月2日以降生まれの男性、昭和41年4月2日以降生まれの女性からは支給されなくなります。

定額部分の支給開始年齢の引き上げ

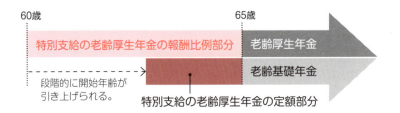

報酬比例部分の支給開始年齢の引き上げ

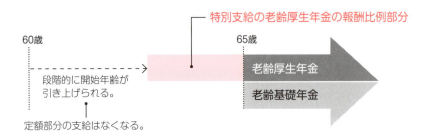

ちょっと補足　**特別支給の老齢厚生年金の支給**　生年月日と性別によって支給開始年齢は変わるので、自分はいつから支給がはじまるのか確認をしておきましょう。

●生年月日による受け取れる老齢厚生年金の内容

	60歳	61歳	62歳	63歳	64歳	65歳
男性 昭和16年4月1日以前生まれ	特別支給の老齢厚生年金の報酬比例部分					老齢厚生年金
女性 昭和21年4月1日以前生まれ	特別支給の老齢厚生年金の定額部分					老齢基礎年金

定額部分の支給開始年齢の引き上げが開始される

- 男性 昭和16年4月2日～昭和18年4月1日生まれ / 女性 昭和21年4月2日～昭和23年4月1日生まれ
  60歳～報酬比例部分／61歳～定額部分／65歳～老齢厚生年金・老齢基礎年金

- 男性 昭和18年4月2日～昭和20年4月1日生まれ / 女性 昭和23年4月2日～昭和25年4月1日生まれ
  60歳～報酬比例部分／62歳～定額部分／65歳～老齢厚生年金・老齢基礎年金

- 男性 昭和20年4月2日～昭和22年4月1日生まれ / 女性 昭和25年4月2日～昭和27年4月1日生まれ
  60歳～報酬比例部分／63歳～定額部分／65歳～老齢厚生年金・老齢基礎年金

- 男性 昭和22年4月2日～昭和24年4月1日生まれ / 女性 昭和27年4月2日～昭和29年4月1日生まれ
  60歳～報酬比例部分／64歳～定額部分／65歳～老齢厚生年金・老齢基礎年金

- 男性 昭和24年4月2日～昭和28年4月1日生まれ / 女性 昭和29年4月2日～昭和33年4月1日生まれ
  60歳～報酬比例部分／65歳～老齢厚生年金・老齢基礎年金

報酬比例部分の支給開始年齢の引き上げが開始される

- 男性 昭和28年4月2日～昭和30年4月1日生まれ / 女性 昭和33年4月2日～昭和35年4月1日生まれ
  61歳～報酬比例部分／65歳～老齢厚生年金・老齢基礎年金

- 男性 昭和30年4月2日～昭和32年4月1日生まれ / 女性 昭和35年4月2日～昭和37年4月1日生まれ
  62歳～報酬比例部分／65歳～老齢厚生年金・老齢基礎年金

- 男性 昭和32年4月2日～昭和34年4月1日生まれ / 女性 昭和37年4月2日～昭和39年4月1日生まれ
  63歳～報酬比例部分／65歳～老齢厚生年金・老齢基礎年金

- 男性 昭和34年4月2日～昭和36年4月1日生まれ / 女性 昭和39年4月2日～昭和41年4月1日生まれ
  64歳～報酬比例部分／65歳～老齢厚生年金・老齢基礎年金

- 男性 昭和36年4月2日以降の生まれ / 女性 昭和41年4月2日以降の生まれ
  65歳～老齢厚生年金・老齢基礎年金

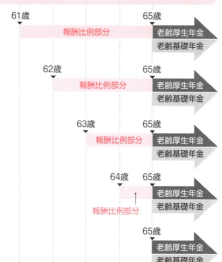

 ちょっと補足 特別支給の老齢厚生年金の請求　受け取る権利が発生する人に対し、支給開始年齢に到達する3か月前に「年金請求書（事前送付用）」および「年金の請求手続きの案内」が日本年金機構より送付されます（→P203）。

特別支給の老齢厚生年金 受給要件と計算

特別支給の老齢厚生年金をもらうための要件

特別支給の老齢厚生年金を受け取ることができる(受給資格がある)のは、次の要件を満たした場合です。

● 特別支給の老齢厚生年金の受給要件

❶ 1年以上の厚生年金加入期間があること。

❷ 老齢基礎年金を受けるために必要な受給資格期間を満たしていること。

❸ 60歳以上であること。

(P101の図にあるように生年月日によって支給開始年齢が異なる)

特別支給の老齢厚生年金額の計算

老齢厚生年金額の計算では、厚生年金保険に加入していた期間やその期間の給与の平均額と賞与の平均額などで求められる**平均標準報酬額**をもとに計算されます。平成15年3月までは、賞与の額は考慮されていない**平均標準報酬月額**を用いていたため、平成15年3月31日までと平成15年4月1日以降とでは、計算式が少し異なります。

 報酬比例部分の年金額計算(原則式)

〈平成15年3月31日までの被保険者期間分の計算式〉

平均標準報酬月額 × $\dfrac{7.125}{1000}$(給付乗率) × (平成15年3月31日までの)被保険者期間の月数

〈平成15年4月1日以降の被保険者期間分の計算式〉

平均標準報酬額 × $\dfrac{5.481}{1000}$(給付乗率) × (平成15年4月1日以降の)被保険者期間の月数

計算式にある**給付乗率**とは、保険料1か月分に対して支給される年金額を求めるための率とイメージするとよいでしょう。現在は、賞与にかかわる保険料も計算に含まれることになっていますが、賞与額を考慮しない

 特別支給の老齢厚生年金の支給要件 老齢基礎年金を受けるために必要な受給資格期間は10年です。受給資格期間の短縮措置が適用される人はそれぞれの短縮された期間を満たせばよいことになっています。

平成15年3月31日までの期間と年金額の不利が生じないように、平成15年4月1日以降の期間よりも高い給付乗率が設定されています。また、給付乗率は、昭和21年4月1日以前生まれの人に関しては、原則の率よりも高い率で読み替えられます。

また、新しい給付規定が適用されると前に比べて不利な年金額になる場合に対して、当分の間は従前方式で計算される給付額を保障する措置のことを**従前額保障**といいます。上記の原則的な計算式で求めた年金額が、次の従前式の計算式によって求められた年金額の合計を下回る場合は、従前式の計算式による年金額が保障されます。

報酬比例部分の年金額計算（従前式）

〈平成15年3月31日までの被保険者期間分の計算式〉

平均標準報酬月額 × $\dfrac{7.5}{1000}$（給付乗率）× 被保険者期間の月数 × 従前額改定率

〈平成15年4月1日以降の被保険者期間分の計算式〉

平均標準報酬額 × $\dfrac{5.769}{1000}$（給付乗率）× 被保険者期間の月数 × 従前額改定率

この計算式の給付乗率は、原則式と同様に昭和21年4月1日以前生まれの人に関しては、原則の率よりも高い率で読み替えられます。

また、原則式と従前式の両方において、平均標準報酬月額と平均標準報酬額には、過去の給与の額を現在の貨幣価値に置き換えるための、再評価率というものを乗じます。

定額部分の年金額計算（2025〈令和7〉年度）

1,734円[*] × 支給乗率 × 被保険者期間の月数
（昭和31年4月2日以後生まれの人の額）

＊昭和31年4月1日以前生まれの人の額1,729円。

計算式にある**支給乗率**は、昭和21年4月1日以前生まれの人に関しては、原則の率よりも高い率で読み替えられます。また、被保険者期間の月数は、生年月日によって420か月〜480か月までの上限があります。

キーワード　従前額保障　公的年金制度の変更や統合、移行などによって、新しい給付規定が適用となる従前に比べて不利な取扱いを受ける加入者に対して、当分の間は従前方式で計算される給付額を保障すること。

❸ 老齢厚生年金

老齢厚生年金受給要件と計算

65歳からの老齢厚生年金をもらうための要件

経過措置としての特別支給の老齢厚生年金を紹介してきましたが、本来の老齢厚生年金は65歳から支給される年金のことであり、老齢基礎年金に上乗せする形で支給されます。

特別支給の老齢厚生年金と比べると、支給要件が少し異なります。

● 65歳から支給される老齢厚生年金の受給要件

❶ 1か月以上の被保険者期間（厚生年金加入期間）があること。
（特別支給の老齢厚生年金の場合は、1年以上）

❷ 老齢基礎年金を受けるために必要な資格期間を満たしていること。

❸ 65歳以上であること。

老齢厚生年金額の計算

老齢厚生年金の額は、特別支給の老齢厚生年金の報酬比例部分の計算と同様となります。つまり、厚生年金保険に加入していた期間やその期間の給与の平均額と賞与の平均額などをもとに計算されます。

 老齢厚生年金額の計算

〈平成15年3月31日までの被保険者期間分の計算式〉

平均標準報酬月額 × $\dfrac{7.125}{1000}$（給付乗率） × 被保険者期間の月数（平成15年3月31日までの）

〈平成15年4月1日以降の被保険者期間分の計算式〉

平均標準報酬額 × $\dfrac{5.481}{1000}$（給付乗率） × 被保険者期間の月数（平成15年4月1日以降の）

 特別支給の老齢厚生年金の定額部分が支給される人　男性であれば昭和24年4月1日以前に生まれた人、女性であれば昭和29年4月1日以前に生まれた人になります。

年金額に差が出たら経過的加算

65歳以降は、それまでの定額部分が老齢基礎年金、報酬比例部分が老齢厚生年金になります。しかし、老齢基礎年金の額よりそれまでの定額部分の額のほうが多い場合があるので、65歳以降の老齢厚生年金には定額部分と老齢基礎年金との差額が加算されます。これを経過的加算といいます。

●経過的加算で定額部分との差を埋める

65歳からの年金が減らないように、特別支給の老齢厚生年金の定額部分と老齢基礎年金の差額が支給されます。

図：65歳を境に、特別支給の老齢厚生年金の報酬比例部分→老齢厚生年金、特別支給の老齢厚生年金の定額部分→経過的加算＋老齢基礎年金

経過的加算の計算式

$$\text{定額部分の額}^* - \left(\text{老齢基礎年金の満額} \times \frac{\text{昭和36年4月1日以後で20歳以上60歳未満の厚生年金保険の被保険者期間の月数}}{\text{加入可能月（480か月）}}\right)$$

＊定額部分の額はP103の計算式を参照。

老齢厚生年金の受給の繰上げ

老齢厚生年金も老齢基礎年金と同じように繰上げ受給を請求することができます。ただし、生年月日によって対象者が限定されています。

●老齢厚生年金の繰上げ受給対象者

- 昭和36年4月2日以降に生まれた一般の男性

- 昭和41年4月2日以降に生まれた一般の女性

ちょっと補足 経過的加算の名称　ねんきん定期便には「経過的加算部分」という記述がありますが、他資料によっては「経過的加算額」や「差額加算」と書いてあることがあります。これらは同じ「経過的加算」のことを指しています。

老齢厚生年金 受給要件と計算

老齢厚生年金の支給を繰り上げることによる**減額率**は、老齢基礎年金の繰上げと同様で、減額された年金を一生受け取っていくことになります。65歳からの老齢厚生年金の繰上げ受給の請求は、老齢基礎年金の繰上げ受給の請求ができる人なら、その請求と同時に行わなければなりません。

老齢厚生年金の受給の繰下げ

老齢厚生年金の繰下げ受給に関しては、繰上げ受給のように支給対象者の要件はありませんが、平成19年4月1日（施行日）以前に老齢厚生年金の受給権のある人は、繰下げ受給ができません。

また、老齢厚生年金の繰下げ受給は、老齢基礎年金の繰下げ受給と同様の増額率で計算され、増額された年金を一生受け取っていけることになります。

増額される額の計算方法は、65歳時点の老齢厚生年金の額を基準として、受給の繰下げの申し出をした時期に応じて計算されます。老齢厚生年金の繰下げの申し出は、原則、66歳に達した日以降に行うことができます。

老齢厚生年金の繰上げ受給を選択する際に考えるべきこと

- 一生減額された年金を受け取ることになります。
- 繰上げ請求した後に取り消しはできません。
- 寡婦年金（→P142）の受給権者が老齢基礎年金の繰上げ請求をすると寡婦年金は失権します（受け取れなくなります）。
- 受給権発生後に初診日がある場合は、障害基礎年金を受け取ることができません。また、繰上げ受給を請求する前の病気やケガで障害がある場合でも、障害基礎年金を請求できない場合があります。

など

繰上げ受給は、本来の受給開始よりも前に年金を受け取れる反面、デメリットとなることが多いので、ここであげたことをしっかり理解した上で、請求する必要があります。

減額率と増額率　老齢厚生年金の繰上げ受給の減額率と繰下げ受給の増額率は老齢基礎年金と同様です（→P95、97）。

老齢厚生年金の繰下げ受給を選択する際に考えるべきこと

- 繰下げできるのは、他の年金の権利が発生するまでの間となります。
*65歳に達した日から66歳に達した日までの間に、遺族基礎年金等（老齢・退職給付を除く）の他の年金を受ける権利がある場合は、繰下げ請求をすることはできません。
- 加給年金額（配偶者加給年金、子の加給年金→P112）は繰下げしても増額はされません。また、繰下げ請求をするまでの間には加給年金部分のみを受けることはできません。
- 75歳到達日以後の繰下げ請求は、請求時期にかかわらず、75歳到達時点での増額率になり、75歳までさかのぼって決定され支払いが行われます。
*なお、65歳以上で在職老齢年金の対象となる人の場合、年金額は退職時または70歳到達時まで改定がありませんでしたが、2022〈令和4〉年からは毎年10月に改定します（在職定時改定）（→P122）。これにより、働いて納めた保険料分の年金額が毎年増額されていくことになります。
- 繰下げ請求は遺族が代わりに行うことはできません。
- 在職中の人は調整後の年金が増額の対象となります。など

繰下げ申出みなし制度

- 2023<令和5>年4月1日以降の改正として、「繰下げ申出みなし制度」が導入されました。本来、繰下げをしない場合、5年前より前の年金は時効消滅することになりえますが、本制度はこれに対応しているため、請求の5年前に繰下げの受給請求があったものと見なして、増額された年金を受け取ることができます。

＜本来の年金をさかのぼって受け取る場合の増額制度＞
- 昭和27年4月2日以降に生まれた人、または平成29年4月1日以降に受給権が発生した人で、2023<令和5>年4月1日以降に年金の請求を行う人が対象となります。
- 繰下げ待機期間中は、老齢基礎年金・老齢厚生年金の繰下げ受給の請求を行うか、受給権発生日までさかのぼって年金を受け取るか、いつでも選択することができます。
- 年金を受け取る権利が発生してから5年経過後に、繰下げ受給の請求を行わず、老齢基礎年金・老齢厚生年金をさかのぼって受け取ることを選択した場合は、請求の5年前に繰下げ受給の請求があったものとみなして増額された年金を一括で受け取ることができます。
- ただし、請求の5年前の日以前に、他の公的年金の受給権を得た場合には、その時点で増額率が固定されます。

繰上げ受給・繰下げ受給の請求　老齢年金の繰上げ受給・繰下げ受給の請求方法はP220以降を参照してください。

❹ 老齢年金の試算

ねんきんネットで年金見込額を試算

老後にいくらもらえるかを試算する

いつから、いくらの老齢年金をもらえるかを把握しておくことは、老後のマネープランにとても役立ちます。老後の年金の試算方法はいくつかあります。まずは日本年金機構の**ねんきんネット**（→P78）を利用して、自分の年金額を出してみましょう。

●試算の準備　ねんきんネットに登録する方法

方法1　ねんきんネットのユーザIDを取得

ねんきんネットのサイトのトップ画面「新規登録」から、毎年誕生月に送られてくる「ねんきん定期便」の中面に記載されている17桁の番号「アクセスキー」を使って申し込めば、すぐにユーザ登録ができます。

※アクセスキーがない場合は、基礎年金番号と氏名、生年月日、メールアドレスなどの情報を入力して申し込みをすると、5営業日ほどで日本年金機構からユーザIDのお知らせハガキが届きます。

方法2　マイナポータルから登録　（→P80）

行政が運営するオンラインサービスの「マイナポータル」に、マイナンバーカードの公的個人認証機能を使ってログインして、ねんきんネットと連携することができます。

キーワード　基礎年金番号　国が年金記録を管理するための番号で、一人にひとつの基礎年金番号がつけられています。基礎年金番号は年金手帳や基礎年金番号通知書などに記載されています。

108

ねんきんネットで年金見込額試算

ねんきんネットにログインすれば、自分が受け取る年金の見込額を試算することができます。

●年金の見込額試算

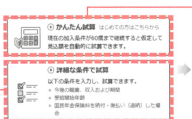

ねんきんネットのトップページから「将来の年金額を試算する」をクリックすると試算のページに移行します。
試算には次の2つがあります。将来の収入や就業予定などを細かく設定して試算したい場合は「詳細な条件で試算」を選びましょう。

画面のクリックだけで年金見込額を計算できる（登録されている年金情報から見込額を自動的に計算する）

将来の働き方や老齢年金を受け取る年齢、国民年金保険料の未納分を今後納付した場合など、詳細な試算条件を設定して年金見込額を試算できる

かんたん試算　現在の加入条件が60歳まで継続すると仮定して、老後の年金の見込額を自動的に計算します。画面をクリックしていくだけで試算ができる手軽な方法です。

詳細な条件で試算　今後の職業や収入、働く期間、受給開始年齢などの詳細な条件を入力して試算できます。

試算した結果を比較　条件を自由に設定し、設定内容に応じた年金額の試算ができるので、複数のパターンを試算して、比較検討することもできます。

ちょっと補足　配偶者や扶養者等の情報を試算に反映できる？　ねんきんネットでの試算は、原則として本人の年金記録情報のみに基づいて提供されており、「加給年金」など配偶者や扶養者等の情報は試算に反映されません。

109

❹ 老齢年金の試算

ねんきん定期便と公的年金シミュレーター

ねんきん定期便を開いて年金額を確認

ねんきん定期便には、もらえる予定の年金額が記載されています。50歳を境に、試算の内容が変わります。

● 「ねんきん定期便」に記載される試算額

〈50歳未満〉これまでの加入実績に応じた年金額

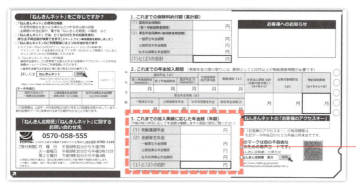

これまでの加入実績に応じた年金額が「老齢基礎年金」「老齢厚生年金」に分けて記される。

〈50歳以上〉老齢年金の種類と見込額

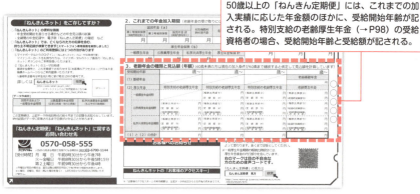

50歳以上の「ねんきん定期便」には、これまでの加入実績に応じた年金額のほかに、受給開始年齢が記される。特別支給の老齢厚生年金（→P98）の受給資格者の場合、受給開始年齢と受給額が記される。

ちょっと補足 電子版「ねんきん定期便」 日本年金機構から郵送されている「ねんきん定期便」を電子版（PDFファイル）に切り替えることもできます。ダウンロードして保存しておけば、記録をデータ管理するのに便利です。

公的年金シミュレーターで簡単に試算

　厚生労働省の年金額簡易試算ツール「**公的年金シミュレーター**」では、パソコンやスマートフォンで年金額を簡単に試算できます。生年月日を入力して試算をスタート。これまでの働き方・暮らし方などを入力して試算します。

●公的年金シミュレーターの流れ

❶ 生年月日を選択して、「試算する」をクリック。

ねんきん定期便の2次元コードを読み込むと必要事項が自動的に入力されます。

2次元コード

❷ 必要事項を入力し、最後に「試算する」をクリック。

（結果画面イメージ）

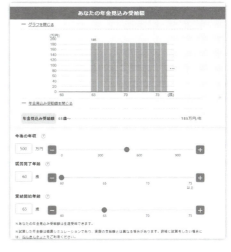

ねんきん定期便を使うと、とても簡単に試算ができます。ぜひ試してみてください！

ちょっと補足　公的年金シミュレーターは厚生労働省サイトで　ねんきんネットは日本年金機構のウェブサイトに、公的年金シミュレーターは厚生労働省のサイト内にあります。

⑤ 受け取り方と働き方を考える

老齢厚生年金の加給年金

加給年金は老齢厚生年金の家族手当

加給年金とは、**配偶者や子どもがいる人に対して一定額が加算されて支給される**、いわば家族手当のような制度です。加給年金が支給されるには、年金受給者本人の要件と、加算対象者である配偶者や子どもの要件の両方を満たしていなければなりません。また、受給資格を得て加給年金を支給されたとしても、要件からはずれると加給年金は打ち切られます。

生計を維持されている65歳未満の配偶者や18歳未満の子どもがいる場合に支給される、家族手当のような年金です。

●加給年金の受給要件（年金受給者の要件）

❶老齢厚生年金の受給者で、定額部分の年金が支給されていること。

または

❷65歳から支給される原則の老齢厚生年金が支給されていること。

＊報酬比例部分の年金しか支給されていない人には支給されない。

＋

厚生年金保険の被保険者期間が20年以上（240か月以上）あること。

＊厚生年金保険の中高齢特例（→P113）によって受給資格期間が短縮されている人は、生年月日によって15年〜19年で要件を満たす。

 加給年金をもらえる期間① 加算対象者である配偶者や子どもの要件が満たされなくなったら加給年金は打ち切られます。例えば、子どもが18歳に達した年度末には子どもの分は打ち切られます。

中高齢特例

昭和26年4月1日以前に生まれた人で、男性は40歳以後、女性は35歳以後の厚生年金保険制度（厚生年金保険や共済組合など）の加入期間が、以下の表に示した期間以上あれば、加給年金の受給要件を満たします（中高齢特例）。

●生年月日による厚生年金保険被保険者の受給資格期間（中高齢特例）

生年月日	厚生年金保険の加入期間 （受給資格期間）
昭和22年4月1日以前の生まれ	15年
昭和22年4月2日〜昭和23年4月1日生まれ	16年
昭和23年4月2日〜昭和24年4月1日生まれ	17年
昭和24年4月2日〜昭和25年4月1日生まれ	18年
昭和25年4月2日〜昭和26年4月1日生まれ	19年

●加算対象者（配偶者や子ども）の要件

配偶者と子どもの共通の要件	定額部分（厚生年金保険の被保険者期間が20年以上あること）の年金を受給することとなった当時、もしくは65歳から支給される原則支給の老齢厚生年金の金額の計算の基礎となる被保険者期間の月数が240月に改定（在職時改定または退職時改定）された当時、その年金受給者本人の収入によって生計を維持されていたこと（生活していくための手段や方法が同じで、配偶者も子どもも年収が850万円未満であること）。
配偶者の要件	①65歳未満であること。 ②厚生年金保険の被保険者期間が20年未満であること。＊
子どもの要件	①18歳に達する日以後の最初の3月31日までの間にあること（18歳の3月31日をまだ迎えていないこと）。 ②20歳未満で、障害等級1級または2級の障害者にあてはまること。

＊P114「加給年金の支給停止の規定の見直し」も参照のこと。

加給年金の額

加給年金額は、要件に合った配偶者と子どもの人数に応じて加算されます。

●加給年金の額（2025〈令和7〉年度）

加算対象者	年額	月額換算
配偶者	239,300円	19,941円
子ども（1人目）	239,300円	19,941円
子ども（2人目）	239,300円	19,941円
子ども（3人目以降）	79,800円	6,650円

 ちょっと補足 加給年金をもらえる期間② 配偶者の分の加給年金は配偶者が65歳以上になれば配偶者自身の老齢基礎年金がもらえるので、加給年金は打ち切られます。ただし、一定額が配偶者の老齢年金に加算される場合があります（振替加算→P114）。

老齢厚生年金の加給年金

配偶者には特別に加算される場合がある

受給権者が昭和9年4月2日以降生まれの場合は、配偶者にかかる加給年金額には、受給権者の生年月日に応じて加算されます。これを**加給年金の特別加算**といいます。

● 配偶者にかかる加給年金の特別加算額（2025〈令和7〉年度）

受給権者の生年月日	年額（円）	月額換算（円）
昭和9年4月2日 ～ 昭和15年4月1日生まれ	35,400	2,950
昭和15年4月2日 ～ 昭和16年4月1日生まれ	70,600	5,883
昭和16年4月2日 ～ 昭和17年4月1日生まれ	106,000	8,833
昭和17年4月2日 ～ 昭和18年4月1日生まれ	141,200	11,766
昭和18年4月2日以降の生まれ	176,600	14,716

※生年月日は、配偶者のものではなく、加給年金の受給権者のものであるので注意。

配偶者が打ち切られた加給年金の代わりに得られる振替加算

配偶者が65歳に到達して、自身の老齢基礎年金を受給できるようになると、加給年金は打ち切られます。しかし、配偶者が大正15年4月2日から昭和41年4月1日までの間に生まれたのであれば、配偶者自身の老齢基礎年金に加給年金の一部が、生年月日に応じて加算されます。これを**加給年金の振替加算**といいます。

加給年金の支給停止の規定の見直し

生計を維持している配偶者に老齢や退職、障害を支給事由とする給付を受け取る権利がある場合、加給年金は支給停止されますが、配偶者に対する給付が全額支給停止されている場合には、加給年金が支給されることとなっていました。
2022〈令和4〉年以降は、配偶者の老齢または退職を支給事由とする給付が全額支給停止となっている場合にも、これらを受け取る権利がある場合は、加給年金は支給停止されます。　※障害を支給事由とする給付については変更ありません。

配偶者が65歳以上でも加給年金が加算される場合　大正15年4月1日以前に生まれた配偶者には老齢基礎年金が支給されないので、配偶者が65歳以上であっても加給年金が加算されます。

●生年月日による振替加算額（2025〈令和7〉年度）

生年月日は、加給年金の受給権者のものではなく、配偶者のものです。注意しましょう。

振替加算額は、配偶者加給年金額と同額の金額に配偶者の生年月日に応じた政令で定める率（1.000〜0.067）を乗じて求められる。

配偶者の生年月日	年額（円）	月額換算（円）
昭和2年4月1日まで	238,600	19,883
昭和2年4月2日〜昭和3年4月1日	232,158	19,346
昭和3年4月2日〜昭和4年4月1日	225,954	18,829
昭和4年4月2日〜昭和5年4月1日	219,512	18,292
昭和5年4月2日〜昭和6年4月1日	213,070	17,755
昭和6年4月2日〜昭和7年4月1日	206,866	17,238
昭和7年4月2日〜昭和8年4月1日	200,424	16,702
昭和8年4月2日〜昭和9年4月1日	193,982	16,165
昭和9年4月2日〜昭和10年4月1日	187,778	15,648
昭和10年4月2日〜昭和11年4月1日	181,336	15,111
昭和11年4月2日〜昭和12年4月1日	174,894	14,574
昭和12年4月2日〜昭和13年4月1日	168,690	14,057
昭和13年4月2日〜昭和14年4月1日	162,248	13,520
昭和14年4月2日〜昭和15年4月1日	155,806	12,983
昭和15年4月2日〜昭和16年4月1日	149,602	12,466
昭和16年4月2日〜昭和17年4月1日	143,160	11,930
昭和17年4月2日〜昭和18年4月1日	136,718	11,393
昭和18年4月2日〜昭和19年4月1日	130,514	10,876
昭和19年4月2日〜昭和20年4月1日	124,072	10,339
昭和20年4月2日〜昭和21年4月1日	117,630	9,802
昭和21年4月2日〜昭和22年4月1日	111,426	9,285
昭和22年4月2日〜昭和23年4月1日	104,984	8,748
昭和23年4月2日〜昭和24年4月1日	98,542	8,211
昭和24年4月2日〜昭和25年4月1日	92,338	7,694
昭和25年4月2日〜昭和26年4月1日	85,896	7,158
昭和26年4月2日〜昭和27年4月1日	79,454	6,621
昭和27年4月2日〜昭和28年4月1日	73,250	6,104
昭和28年4月2日〜昭和29年4月1日	66,808	5,567
昭和29年4月2日〜昭和30年4月1日	60,366	5,030
昭和30年4月2日〜昭和31年4月1日	54,162	4,513
昭和31年4月2日〜昭和32年4月1日	47,860	3,988
昭和32年4月2日〜昭和33年4月1日	41,399	3,449
昭和33年4月2日〜昭和34年4月1日	35,177	2,931
昭和34年4月2日〜昭和35年4月1日	28,716	2,393
昭和35年4月2日〜昭和36年4月1日	22,255	1,854
昭和36年4月2日〜昭和37年4月1日	16,033	1,336
昭和37年4月2日〜昭和38年4月1日	16,033	1,336
昭和38年4月2日〜昭和39年4月1日	16,033	1,336
昭和39年4月2日〜昭和40年4月1日	16,033	1,336
昭和40年4月2日〜昭和41年4月1日	16,033	1,336
昭和41年4月2日以降生まれ	なし	なし

ちょっと補足 **振替加算の漏れ** 振替加算対象者であるにもかかわらず、支給されていなかった人が全国で10万人以上いることが調査で判明しています。要件を満たしているのに年金改定通知書に振替加算の額が記載されていない等の場合は、給付点検専用ダイヤル〈0120-511-612〉（フリーダイヤル）で確認してください。

❺ 受け取り方と働き方を考える

在職老齢年金

報酬を受けている人が受け取る年金

　在職老齢年金とは、60歳以降も働いていて、給料や賞与などが支払われている人に対して、報酬と老齢厚生年金の合計額が一定額以上の場合に、老齢厚生年金の額の一部もしくは全額が支給停止されるしくみのことです。
　在職老齢年金には、次の２つがあります。

● 2つの在職老齢年金

在職中の被保険者の年齢が

60〜64歳	65歳以上
❶60歳代前半の在職老齢年金 →P118〜120	❷65歳以降の在職老齢年金 →P121

「60歳以上65歳未満」　「65歳以上」

60歳以上で会社から一定以上の報酬を受けている人は、在職期間中の老齢厚生年金の支給が一部または全部ストップされます。

ちょっと補足 **退職後いつから全額支給される？**　在職しながら（厚生年金保険に加入しながら）老齢厚生年金を受けている人が、退職して1か月を経過したときは、退職した翌月分の年金額から一部または全部支給停止がなくなり、全額支給されます。

116

在職老齢年金と働き方

60歳以降の働き方によって在職老齢年金とのかかわり方は変わってきます。いくつかの例をあげてみましょう。

例1　60歳以降も会社で継続して働き続ける

➡ 年金を受け取れるようになると、在職老齢年金のしくみにより、年金の一部または全部が支給停止となる場合があります。

できるだけ長く働いたほうが老後資金の不安はなくなります。
就労所得と年金額で試算をし、どのような働き方が自分や家族に適しているかを考えてみましょう。

例2　60～64歳で退職する

➡ 退職すると支給停止がなくなり、年金を全額受け取れるようになります。

例3　60～64歳で退職し、求職活動をする

➡ 退職すると支給停止がなくなり、年金を全額受け取れるようになりますが、就職するとふたたび在職老齢年金のしくみにより、年金の一部または全部が支給停止となります。求職期間に失業給付を受け取る場合、年金は支給停止となります（→P272）。

例4　65歳以降に退職し、求職活動をする

➡ 退職すると支給停止がなくなり、年金を全額受け取れるようになりますが、就職するとふたたび在職老齢年金のしくみにより、年金の一部または全部が支給停止となります。求職期間に高年齢求職者給付金を受け取っても、年金は支給停止になりません（→P275）。

例5　60歳で会社を辞め、自営業になる

➡ 自営業の場合、在職老齢年金のしくみはありませんので、年金を全額受け取ることができます。

ちょっと補足　**共済組合などからの老齢厚生年金も受け取っている場合の在職老齢年金**　すべての老齢厚生年金に対する支給停止の総額を、それぞれの老齢厚生年金の年金額に応じて割り振り算出されます。

在職老齢年金

60歳代前半の在職老齢年金の対象となる人

60歳代前半の在職老齢年金の対象となるのは、60～64歳の間に老齢厚生年金のある人です。自分は60～64歳に年金を受け取ることができるのかを確認しましょう。60～64歳に受け取る老齢厚生年金を「特別支給の老齢厚生年金」といい、受け取れる人は限られます。対象となるのは保険料納付済期間などの要件（→P102）を満たした以下の生年月日の人です。

●特別支給の老齢厚生年金の対象となる人

男性　昭和36年4月1日以前に生まれた人
女性　昭和41年4月1日以前に生まれた人

※生年月日に応じた支給開始年齢はP101を参照。

60歳代前半の在職老齢年金の計算（2025〈令和7〉年度）

在職老齢年金は次のように計算します。

●60歳代前半の在職老齢年金の計算　フローチャート

基本月額　………………　加給年金額を除いた特別支給の老齢厚生年金（退職共済年金）の月額。
総報酬月額相当額　……　標準報酬月額に過去1年間の標準賞与額合計額の12分の1を加えた額。

基本月額と総報酬月額相当額の合計額が51万円以下　→　**はい**　→　**全額支給**

↓ いいえ

「支給停止となる場合」へ（P119）

年金の支給が停止される基準となる額は、2025〈令和7〉年4月から51万円になりました。

キーワード
支給停止調整額　支給停止される基準となる額のことを支給停止調整額といいます。名目賃金の変動により毎年度改定されています。

全額支給される場合

総報酬月額相当額(標準報酬月額にその月以前1年間の標準賞与額の1/12の額を加えた額)と基本月額(老齢厚生年金の月額)の2つの額の合計額が51万円以下の場合は、調整はされず、年金は全額支給されます。

計算例

```
年金額              1,200,000円
標準報酬月額         150,000円
標準賞与額の合計     300,000円
```

総報酬月額相当額 ＝ 150,000＋300,000×1/12 ＝ 175,000円
基本月額 ＝ 1,200,000÷12 ＝ 100,000円

総報酬月額相当額＋基本月額
　　＝ 175,000＋100,000
　　＝ <u>275,000円</u>
↑
510,000円以下なので年金は全額支給される。

支給停止となる場合

基本月額と総報酬月額相当額の合計が51万円を超える場合、次の計算式で算出される額が支給停止されることになります。

> 支給停止額 ＝ (総報酬月額相当額＋基本月額－51万円)×1/2

計算例

```
年金額                      4,500,000円
標準報酬月額                  620,000円
過去1年間の標準賞与額の合計   1,500,000円
```

総報酬月額相当額 ＝ 620,000＋1,500,000×1/12 ＝ 745,000円
基本月額 ＝ 4,500,000÷12 ＝ 375,000円

総報酬月額相当額と基本月額の合計が51万円を超えてしまうので、
　　支給停止額 ＝ (745,000＋375,000－510,000)×1/2
　　　　　　　＝ 305,000円

ちょっと補足 **厚生年金保険料を納付** 在職老齢年金を受け取る60～64歳の人は、働いているので厚生年金保険料を納めています。一方で年金を受け取っているということになります。

在職老齢年金

雇用保険にも目くばりを

　会社などで働く60〜64歳の人は、雇用保険からの給付金を受け取れる場合があります。これを高年齢雇用継続給付（→P266）といいます。働き方によって2種類あり、原則として、60歳になる前から継続して働いていた人には高年齢雇用継続基本給付金、退職して基本手当（失業保険）を受け取ってから再就職した人には高年齢再就職給付金が支給されます。

　一般的に、給付金の対象となるのは、「雇用保険に5年以上加入している」ことと、「60歳の時点の賃金を100％としたときに賃金が75％未満に下がった」ことの両方を満たす人です。

　高年齢雇用継続給付と特別支給の老齢厚生年金の両方を受け取れるときは、年金の一部が支給停止となりますので、雇用保険にも目くばりが必要です（→P274）。なお、在職老齢年金による支給停止と雇用保険からの給付金の支給停止のしくみは、どちらも適用されます。

● 雇用保険からの給付金による特別支給の老齢厚生年金などの支給停止

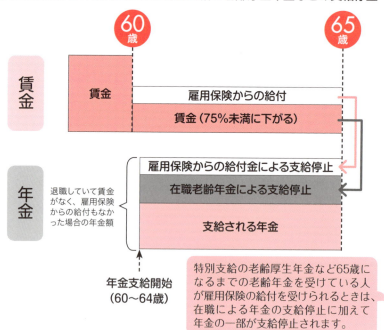

特別支給の老齢厚生年金など65歳になるまでの老齢年金を受けている人が雇用保険の給付を受けられるときは、在職による年金の支給停止に加えて年金の一部が支給停止されます。

 ちょっと補足　雇用保険からの基本手当（失業保険）　60〜64歳で退職し、基本手当と特別支給の老齢厚生年金の両方が受け取れる場合は、基本手当が優先され、受け取り終わるまでの一定期間は年金と加給年金（→P112）が支給停止となります。

65歳以降の在職老齢年金の計算(2025〈令和7〉年度)

65歳になると老齢基礎年金と老齢厚生年金の受け取りが始まります。65歳以降の在職老齢年金は次のように計算します。

●65歳以降の在職老齢年金の計算　フローチャート

基本月額 ………… 加給年金額を除いた老齢厚生年金（退職共済年金）の月額。
総報酬月額相当額 …… 標準報酬月額に過去1年間の標準賞与額合計額の12分の1を加えた額。

基本月額と総報酬月額相当額の合計額が51万円以下 → はい → 全額支給

いいえ → 60歳代前半の「支給停止となる場合」（P119）と同じ

全額支給される場合

総報酬月額相当額と基本月額の合計額が51万円以下の場合は、調整はされず、年金は全額支給されます。

計算例

年金額	3,000,000円
標準報酬月額	170,000円
過去1年間の標準賞与額の合計	240,000円

総報酬月額相当額 ＝ 170,000＋240,000×1/12 ＝ 190,000円
基本月額 ＝ 3,000,000÷12 ＝ 250,000円
総報酬月額相当額＋基本月額
　　　　　　＝ 190,000＋250,000
　　　　　　＝ <u>440,000円</u>

↑ 510,000円以下なので年金は全額支給される。

ちょっと補足　老齢厚生年金に加給年金が加算されている場合の在職老齢年金の計算　この場合、加給年金額を除いて在職老齢年金を計算します。ただし、老齢厚生年金が全額支給停止される場合は、加給年金額も全額支給停止となってしまいます。

在職老齢年金

在職老齢年金制度の変遷

　かつて60歳以降も働いていて給料や賞与などが支払われる人の在職老齢年金は、60歳から64歳まで一律2割が支給停止になっていました。しかし、平成17年にこの制度が廃止されました。
　また、かつて支給停止が行われていなかった昭和12年4月1日以前に生まれた70歳以上の人や、議員である人、共済組合などに加入している人についても、平成27年より老齢厚生年金の在職支給停止の対象となっています。
　なお、2022〈令和4〉年4月1日からは、高齢期の就労継続を早期に年金額に反映するため、65歳以上の在職老齢年金受給者の年金額を毎年10月に改定することになりました（下記参照）。

新制度「在職定時改定」で就労がより有利に

　これまで、65歳から支給される老齢厚生年金については、70歳になる、または退職等により、被保険者の資格を喪失するまで、年金額の再計算（改定）は行われていませんでした。

　老齢厚生年金の受給権者が被保険者として働き続ける場合には、年金額の計算の基礎となる被保険者期間は1か月ごとに増えていきます。しかし、その増えた期間をその都度年金額に反映させていくことは、事務処理を行う上でも困難といえます。そこで、納めた保険料をリアルタイムに年金額に反映させるしくみが2022年4月から新たに導入されました。それが**在職定時改定**です。これは、65歳以上の在職中の老齢厚生年金受給者の年金額を毎年10月に改定し、それまでに納めた保険料を年金額に反映していく制度です。

　例えば、65歳以降も就労を続け、標準報酬月額20万円で厚生年金保険に加入していた場合、在職定時改定が行われると、毎年1万3,000円ほど年金額が増えていくことになります。しかも、この増額は、保険料を納めている限り、続きます。

　在職定時改定は、早いタイミングで年金を増額でき、年金を受給しながら働く人の経済基盤をより充実させることができる制度といえます。

毎年12月の受給日から増額　年金額の計算の周期は毎年9月から翌年の8月までで、10月に改定され、12月に振り込まれる分から年金が増額されます。

122

● 70歳まで会社員として働く場合の年金額の改定方法

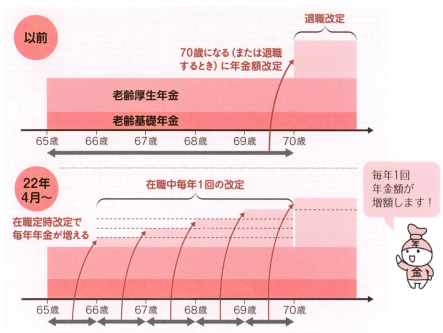

ねんきんネットなら詳細な条件で試算ができる

　老後の生活設計を考える上で大切なのは、できるだけ正確な年金受給額を把握することです。

　ねんきん定期便には、年金の加入期間に基づいた将来受け取れる老齢年金額の見込額が書いてあります。この金額は「ねんきん定期便を作成したときの収入が60歳まで継続した場合の65歳から受け取れる年金額」です。したがって、今後給料がカットされると、受け取れる年金額は書いてある見込額よりも少なくなります。逆に60歳以降も、さらに65歳以降も就労することを考えているのなら、見込額よりも多く受け取れるといえます。

　「ねんきんネット」では、将来の収入、就業見込期間（保険料の支払期間）などを入力した試算ができます（→P108）。年金を受け取りながら働き続けた場合の年金額、受給開始年齢を変更（繰上げ受給・繰下げ受給）した場合の年金額など、さまざまな条件で見込額を試算することができます。

 障害年金や遺族年金の試算は？　ねんきんネットの年金見込額の試算は老齢基礎年金と老齢厚生年金が対象で、障害年金と遺族年金は試算をすることができません。

❻ 離婚したら年金を分割

厚生年金分割制度

離婚時の厚生年金分割制度

　老齢厚生年金は、会社員や公務員として働いていた期間や、その間の賃金額に基づいて計算されます。

　家族において、夫婦の一方のみが働いて厚生年金保険の被保険者となり、他方が家事に専念しているといったケースはよくある話です。その夫婦が高齢期に離婚した場合に、婚姻期間中は厚生年金保険の被保険者ではなかったほうの配偶者は、たとえ老齢厚生年金を受け取ることができるとしても、働いていた期間が短く、また、その期間の賃金額が低いといった理由で少額の年金しか受け取れず、十分な所得保障がなされない恐れがあります。

　そのような事情を考慮して、離婚時に婚姻期間中の厚生年金記録（標準報酬）を夫婦間で分割するしくみが、平成16年の法改正により実施されることになりました。

　分割制度には、平成19年4月より実施されている**合意分割制度**と、平成20年4月より実施されている**3号分割制度**の2つがあります。

合意分割のしくみ

　平成19年4月より実施されているのが、夫婦間の合意により、一方の婚姻期間中の厚生年金記録（標準報酬）を他方の配偶者に分割する制度です。**按分割合**（分割をする割合）は、「他方の配偶者の婚姻期間中の標準報酬の総額を超え、1／2以下」の範囲で定めなければなりません。

　つまり加入記録を、多いほうから少ないほうへと分けられるしくみで、加入記録が半々になるまでの好きな割合で分けてよいということになります。

ちょっと補足　**国民年金は分割の対象となる？**　年金分割の対象となるのは厚生年金と旧共済年金だけです。国民年金は分割の対象になりません。また、国民年金基金、厚生年金基金なども分割の対象になりません。

● **合意分割**

会社員の夫と専業主婦の妻の例

・離婚前の厚生年金記録

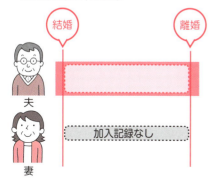

・離婚後に分割した厚生年金記録

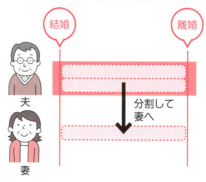

話し合いがまとまらないときは

　当事者間で按分割合がまとまらない場合は、当事者の一方の求めによって、家庭裁判所が按分割合を定めることができます。

　厚生年金記録の分割は、離婚した日の翌日から2年以内に年金事務所に請求書を提出する必要があります。話し合いがまとまらずに、2年を超えてしまうことが予想されるときは、家庭裁判所に申し立てを行いましょう。判決や和解が確定するまで請求期限が延長されます。

合意分割を行う場合の注意点

❶ 婚姻期間中の厚生年金記録が対象となる。

❷ 平成19年4月1日以降の離婚が対象となる。分割する期間は結婚時当初までさかのぼることができる。

❸ 厚生年金記録（標準報酬）が分割された期間のことを「離婚時みなし被保険者期間」といい、この期間は特別支給の老齢厚生年金の受給要件（被保険者期間1年以上）となる期間や特別支給の老齢厚生年金の定額部分の額を計算するときの被保険者期間などには反映されない。

厚生年金記録　納めてきた厚生年金保険料の記録のことです。年金分割は、支給された年金額を分割するのではなく、厚生年金記録を分け合って夫婦別々に分け合った記録にしたがって年金を受給する制度です。

厚生年金分割制度

3号分割のしくみ

　第2号被保険者（会社員や公務員）の被扶養配偶者が、第3号被保険者期間中の厚生年金記録（標準報酬）を、1/2に分割できる制度です。

　この制度では、第2号被保険者の合意がなくても、第3号被保険者が請求することによって、自動的に標準報酬の半分が分割されることになります。

●3号分割

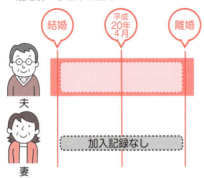
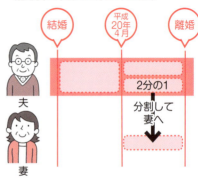

3号分割を行う場合の注意点

❶ 平成20年4月1日以降の期間が分割の対象となる。
❷ 離婚した日の翌日から2年以内に請求をしなくてはならない。
❸ 厚生年金記録（標準報酬）が分割された期間のことを「離婚時みなし被保険者期間」といい、この期間は特別支給の老齢厚生年金の受給要件（被保険者期間1年以上）となる期間や特別支給の老齢厚生年金の定額部分の額を計算するときの被保険者期間などには反映されない。

分割した厚生年金記録は年金額に反映

　合意分割や3号分割で分割された厚生年金記録は、原則としてすべての厚生年金額の計算に入れることができます。老齢厚生年金だけでなく、亡くなったときに対象となる遺族がいれば遺族厚生年金が支給されますし、障害の状態になった場合は障害厚生年金を受け取ることができます（一部例外あり）。

 ちょっと補足　**分割されるほうの人の要件**　加入記録を分割されるほうの人が、その加入記録を基礎にして計算される障害厚生年金を受け取る権利のある場合は、3号分割の請求は認められません。

分割までの流れ

厚生年金記録の分割までの流れは以下のとおりです。請求の手続きが2回ありますので、注意しましょう。

● 3号分割

情報通知書の請求 請求❶

- 情報通知書の請求は2人一緒でも1人でもできます。

「年金分割のための情報通知書」の受け取り

- 2人一緒に請求した場合はそれぞれに交付されます。
- 1人で請求した場合
  離婚している……それぞれに交付
  離婚していない……請求した方にのみ交付

話し合いによる合意

- 合意できないときは家庭裁判所に申し立てることで按分割合を定めます。

年金分割の請求 請求❷

- 離婚後に2人または1人が「標準報酬改定請求書」を年金事務所に提出します。

「標準報酬改定通知書」の受け取り

- 按分割合に基づき、厚生年金記録を改定した後の標準報酬を示す通知をそれぞれが受け取ります。

 婚姻期間は通算できない 同じ人と結婚・離婚をくり返した場合、3号分割の請求は婚姻期間ごとの請求が必要です。離婚日から2年を経過した婚姻期間については、通算して請求することはできません。

127

コラム 2

公的年金は生涯受け取れる？

　定年後の夫婦2人世帯の生活費はどのくらいかかるか、ご存じでしょうか？

　総務省の統計（2023〈令和5〉年 家計調査）によると、夫婦2人の1か月あたりの生活費（標準生計費）は約25万円。衣食住および医療費にかかる最低費用が約15万円、通信交通費・教養娯楽・交際費を別途費用として考え、税金等の非消費支出が約3万円となっています。

　老齢基礎年金は、夫婦2人の満額支給額*は、月額が約13.8万円ですので、満額の老齢基礎年金は最低限の費用をすべてまかなうのは厳しいくらいの金額といえます。

*国民年金保険料を20歳から60歳まで40年間納めた場合の支給額

　日本人は、統計的に女性のほうが長生きで、夫が先に亡くなり、残された妻は1人世帯となることが多いといえます。1人世帯の生活費は約15万円で、食料費・水道光熱費・住居費などの最低限の費用は8万円余りとなっています。

　妻の老齢基礎年金は、夫の死亡後も妻が亡くなるまで一生涯支給され、夫が厚生年金に加入していたら夫の老齢厚生年金の一部が、遺族厚生年金として加算されます。個人年金は一定年齢までの有期保障、つまり、生涯にわたって受け取れるものではありません。この生涯にわたって保障してくれるというのは公的年金の大きなメリットの1つといえます。

　ただし、老齢基礎年金は、最低限の生活を保障するためのものです。したがって、ゆとりある老後生活を送るためには、退職金や個人年金、貯蓄などの自助努力が必要となることは覚えておきましょう。

第 **3** 章

遺族年金

遺族年金のよく

Q1 保険料をずっと納めているけれど、年金を受け取る前に死んだら、納め損になってしまう?

保険料をきちんと納めていた人には遺族への給付があります。

　保険料を納めていたのに老後の年金を受け取る前に亡くなった場合には、遺族への給付があります。加入していた年金の種類、子どもがいるかどうか、受け取る遺族の年齢などさまざまな状況により、給付の内容や加算額が違ってきます。

遺族基礎年金の受給要件 → P134　寡婦年金 → P142　死亡一時金 → P144
遺族厚生年金の受給要件 → P146

Q2 保険料を免除してもらうと、遺族年金はもらえない?

免除期間は遺族給付に必要な期間としてカウントされますので、安心してください。

　国民年金の保険料を免除、猶予されていた期間や学生の納付特例期間は、年金を受け取るために必要な期間に入れることができます。老齢基礎年金の場合、免除等の期間があって追納しないと老後の年金が減額になりますが(→P54)、遺族年金については、減額はありません。

遺族基礎年金の受給要件 → P134　遺族厚生年金の受給要件 → P146

ある疑問あれこれ

Q3 子どもがいないと遺族年金はもらえないの？

国民年金からの遺族基礎年金は高校生相当までの子がいないと受け取れません。遺族厚生年金は子どもがいなくても受け取れます。

　遺族基礎年金をもらえる人の要件に「子のいる配偶者、または子」があります。ここでいう「子」とは18歳になる年度の末日までの子、つまり高校卒業までの子または20歳未満で1・2級の障害のある子をさします。一方、遺族厚生年金は子のいない配偶者や父母、孫などに対象が広がります。

遺族基礎年金の受給要件 → P134　　遺族厚生年金の受給要件 → P146

Q4 遺族年金って一生もらえる？

結婚をしたり、子どもが一定の年齢になったりして、要件を満たさなくなると受け取る権利がなくなります。

　遺族年金には受給できる要件があり、それを満たしている限りは受け取り続けることができます。でも、要件を満たさなくなると打ち切りとなります。例えば、夫の遺族年金をもらっていた妻が結婚した、子どもが高校を卒業したという場合などです。

遺族基礎年金が受け取れなくなるとき → P140
遺族厚生年金が受け取れなくなるとき → P156

❶ 遺族年金のアウトライン

被保険者の死亡時家族に支給される

残された家族を助ける遺族年金

　ライフプランを描く際に気づくのは、人生にはたくさんのリスクがあるということです。その中でも最も心配なことの1つが、万が一死亡した場合、遺された家族の生活はどうなるのかということでしょう。**遺族年金**とは、**亡くなられた人の家族の生活を保障することを目的に支給される年金**で、次の種類があります。

●遺族年金と遺族給付の種類

　公的な遺族年金には、国民年金の**遺族基礎年金**、厚生年金保険の**遺族厚生年金**、労働者災害補償保険の**遺族補償等年金**や**遺族等年金**があります。これらを受給するには、次の3点を満たす必要があります。

●遺族年金を受給するために必要な3つの要件

 +  + 保険料の納付要件

遺族年金の受給要件は、老齢年金や障害年金の受給要件とは異なり、死亡した人（加入者本人）だけでなく、遺族の要件も必要となります。

 寡婦年金と死亡一時金　死亡した本人の要件と保険料の納付期間は満たしているのに、受給対象者の要件にあてはまらないために遺族基礎年金を受け取れない人がいます。それを補うための制度です（詳しくは→P142、144）。

132

遺族年金の構造も2階建て

遺族年金も、2階建ての構造になっています。1階は国民年金からの給付で、2階は厚生年金保険からの給付です。国民年金第1号被保険者の遺族には1階部分の遺族基礎年金が、国民年金第2号被保険者の遺族には1階部分の遺族基礎年金と2階部分の遺族厚生年金が給付されます。

●年金制度は1階建てもしくは2階建て式

遺族年金をもらえる人

老齢年金や障害年金は、第1号被保険者は1階部分のみ、第2号被保険者には1階部分と2階部分の両方の支給があります。しかし、遺族年金に関しては受給者の要件があるので、そうとは限りません。遺族年金の種類とケースによって、だれがもらえるのか、どれをもらえるのかが異なります。

●遺族年金ごとの受給対象者

死亡した人	遺族年金の種類	遺族年金の受給対象者
国民年金第1号被保険者	遺族基礎年金	子（18歳の3月31日をまだ迎えていない）または、子（受給対象者）を持つ配偶者
	寡婦年金	妻（結婚10年以上）
	死亡一時金	祖父母、配偶者（遺族基礎年金不支給の場合）、子（遺族基礎年金不支給の場合）、父母、孫、兄弟姉妹の中の1人
国民年金第2号被保険者	遺族厚生年金	祖父母、配偶者、子（18歳の3月31日をまだ迎えていない）、父母、孫の中の1人
	遺族基礎年金	子（18歳の3月31日をまだ迎えていない）または、子（受給対象者）をもつ配偶者
国民年金第3号被保険者	遺族基礎年金	一般的に受給者なし

※受給者にはそれぞれに年齢や生計の同一などの詳細な要件があるので、確認のこと。

 労災保険から支給される年金 労働者災害補償保険の遺族補償等年金と遺族等年金の支給は仕事中や通勤中の事故や病気による死亡に限られます。

❷ 遺族基礎年金

遺族基礎年金の受給要件

国民年金からもらえる遺族基礎年金

遺族基礎年金は、国民年金に加入中の人が死亡したときに、その遺族である妻や夫、子どもの生活を保障することを目的に支給される遺族年金です。遺族基礎年金を受給するためには、死亡した人の要件、保険料の納付要件、受給対象者（遺族の範囲）の要件をいずれも満たす必要があります。

死亡した人の要件

遺族基礎年金を受給するためには、死亡した人が❶～❹のいずれかを満たす必要があります。

●死亡した人の要件

❶死亡したときに国民年金に加入中であること。
❷国民年金の被保険者であった人が、日本国内に住所がある60歳以上65歳未満であること。
❸死亡したときに老齢基礎年金の受給権者であること。
❹死亡したときに老齢基礎年金の受給資格期間を満たしていること。

例えば次の人は遺族基礎年金の要件を満たします。

| 会社員として企業に勤務して厚生年金保険に加入中の人や、自営業を営み国民年金に加入中の20歳以上60歳未満の人が亡くなった。 | 60歳で定年退職した人や、60歳以降も引き続き自営業を営んでいる人が亡くなった。 | すでに老齢基礎年金を受け取っている65歳以降の人が亡くなった。（保険料納付済期間と合算対象期間を合計して25年以上） | 老齢基礎年金の受給資格期間を満たした人（保険料納付済期間と保険料免除期間、合算対象期間を合計して25年以上）が亡くなった。 |

ちょっと補足　**死亡した人の要件の確認**　定年退職後、物価の安い海外に移住するケースが多くなりました。この場合、死亡した人の要件である❷を満たせなくなります。この他の要件❸や❹を満たしているかどうか、確認しましょう。

国民年金保険料の納付要件

死亡した本人については、保険料の納付要件もあり、以下の❶または❷のいずれかを満たす必要があります。

● 死亡者の保険料の納付要件

❶ 死亡日の前日において、死亡日の前々月末までに、国民年金に加入していた期間のうち、保険料納付済期間や保険料免除期間などを合計した期間が2/3以上あること。

❷ 死亡日の前日において、死亡日の前々月末までの1年間に保険料の滞納がないこと（ただし、死亡日が2026〈令和8〉年4月1日前であることと死亡日において65歳未満であることが条件になる）。

具体例で、遺族基礎年金の保険料納付の要件にあてはまるかを見てみましょう。

Bさんのライフステージと公的年金の納付状況

22歳で大学卒業後、就職。25歳の年に退職。以後、フリーランスで仕事を続け、結婚もしたが、29歳の年に死亡。

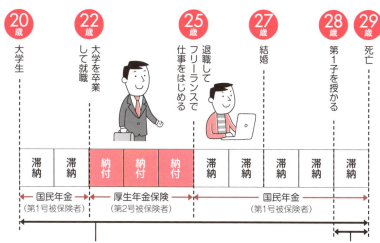

20歳から亡くなる29歳までの9年間のうち、3年間、厚生年金保険料（国民年金保険料を含む）を納付した ➡ ❶の要件である納付期間が全期間のうちの2/3を満たしていない。

亡くなる1年2か月前以内に滞納がある ➡ ❷の要件である死亡前日の前々月末までの1年間に保険料の滞納がないことを満たしていない。

❶と❷のいずれの要件も満たしていないので遺族基礎年金受給の資格はありません。

Bさんの納付状況 具体例に挙げたBさんのライフステージと公的年金の納付状況で、22歳から25歳の間は厚生年金保険に加入しています。これは同時に国民年金の第2号被保険者として扱われ、国民年金にも加入していることを意味します。

遺族基礎年金の受給要件

受給対象者(遺族)の要件

　遺族基礎年金をもらえる遺族は、本人の死亡当時、その人によって生計を維持され、なおかつ　次の❶もしくは❷の要件に該当する人です。この要件でわかるように、子どものいない配偶者や子どもが大きくなってしまった配偶者には遺族基礎年金は支給されません。

　なお、「死亡した人に生計を維持されていた人」は、死亡した人と生活していくための手段や方法が同じで、配偶者も子どもも年収が850万円未満の人が該当します。

● 受給対象者の要件(遺族の範囲)

❶死亡当時、❷の要件を満たす子どもと生計を同じくする配偶者（死亡者の妻または夫）。
❷次のア、イのいずれかを満たし、結婚をしていない子ども。
　ア　18歳に達する日以後の最初の3月31日までの間にあること(18歳の3月31日をまだ迎えていないこと)。
　イ　20歳未満で、障害等級1級または2級の障害者にあてはまること。

　子どもは、死亡した人の法律上の子である必要があります。つまり、実子や養子縁組した子などが該当し、連れ子の場合は、養子縁組などがなされていない限り、子に該当しないことになります。

　また、平成26年4月に遺族基礎年金の遺族の範囲が改正されました。従来は「子のある妻と子」に限り受給対象者としていましたが、改正により「子のある配偶者と子」が受給対象者となりました。これにより、万が一、妻が亡くなって父子家庭になった場合でも、夫や子どもが遺族基礎年金を受給できるようになりました。

平成26年4月から「父子家庭の夫や子ども」も支給を受けられるようになりました。

遺族基礎年金

ちょっと補足　年金に男女の差がある？　平成26年の改正は、年金における男女間の差を解消するために行われましたが、依然としてその差は存在しており、平等な制度になるには時間がかかりそうです(例：遺族厚生年金の受給にあたり、夫は60歳まで支給停止)。

● 受給対象者の要件（遺族の範囲）具体例

具体例で、加入している公的年金を確認してみましょう。

国民年金被保険者の夫（48歳）に先立たれた、妻（45歳）と子ども2人（15歳と10歳）の場合

ケース1 子どもがともに実子なら…

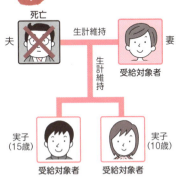

子どもが夫の実子なので、妻と子ども2人は受給対象者となります。

ケース2 15歳の子どもが連れ子で養子なら…

15歳の子どもは実子ではないが、養子縁組をしているので受給対象者となり、妻と子ども2人は受給対象者となります。

ケース3 15歳の子どもが連れ子で養子ではないなら…

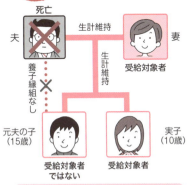

15歳の子どもは実子ではないし養子縁組もしていないので、受給対象者ではない。妻と10歳の実子のみが受給対象者となります。

ケース4 子どもがともに連れ子で養子ではないなら…

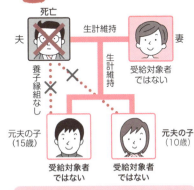

子ども2人は実子ではないし養子縁組もしていないので、受給対象者ではありません。また、子どもに受給対象者がいないので、妻も受給対象者ではありません。

　死亡当時、胎児であった子が生まれた場合　その子は死亡の当時その者によって生計を維持されていたものとみなして、出生した日から遺族基礎年金の受給対象者となります。

❷ 遺族基礎年金

遺族基礎年金の受給額の計算

遺族基礎年金の計算式

遺族基礎年金の年金額は、保険料の納付期間や加入期間にかかわらず、基本年金額と子の加算額の合計となります。

遺族基礎年金(年額)の計算(2025〈令和7〉年度)

遺族基礎年金(年額) ＝ ❶基礎年金額 ＋ ❷子の加算額

❶ 831,700円*
（昭和31年4月2日以後生まれの人の満額支給額）

❷ 1人目　239,300円
2人目　239,300円
3人目以降　79,800円

＊昭和31年4月1日以前生まれの人の満額支給額は829,300円です。

遺族基礎年金額は、その配偶者と生計を同じくする子の数に応じて算出されますが、このとき、遺族基礎年金を受給する人が「配偶者と子」の場合と、「子のみ」の場合によって、年金額が異なります。

子の加算が終了するとき

遺族年金を受け取れる子どもの要件には、「18歳に達する日以後の最初の3月31日までの間にあること」とあります。したがって、18歳の3月31日を迎えたら加算が終了します。

この他にも次のような場合に加算が終了します。

①子どもが死亡した場合や婚姻した場合など、生計を同じくしなくなったとき。

②障害等級1級または2級に該当する子どもが20歳に達したとき、もしくは障害の事情が終了したとき。

ちょっと補足　**子の加算**　子どもの3人目以降の加算額は「1人についての加算額」です。子どもが5人いた場合、3人目以降の加算額は79,800円×3人と計算します。

● 遺族基礎年金の受給例（2025〈令和7〉年度額で計算）

※昭和31年4月2日以後生まれの人の支給額で試算。

実際に、受給事例を見てみましょう。

ケース1　受給対象者が「配偶者と子2人」の場合

基本年金額	831,700円
子の1人目（17歳）子の加算	239,300円
子の2人目（15歳）子の加算	239,300円
合計	1,310,300円

この場合、合計額1,310,300円が配偶者に対して支給されます。もし受給対象者となる子の3人目（加算額79,800円）がいる場合は、合計額1,390,100円が配偶者に対して支給されます。

ケース2　受給対象者が「子2人のみ」の場合

基本年金額		831,700円
子の1人目（17歳）	加算なし	0円
子の2人目（15歳）	子の加算	239,300円
	合計	1,071,000円

この場合、子の1人目に基本年金額が支払われます。そして、合計額（1,071,000円）を子どもの人数（2人）で割った額（535,500円）が各子どもに支給されます。もし受給対象者となる子の3人目（加算額79,800円）がいる場合は、合計額（1,150,800円）を3人で割った額（383,600円）が各子どもに支給されます。

ケース3　受給対象者が「配偶者と子2人」で、子の1人目が加算対象者でなくなった場合

基本年金額		831,700円
子の1人目（18歳）	子の加算が終了	0円
子の2人目（16歳）	子の加算	239,300円
子の1人目にシフトする	合計	1,071,000円

この場合、子の1人目に支給されていた239,300円は加算が終了したために支払われなくなり、合計額1,071,000円が配偶者に対して支給されます。もし受給対象者となる子の3人目がいる場合は、子の1人目が抜けたために子の3人目は子の2人目にシフトし、加算額も79,800円ではなく239,300円となり、合計額1,310,300円が配偶者に対して支給されます。

上記ケース1で配偶者が死亡した場合　この場合、ケース2の受給対象者が「子2人のみ」の場合と同じ結果となります。

❷ 遺族基礎年金

遺族基礎年金が受け取れなくなるとき

遺族基礎年金の受給権を失権するケース

遺族基礎年金を受け取ることのできる権利（**受給権**）は、受け取る人（**受給権者**）が次のいずれかに該当したときは受け取れなくなります。このことを**受給権の失権**といいます。

●遺族基礎年金の受給権者失権の事由

受給権者	失権の事由
配偶者と子に共通	①死亡した。 ②婚姻した（事実上の婚姻関係にある場合も含む）。 ③直系血族または直系姻族以外の者の養子になった。
配偶者	①加算の対象となったすべての子が、加算の対象からはずれた。
子	①離縁によって、死亡した人の子でなくなった。 ②18歳に達した日以後最初の3月31日が終了した。 ③障害等級1級または2級に該当する障害状態にある場合、20歳に達した。

遺族基礎年金の支給停止の事由と停止期間

遺族基礎年金は、次の場合に一定の期間、その支給が停止されます。

●遺族基礎年金の一時支給停止の事由

受給権者	支給停止の事由	支給停止の期間
配偶者と子に共通	死亡に対して、労働基準法に定める遺族補償が行われる。	死亡日から6年間。
配偶者	配偶者の所在が1年以上明らかでなく、遺族基礎年金の受給権をもつ子が申請をした。	所在が明らかでなくなったときから支給停止。 ＊所在が明らかでないと申請された配偶者は、いつでも支給停止の解除を申請できる。
子	①受給権をもつ子が2人以上いる場合に、そのうち1人以上の子の所在が1年以上明らかでなく、他の子が申請をした。 ②配偶者が受給権をもつとき。 ③生計を同じくする父または母がいるとき。	①所在が明らかでなくなったときから支給停止。 ＊所在が明らかでないと申請された子は、いつでも支給停止の解除を申請できる。 ②その間。 ③その間。

 キーワード **直系血族・直系姻族** 直系血族とは、自分から見て祖父母・父母・子ども・孫など直系に属する血族のこと。直系姻族とは、自分の配偶者の直系血族または自分の直系血族の配偶者のこと。

遺族基礎年金が配偶者と子どもに対して支給される場合、配偶者と子どもが生計を同一にする間は、配偶者を優先して支給されます。

● **遺族基礎年金の支給停止の例**

妻と15歳の子どものいるCさんとDさんの場合を見てみましょう。

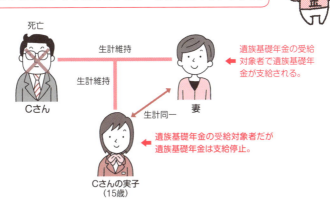

夫Cさんが死亡した際に、Cさんに生計を維持されていた妻と15歳の実子がいました。遺族基礎年金は妻と子が受給対象となりますが、妻と子は生計を同一にしていたため、子が支給停止事由に該当し、妻にのみ遺族基礎年金が支給されます。

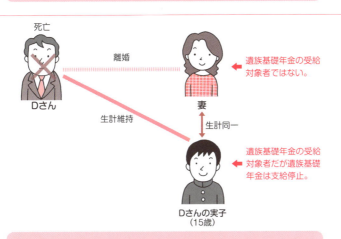

離婚後に夫Dさんが死亡したケースです。死亡の当時、Dさんの実子はDさんに生計を維持されており、遺族基礎年金は子が受給対象となります。しかし、子が母（Dさんの元妻）と生計を同一にしていたことから、支給停止事由に該当するため、遺族基礎年金はだれも受け取れないことになります。

 遺族基礎年金の支給額の見直し　支給停止の事由のうち、子の①により支給停止がなされた場合は、支給停止された日の翌月から遺族基礎年金の支給額が見直されます。

❷ 遺族基礎年金

寡婦(かふ)年金
夫を亡くした妻を保障

国民年金第1号被保険者に対する独自の給付

　遺族基礎年金は、亡くなった国民年金の被保険者の子どもと、子どものいる妻または夫を受給対象としています。つまり、子どもがいなくては受給対象にはなりません。また、その子どもについても、18歳になっていたり（正確には18歳の3月31日を過ぎたり）、障害等級1級または2級に該当する子どもが20歳以上であったりなどの理由から、受給要件を満たすことができない場合もあるでしょう。そして結果として、保険料の掛け捨てとなるケースが多く見受けられます。

　そこで国民年金では、遺族基礎年金を受けられなかった場合や、老齢基礎年金を受ける前に亡くなられた場合などに、保険料が掛け捨てになってしまうようなことがないように、寡婦年金(かふねんきん)と死亡一時金という独自の給付を設けています。

寡婦年金は遺された妻の生活を保障する給付

　寡婦年金は、国民年金に加入していた夫が死亡したときの、妻の生活保障を目的に支給される年金です。遺族基礎年金と同様に、寡婦年金を受けるためには、死亡した人の要件、保険料の納付要件、受給対象者の要件の3点を満たす必要があります。

ちょっと補足　寡婦年金が受け取れない場合　寡婦年金は、老齢基礎年金を繰り上げして受給していると、受け取れなくなってしまいます。同様に、寡婦年金を受給中に老齢基礎年金を繰上げ受給してしまった場合も失権してしまいます。

● 寡婦年金の受給要件

死亡した夫の要件	老齢基礎年金または障害基礎年金の支給を受けたことがないこと。
保険料の納付要件	死亡日の前日において、死亡した月の前月までに国民年金第1号被保険者としての保険料を納めた期間（免除期間を含む）が10年以上あること（ただし、学生納付特例および納付猶予期間だけで被保険者期間が10年以上である場合は納付要件を満たさない）。
受給対象者（妻）の要件	①夫の死亡当時、夫によって生計を維持していたこと。 ②夫の死亡当時、夫との婚姻関係が10年以上継続していること。 ③65歳未満であること。

寡婦年金の受給期間と額

　遺族基礎年金と異なり、寡婦年金は妻が60歳から65歳になるまでの間に支給されます。60歳以降に夫が亡くなった場合も、夫の死亡した月の翌月から65歳になるまでの間支給されることになります。

　年金額は、死亡した夫の国民年金第1号被保険者期間に基づく老齢基礎年金の額の3/4となります。

● 寡婦年金の受給期間と額

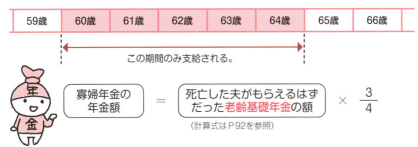

　寡婦年金は、国民年金第1号被保険者として納めた保険料が、掛け捨てにならないようにするために支給される年金です。そのため、自営業を営む人などは支給が見込まれますが、会社員として長年勤務していた人は、国民年金第2号被保険者として扱われるため、寡婦年金の恩恵を受けることは難しいでしょう。

寡婦年金の妻の要件　夫死亡時の妻の年齢が60歳未満であっても要件は満たされ、妻が60歳になったときから65歳になるまでの間支給されます。

❷ 遺族基礎年金

死亡一時金
遺族基礎年金が受けられない人に支給

保険料が掛け捨てにならないための制度

　死亡一時金は、国民年金第1号被保険者として保険料を納めた人が、なにも給付を受けずに亡くなった場合に、保険料が掛け捨てにならないように設けられた給付の1つです。その名の通り一時金であるため、1度限り受け取ることができます。

　遺族基礎年金と同様に、死亡一時金を受けるためには、死亡した人の要件、保険料の納付要件、受給対象者の要件の3点を満たす必要があります。

●死亡一時金の受給要件

死亡した人の要件	①老齢基礎年金や障害基礎年金の支給を受けたことがないこと。 ②その人の死亡による遺族基礎年金の受給権者がいないとき。 ③死亡日において胎児だった子が生まれ、その子またはその配偶者が遺族基礎年金の受給権者となっていないとき。
保険料の納付要件	死亡日の前日において、死亡した月の前月までに国民年金第1号被保険者としての保険料を納めた期間（一部免除の期間は一定の比率で換算される）が3年以上あること（保険料全額免除期間は保険料を納めた期間として評価されない）。
受給対象者の要件	死亡一時金が受け取れる遺族の範囲は、次の①～⑥の順番で、死亡の当時、死亡した人と生計を同じくしていた人。 ①配偶者　②子　③父母　④孫　⑤祖父母　⑥兄弟姉妹

　例えば夫の死亡の当時、妻と祖父母が生計を同じくしていた（一般的に同一世帯で、家計を同一にして暮らしていた）場合、①の配偶者である妻に支給されることになります。

保険料の納付要件にある免除期間の取扱い　保険料の納付期間の算出にあたり、1／4免除期間は3／4に相当する月として、半額免除は1／2に相当する月として、また3／4免除期間は1／4に相当する月として計算されます。

死亡一時金の額

　死亡一時金の額は、国民年金第1号被保険者としての保険料の納付月数に応じて、次の通りです。

● 死亡一時金の額

国民年金保険料の納付月数	金額
36か月以上180か月未満	120,000円
180か月以上240か月未満	145,000円
240か月以上300か月未満	170,000円
300か月以上360か月未満	220,000円
360か月以上420か月未満	270,000円
420か月以上	320,000円

※死亡した月の前月までに付加保険料納付済期間が36か月以上ある場合は、上記の金額に8,500円が加算される。

死亡一時金は国民年金納付月数によって額が決まります。

寡婦年金と死亡一時金、いずれも要件を満たした場合

　寡婦年金や死亡一時金は、いずれも保険料の掛け捨てを予防するための給付です。そのため、双方を受給することは認められておらず、いずれか一方を選択することになります。また、遺族基礎年金の受給権がある場合は、死亡一時金は支給されません。

● 死亡に関する給付金の選択

要件を満たした年金や給付金	調整方法
死亡一時金と寡婦年金	どちらか一方を選択する（他方は支給されない）。
遺族基礎年金と寡婦年金	どちらか一方を選択する（他方は支給停止となる）。
遺族基礎年金と死亡一時金	（原則として）死亡一時金は支給されない。

ちょっと補足　死亡一時金と寡婦年金の選択　老齢基礎年金の繰上げを検討している人は、死亡一時金を選択した上で、老齢基礎年金の繰上げを行う方法も考えられます。

❸ 遺族厚生年金
遺族厚生年金の受給要件

会社員や公務員のための遺族年金

遺族厚生年金は、遺族基礎年金と同様に、万が一の死亡のリスクに備えて遺族の生活を保障するために支給される年金です。厚生年金保険に加入中の第2号被保険者が死亡した場合、あるいは加入中に初診日のある病気やケガで5年以内に死亡した場合に支給されます。

遺族基礎年金と同様に、遺族厚生年金を受給するためには、死亡した人の要件、保険料の納付要件、受給対象者（遺族の範囲）の要件をいずれも満たす必要があります。

死亡した人の要件──短期要件と長期要件

遺族厚生年金を受給するためには、死亡した人が短期要件または長期要件のいずれかを満たす必要があります（次ページ表参照）。

短期要件…厚生年金保険に加入中の人が死亡したときなどの要件。

長期要件…厚生年金保険の受給資格期間を満たした人が死亡したときの要件。

例えば、会社員の人が亡くなった場合（短期要因の❶）や、すでに老齢厚生年金を受給している人が亡くなった場合（長期要因の❹）などが、遺族厚生年金の要件を満たす人に該当します。

また、早期退職優遇制度などにより、定年を迎える前の50代で長く勤めた企業を退職した場合でも、受給資格期間*を満たしていれば、❺の要件に該当します（→P148）。

*原則として、保険料納付済期間と保険料免除期間、合算対象期間（→P91）を合計して25年以上あること。

ちょっと補足　要件が短期と長期、2種類あるわけ　これは加入期間などに応じて、保険料の納付要件や支給額の計算方法が異なるためです。支給額については、一般的に短期要件のほうが有利になる場合が多いようです。

● 死亡した人の要件─短期要件と長期要件

短期要件	❶厚生年金保険の加入中（在職中）に死亡した。 ❷厚生年金保険の被保険者であった人が、在職中の事故や病気が原因で、在職中のその病気等の初診日から5年を経過する日前に死亡した。 ❸障害等級1級または2級に該当する障害の状態にある障害厚生年金を受けている人が死亡した。
長期要件	❹老齢厚生年金の受給権者が死亡した。 ❺老齢厚生年金の受給資格期間を満たした人が死亡した。 ※いずれも保険料納付済期間と保険料免除期間、合算対象期間を合計して25年以上あること。

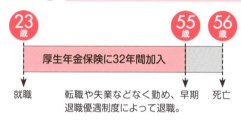

例 55歳まで勤め、早期退職後に亡くなったEさんの場合

23歳から55歳までの32年間を厚生年金保険に加入していたことは、❺の老齢厚生年金の受給資格期間（25年以上）を満たしたこととなり、遺族厚生年金を受けるために必要な死亡した人の要件を満たしたことになります。

短期要件と長期要件の違い

死亡した人の要件には短期要件と長期要件がありますが、どちらに該当するかで、保険料の納付要件と遺族厚生年金の計算方法に違いがあります。

また、短期要件と長期要件のいずれにも該当する場合は、裁定請求時に別段の申し出がない限り、短期要件にのみ該当するものとして扱われます。

● 短期要件と長期要件の両方を満たす場合

どういうケースなのか、具体例で説明しましょう。

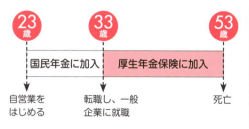

例 自営業から企業に就職し、亡くなったFさんの場合

❶在職中で厚生年金保険に加入中の死亡（短期要件）と、❺老齢厚生年金の受給資格期間（25年以上）を満たした死亡（長期要件）のいずれも満たしたことになります。このような場合、遺族厚生年金の裁定請求時に申し出がない限り、短期要件を満たしたものとして扱われます。

ちょっと補足　保険料の滞納で遺族年金がもらえないことも　遺族厚生年金にはこの項で解説した保険料納付要件があります。就職直後に死亡した人で就職する前に保険料を滞納していたら、遺族年金がもらえない場合がありますから、注意しましょう。

147

遺族厚生年金の受給要件

短期要件該当者の保険料の納付要件

死亡した人のうち、短期要件❶または❷に該当する人については、保険料の納付要件の㋐または㋑、いずれかを満たす必要があります。

●短期要件に該当する人の保険料の納付要件

㋐ 死亡日の前日において、死亡日の前々月までに被保険者期間（国民年金に加入していた期間）のうち、保険料納付済期間と保険料免除期間とを合計した期間が2/3以上あること。

㋑ 死亡日の前日において、死亡日の前々月までの1年間に保険料の滞納がないこと（死亡日が2026〈令和8〉年4月1日前であること、死亡日において65歳未満であることが条件になる）。

下の例の人は保険料の納付要件を満たすでしょうか？

例 22歳で大学卒業後、一般企業に就職。24歳の年に退職した。
以後、アルバイトを続け、30歳で死亡。

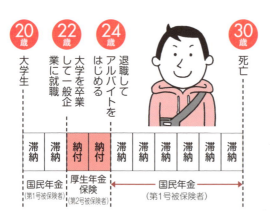

- 20歳から亡くなる30歳までの10年間のうち、2年間、厚生年金保険料（国民年金保険料を含む）を納付した。➡㋐の要件である納付期間が全期間のうちの2/3を満たしていない。
- 亡くなる1年2か月前以内に滞納がある。➡㋑の要件である死亡前日の前々月末までの1年間に保険料の滞納がないことを満たしていない。

㋐と㋑のいずれの要件も満たしていないので、遺族厚生年金受給の資格はない。

遺族厚生年金の受給対象者（遺族の範囲）

遺族厚生年金は、死亡した当時、その人によって生計を維持され*、かつ要件に該当する遺族に支給されます。

*遺族基礎年金の要件と同様（→P134）、生活していくための手段や方法が同じで、年収が850万円未満であること。

 配偶者と子が同一順位にいる理由　配偶者1位、子2位とすると、配偶者が死亡した場合に子には支給されないことになりますが、同一順位にいることで、配偶者が死亡しても同一順位の子に対しては、引き続き年金が支給されることになります。

● 遺族厚生年金の受給順位と受給対象者の要件

受給対象者となる遺族は、配偶者（妻または夫）、子ども、父母、祖父母、孫で、受給できる優先順位が設けられています。先順位の受給対象者が受給権者（遺族厚生年金を受ける者）となり、後順位の受給対象者は、遺族厚生年金を受け取ることができません。

受給順位	受給対象者	要件
第1位	配偶者と子 （第1位の配偶者と子がいずれも存在する場合は、配偶者を優先し、支給する）	配偶者の要件…夫の場合は、55歳以上であること。 子の要件………未婚で18歳の3月31日をまだ迎えていない、あるいは20歳未満で障害等級1級または2級の障害状態にあること。
第2位	父母	55歳以上であること。
第3位	孫	未婚で18歳の3月31日をまだ迎えていない、あるいは20歳未満で障害等級1級または2級の障害状態にあること。
第4位	祖父母	55歳以上であること。

＊夫、父母、祖父母は、本人の死亡当時に55歳以上であることが要件であるが、受給権者となっても55歳から59歳までは支給されず、60歳からの支給となる。これは、60歳前であれば自分で稼ぐことができるであろうという考えに基づくもので、**若年停止（じゃくねんていし）**という。

遺族基礎年金と遺族厚生年金を同時に受け取る

未婚で18歳の3月31日をまだ迎えていない子（あるいは20歳未満で障害等級1級または2級の障害状態にある子）と、そういう子のいる妻や夫は、遺族基礎年金の受給対象者となるだけでなく、遺族厚生年金の受給対象者（夫は55歳以上の場合に限る）にも該当することになります。この場合、遺族基礎年金と遺族厚生年金を同時に受け取ることができます。

● 遺族基礎年金と遺族厚生年金を同時に受け取る

各遺族は受給要件を満たした遺族に限ります。また、子のいる妻または子のいる夫が遺族年金を受給している間は、子の遺族年金は支給されません。

遺族厚生年金には転給がない　遺族厚生年金では、先順位の遺族が受給権者となった場合は、後順位の遺族が遺族厚生年金を受けることはありません。労災保険の遺族補償には転給があります（→P159）。これが労災保険との大きな差といえます。

❸ 遺族厚生年金

遺族厚生年金の受給額の計算

加入期間と報酬額によって年金額が決まる

　遺族厚生年金の額は、老齢厚生年金と同様に、死亡した人の厚生年金保険の加入期間や報酬の額に応じて計算されます。計算する際に使用されるのが**平均標準報酬月額**と**平均標準報酬額**です。どちらも月給のおおよその平均額ですが、平成15年3月31日までは賞与の額が考慮されていない平均標準報酬月額で計算されていたため、その日の前と後で計算式が異なります（賞与を含めた年収額の約1/12が平均標準報酬額）。

✎ 遺族厚生年金の計算式（原則式）

遺族厚生年金の額は、まず次の🅐と🅑を計算した上で、長期要件、短期要件それぞれの計算式にあてはめて計算します。

🅐 （平成15年3月までの被保険者期間分） ＝ 平均標準報酬月額 × $\dfrac{7.125}{1000}$ × 被保険者月数

🅑 （平成15年4月以降の被保険者期間分） ＝ 平均標準報酬額 × $\dfrac{5.481}{1000}$ × 被保険者月数

※この式は原則式で、従前式（→P103）で算出した額が原則式で算出した額より上回る場合は、従前式で算出した額を用いる。

〈長期要件の場合の計算式〉

| 遺族厚生年金の年額 | ＝ （🅐＋🅑）× $\dfrac{3}{4}$ |

〈短期要件の場合の計算式〉

| 遺族厚生年金の年額 | ＝ （🅐＋🅑）× $\dfrac{300}{全被保険者期間}$ × $\dfrac{3}{4}$ |

※亡くなった人が長期要件の遺族厚生年金では、上記の1000分の7.125および1000分の5.481は生年月日に応じた読み替えがある。

ちょっと補足　**再評価率**　平均標準報酬月額や平均標準報酬額の算定には、報酬額を最近の賃金水準や物価水準で再評価するための「再評価率」が乗じられます。したがって、当時の年収額とはかならずしも一致しません。

なお、配偶者以外の遺族に遺族厚生年金が支給される場合で、受給権者が2人以上いる場合は、遺族厚生年金額を受給権者の数で割った額がそれぞれに支給されることになります。

● 遺族厚生年金の額の計算　具体例

次の具体例で計算してみましょう。

> 36歳のGさんが、在職中に死亡。
>
> ・死亡当時、生計を維持する妻（33歳）がいた。
> ・厚生年金加入期間は、11年（132か月）。
> ・うち、平成15年3月までの厚生年金加入期間は0か月。
> ・平成15年4月以降の厚生年金加入期間は132か月。
> ・平均標準報酬額は260,000円。

①まず、平成15年3月までの被保険者期間分Ⓐを計算します。

$$0円 \times \frac{7.125}{1000} \times 0月 = 0円$$

②次に、平成15年4月以降の被保険者期間分Ⓑを計算します。

$$260,000円 \times \frac{5.481}{1000} \times 132月 = 188,107.92円$$

③在職中に死亡しているので、短期要件に該当。
短期要件の計算式にあてはめます。

$$(0+188,107.92) \times \frac{300}{132} \times \frac{3}{4} ≒ 320,600円$$

計算の結果、Gさんの遺族厚生年金の年金額は、100円未満四捨五入で年額約320,600円（月額約26,700円）となります。
遺族が妻のみであったため、遺族基礎年金の支給は受けられません。
また、Gさんに国民年金第1号被保険者としての保険料を納めた期間がなかったため、寡婦年金や死亡一時金の支給はありません。

総報酬制度　平成15年に導入された「総報酬制度」により、賞与額が将来の年金額にも反映されるようになったため、賞与を含めた年収額「平均標準報酬額」として従前の「平均標準報酬月額」と分けて扱われるようになりました。

❸ 遺族厚生年金
中高齢寡婦加算と経過的寡婦加算

子どものいない妻がもらえる遺族年金は?

　遺族基礎年金と遺族厚生年金は、受給対象となりうる遺族の範囲に違いがあります。遺族基礎年金は、子どものいる妻や夫、そして子ども自身を遺族の範囲としているのに対し、遺族厚生年金は、妻や55歳以上の夫、子どもなどが遺族の範囲とされています。つまり、子どものいない妻は、遺族基礎年金は支給されずに、遺族厚生年金のみが支給されます。

中高齢寡婦加算とその加算要件

　子どものいない妻や、子どもが大きくなってしまった妻は、遺族基礎年金をもらえません。しかし、夫に先立たれたあとの生活は困難なものです。さらに中高年ともなれば、新たに仕事を探すのも難しいでしょう。
　そこで、夫の死亡当時、中高齢（この場合は **40歳から65歳**）となっている妻に支給される **中高齢寡婦加算** という給付があります。中高齢寡婦加算を受けるには、死亡した夫とその妻が、それぞれの要件のいずれかを満たさなければなりません。

●中高齢寡婦加算の受給要件

夫の要件	❶短期要件に該当する場合、要件なし。 ❷長期要件に該当する場合、20年以上厚生年金保険に加入していること。
妻の要件	❶夫の死亡当時、40歳以上65歳未満であること。 ❷40歳に達した当時、夫の子で遺族基礎年金の受給権者である子と生計を同じくしていたこと。

ちょっと補足　**妻が40歳未満でも中高齢寡婦加算が受け取れるケース**　夫の死亡当時に妻が40歳未満であっても、40歳に達するまで遺族基礎年金の受給権を有していれば、支給要件②を満たすことで受給できる場合があります。

中高齢寡婦加算の額としては、40歳から65歳になるまでの間、623,800円（2025〈令和7〉年4月～）が加算されます。

●中高齢寡婦加算の受給期間と額

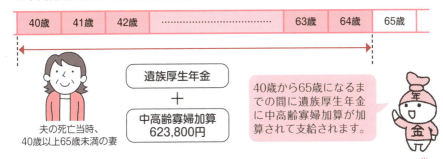

経過的寡婦加算とは

　中高齢寡婦加算は、65歳に達するまでの有限的な年金加算です。これは中高齢寡婦加算と入れ替わるように、65歳から自身の老齢基礎年金が支給されるためです。

　昭和61年4月に基礎年金制度が導入されるまでは、会社に勤めている人（被用者）の配偶者は、国民年金への加入が任意でした。そのため、配偶者は、相対的に老齢基礎年金の額が低いことが見込まれ、このままでは65歳になったときの年金額が減ってしまうおそれが生じます。そこで、昭和31年4月1日以前に生まれた妻については、その生年月日に応じて、中高齢寡婦加算と老齢基礎年金との差額分に相当する額が経過的寡婦加算として支給されます。

●中高齢寡婦加算と経過的寡婦加算

　　経過的寡婦加算の額　中高齢寡婦加算額から老齢基礎年金額を引いた額に寡婦の生年月日に応じた乗率を掛けて計算されます。

③ 遺族厚生年金
遺族厚生年金と老齢厚生年金の併給

60歳から64歳ならどちらを受給するべきか

　遺族厚生年金を受給している人が、自身の老齢厚生年金を受け取れるようになる場合があります。例えば60歳になって自身の老齢厚生年金（特別支給の老齢厚生年金）を受け取れるようになったら、両方受給できるのでしょうか。残念ながら年金制度には **1人1年金の原則** があり、65歳になるまでは、遺族厚生年金か老齢厚生年金のいずれか一方を選択して受給することになります。

●遺族厚生年金と老齢厚生年金、どちらを受給したほうがよい？

若いうちに結婚して会社を辞めた人

専業主婦（または専業主夫）の期間が長い人

自身の老齢厚生年金よりも亡くなった配偶者の加入期間に応じて支給される遺族厚生年金の額のほうが多くなりやすい。

→ **遺族厚生年金** を選択したほうがよい。

共働きして夫婦ともに厚生年金保険に加入していた期間が長い人

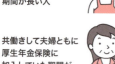

自身の老齢厚生年金と配偶者の加入期間に応じて支給される遺族厚生年金の額を比較する必要がある。

→ 年金事務所に出向いて自身の老齢厚生年金の額を試算してもらい、遺族厚生年金の額を比較する。

老齢厚生年金が**課税**されるのに対し、遺族厚生年金は**非課税**なので、その点も考慮しましょう。

65歳以降の遺族厚生年金の支給

　65歳になると老齢基礎年金の支給がはじまります。ここでも、1人1年金の原則は守られますが、例外的に**遺族厚生年金と老齢基礎年金の併給が認められます**。

キーワード　1人1年金の原則　同時に2つの受給権がある場合はどちらか一方のみの受給権しか選択できないという原則です。遺族厚生年金と老齢基礎年金の併給はこの原則の例外です。

この場合、遺族厚生年金よりも老齢厚生年金が優先的に支給され、もともとの遺族厚生年金の額と老齢厚生年金の額との差額が、遺族厚生年金として支払われます。

●遺族厚生年金＋老齢基礎年金の併給例

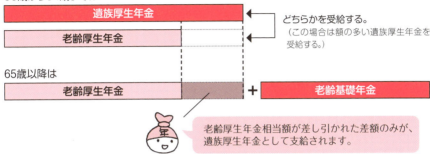

　65歳以上の配偶者が遺族厚生年金を受け取る場合は、次の❶と❷のいずれか額の多いほうが遺族厚生年金の額となります。
　その上で、自身の老齢厚生年金が優先的に支給され、遺族厚生年金と老齢厚生年金の差額も支給されます。

●65歳以上の配偶者への遺族厚生年金の支給方式

❶遺族厚生年金の額
❷遺族厚生年金の額×$\frac{2}{3}$ ＋ 自身の老齢厚生年金の額×$\frac{1}{2}$

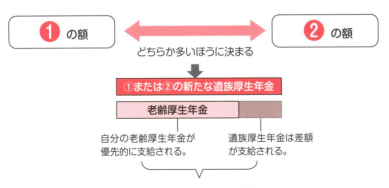

かつては選択制 かつては65歳以上で遺族厚生年金か老齢厚生年金のどちらかの選択制でしたが、現在は、自身が納めた保険料を年金額に反映させるため、老齢厚生年金が優先的に支給され、遺族厚生年金はその差額が支給されるようになりました。

❸ 遺族厚生年金
遺族厚生年金が受け取れなくなるとき

遺族厚生年金の受給権を失権（しっけん）するケース

遺族厚生年金を受け取ることのできる権利（**受給権**）は、受け取る人（**受給権者**）が次のいずれかに該当したときは受け取れなくなります。このことを**受給権の失権**（しっけん）といいます。

●遺族厚生年金受給権の失権の事由

受給権者	失権の事由
妻、夫、子、父母、祖父母、孫に共通	①死亡した。 ②婚姻した（事実上の婚姻関係にある場合も含む）。 ③直系血族または直系姻族以外の者の養子になった。 ④離縁により死亡した人などとの親族関係が終了した。
子と孫に共通	①18歳に達した日以後最初の3月31日が終了した。 ②障害等級1級または2級に該当する障害状態にある場合、20歳に達した。
父母、祖父母、孫に共通	①死亡した人の死亡当時、胎児であった子が出生した。
30歳未満の妻	①子のない妻が遺族厚生年金の受給権を取得した日から5年が経過した。 ②30歳に達する日前に遺族基礎年金の受給権が消滅し、その日から5年が経過した。

夫の死亡によって遺族厚生年金を受給していた妻が再婚をすると、遺族厚生年金は失権し、年金を受け取ることができなくなります。また、夫を亡くした子どものいない25歳の妻の遺族厚生年金は、5年後に失権し、年金を受け取ることができなくなります。

 遺族厚生年金を受給している妻が実家に戻って旧姓になった場合は？　この場合は受給権は失われず、遺族厚生年金は引き続き受け取ることができます。

支給停止の事由と停止期間

遺族厚生年金は、次の場合に一定の期間、その支給が停止されます。

● 遺族厚生年金の支給停止の事由

受給権者	支給停止の事由	支給停止の期間
妻、夫、子、父母、祖父母、孫に共通	死亡に対して、労働基準法に定める遺族補償が行われる。	死亡日から6年間。
子、父母、祖父母、孫に共通	受給権者が2人以上いる場合で、そのうちの1人以上の所在が1年以上明らかでなく、他の受給権者が申請をした。	所在が明らかでなくなったときから支給停止。 ・所在が明らかでないと申請された受給権者は、いつでも、支給停止の解除を申請することができる。
妻と夫に共通	①配偶者が行方不明などにより、所在が1年以上明らかでないと、遺族厚生年金の受給権をもつ子が、配偶者の年金支給を停止するよう申請をした。 ②配偶者が遺族基礎年金の受給権をもたず、子が遺族基礎年金の受給権をもつとき。	①➡所在が明らかでなくなったときから支給停止。 ・所在が明らかでないと申請された配偶者は、いつでも、支給停止の解除を申請することができる。
子	①子が行方不明などにより、所在が1年以上明らかでないと、遺族厚生年金の受給権をもつ配偶者が申請をした。 ②配偶者が遺族厚生年金の受給権をもつとき（子と配偶者とでは、配偶者を優先して支給するため）。	①➡所在が明らかでなくなったときから支給停止。 ・所在が明らかでないと申請された子は、いつでも、支給停止の解除を申請することができる。
夫、父母、祖父母に共通	若年停止（受給権者となっても55歳から59歳までは支給されないため）。	60歳に達するまで。 ・夫は、遺族基礎年金の受給権をもつときは支給停止されない。

遺族基礎年金と遺族厚生年金を受けている配偶者に子どもがいる場合、配偶者が再婚すると支給停止されていた子に遺族基礎年金と遺族厚生年金が支給されます。

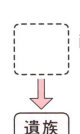

キーワード
若年停止　夫・父母・祖父母に対する遺族厚生年金は受給権者が60歳に達するまでの間、受給できないこと。

労災での遺族補償等給付と遺族等給付

仕事中の病気やケガを補償する労災保険

　労働者災害補償保険（通称、労災保険）とは、仕事中の事故やケガによる治療費や生活費を補償する保険制度です。仕事中の不慮の事故で夫が亡くなった場合、妻や子どもといった遺族の生活を保障するために、労災保険の遺族補償等給付と遺族等給付が支給されます。

　労災保険は、企業に対し加入が義務づけられており、従業員を使用している企業であれば、一部の例外を除いて、もれなく加入している公的な保険制度です。保険料の全額を企業が負担すること、企業に勤めている人であれば正社員やパートタイマー、アルバイトといった雇用区分にかかわらず保険の対象に含まれることも特徴といえます。

仕事中や通勤中の死亡に対応した給付

　労災保険の給付のうち、仕事中の死亡事故など、業務を原因とした死亡により支給されるものを遺族補償等給付（遺族補償等年金や遺族補償等一時金）といいます。通勤途上の死亡事故など、通勤を原因とした死亡により支給されるものを遺族等給付（遺族等年金や遺族等一時金）といいます。

●労災保険から支払われる遺族等年金、遺族等一時金の給付の種類

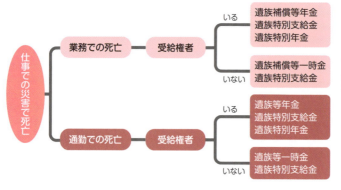

遺族補償等年金や遺族等年金の受給対象者

　遺族補償等年金や遺族等年金を受け取ることができる遺族（受給資格者）は、

被災した本人の死亡当時、その人により生計を維持されていた配偶者、子、父母、孫、祖父母、兄弟姉妹です。遺族厚生年金と異なり、被災した人の兄弟や姉妹も対象となります。

　受給資格者には優先順位があり、優先順位が一番高い人が**受給権者**（実際に年金を受け取る人）となります。

●**遺族補償等年金の受給順位と受給資格者の要件**

受給順位	受給資格者	要件
第1位	妻または夫	夫の要件…60歳以上、あるいは障害等級5級以上の障害状態にあること。
第2位	子	18歳の3月31日をまだ迎えていない、あるいは障害等級5級以上の障害状態にあること。
第3位	父母	60歳以上、あるいは障害等級5級以上の障害状態にあること。
第4位	孫	18歳の3月31日をまだ迎えていない、あるいは障害等級5級以上の障害状態にあること。
第5位	祖父母	60歳以上、あるいは障害等級5級以上の障害状態にあること。
第6位	兄弟姉妹	18歳の3月31日をまだ迎えていない、あるいは60歳以上、あるいは障害等級5級以上の障害状態にあること。
第7位	夫	55歳以上60歳未満であること。
第8位	父母	
第9位	祖父母	
第10位	兄弟姉妹	

> ●55歳以上の夫、父母、祖父母、兄弟姉妹は、受給権者となっても60歳からの支給となる（若年停止）。
> ●死亡当時、胎児であった子は、生まれたときから受給対象者となる。

労災保険の最大のメリット転給制度

　遺族厚生年金は、受給権を失ってしまうと年金の受給ができなくなります。しかし、労災保険の遺族補償等年金や遺族等年金は、受給権者が受給権を失ってしまっても、次に優先順位が高い受給資格者が代わって受給権者となり、引き続き年金を受け取ることになります。これを**転給**といい、他の年金制度には見られない特徴的な制度で、最大のメリットともいえるでしょう。

遺族補償等年金や遺族等年金の額

　遺族補償等年金や遺族等年金の額は、受給権者と、受給権者と生計を同じくする受給資格者である遺族の人数との、合計数で決まります。つまり、受給権者が妻で、受給資格者である子ども2人と暮らしていたならば、遺族数3人としてその額が決まります。なお、受給権者が2人以上いるときは、その額を人数に応じて等分した額がそれぞれの受給権者に支給されます。

●遺族数と遺族補償等年金、遺族等年金の額

遺族数 ＝ 受給権者 ＋ 受給権者と生活を同じく
する受給資格者の数

遺族数	受給額
1人	給付基礎日額 × 153日 *ただし、55歳以上の妻もしくは一定の障害状態にある妻の場合は、 給付基礎日額 × 175日
2人	給付基礎日額 × 201日
3人	給付基礎日額 × 223日
4人以上	給付基礎日額 × 245日

給付基礎日額：原則として労働基準法の平均賃金に相当する額を用いる。これは、労災保険の目的が、業務を原因とするケガなどによって労働ができないときに、その生活を保障することにあるため。

遺族補償等一時金や遺族等一時金とその受給資格者

遺族補償等一時金と遺族等一時金は、遺族補償等年金や遺族等年金の受給権者がいない場合に支給される一時金です。支給されるのは、次の①か②のいずれかの場合で、次の遺族のうち優先順位が高い人になります。

①本人の死亡当時、遺族補償等年金や遺族等年金の受給資格者がいない。

②遺族補償等年金や遺族等年金の受給権者が全員失権した。

●遺族等一時金や遺族補償等一時金の受給順位と受給資格者の要件

受給順位	受給資格者	要件
第1位	妻または夫	特になし。
第2位	子	本人の死亡当時、その収入によって生計を維持されていた（生活していくための手段や方法が同じで、年収が850万円未満であった）。
第3位	父母	
第4位	孫	
第5位	祖父母	
第6位	子	本人の死亡当時、その収入によって生計を維持されていなかった。
第7位	父母	
第8位	孫	
第9位	祖父母	
第10位	兄弟姉妹	特になし。

遺族補償等一時金と遺族等一時金の額

遺族補償等一時金と遺族等一時金の額は、次のいずれかになります。

● 遺族補償等一時金と遺族等一時金の計算

❶ 本人の死亡当時、遺族補償等年金あるいは遺族等年金の受給資格者がいないとき。

受給額 ＝ 給付基礎日額 × 1000日

❷ 遺族補償等年金あるいは遺族等年金の受給権者がすべて失権したとき。

受給額 ＝ 給付基礎日額 × 1000日
－ (すでに受け取った遺族補償等年金あるいは遺族等年金 ＋ 前払い一時金)

一度だけ支給される遺族特別支給金

遺族特別支給金の受給対象者は、遺族補償等年金や遺族等年金、そしてそれぞれの一時金（遺族補償等一時金や遺族等一時金）の受給権者で、1回限り支給される特別な給付です。

遺族特別支給金の金額は、一律に**300万円**となります。受給権者が複数いる場合は、その人数で300万円を等分した額がそれぞれの受給権者に支給されます。なお、遺族特別支給金は1回限りの支給であるため、転給により受給権者となった人には支給されません。

ボーナスに応じて支給される遺族特別年金

遺族特別年金は、死亡した本人のボーナスに応じて支給される、遺族補償等年金や遺族等年金の上乗せ部分といえる年金です。そのため、受給対象者についても、遺族補償等年金や遺族等年金と同様です。また、転給制度も同様に適用されるため、先順位の受給権者が失権した場合は、次の順位の受給資格者が遺族特別年金の新たな受給権者となります。遺族特別年金は、被災した労働者が被災日以前1年間に受けた特別給与（賞与やボーナスといった3か月を超える期間ごとに支払われる賃金）に基づいて年金額が計算されます。そのため、過去1年間のうちに賞与などが支払われていなかったり、賞与などの制度がなかったりした場合は、遺族特別年金は支給されないことになります。

コラム3

物価が上昇したら年金の価値は下がる？

　平成16年の年金制度改正で、従来の物価スライド方式からマクロ経済スライドというしくみが導入されました。

　物価スライド方式は、物価の変動に応じて自動的に年金受給額を上げ下げし、給付水準に応じて保険料を算定していましたが、マクロ経済スライドは、年金財源の範囲内で給付を賄（まかな）い、収入に合わせて給付の水準を維持するものです。

　これによって公的年金制度は、長期的に収支のバランスが取れる制度となり、さらに、5年ごとに社会・経済情勢の変化や人口の減少、平均余命の伸びにあわせた財政検証を行い、時代に即した年金額を支給できるようになっています。

　私が社会人となった昭和53年当時の大卒初任給は10万円程度でしたが、現在に換算すると20万円は超えるでしょう。公的年金はこのような物価の上昇に合わせて、給付水準が随時改定されます。

　ちなみに個人年金にはこのようなしくみはありません。物価が上昇すると貯金や積み立てた個人年金の価値は下がってしまいますが、公的年金は世代間で相互に扶養（ふよう）するしくみですので、物価上昇に対応できるものになっているのです。

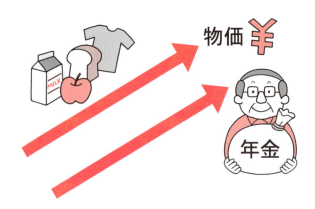

第 **4** 章

障害年金

障害年金のよく

Q1 どんな障害でも障害年金をもらえるの?

障害の程度によって受けられる年金または一時金が定められています。

　障害年金を受けられる障害の程度は、法律に定められた「障害等級1〜3級」と3級より軽い障害のときの「障害手当金」の4段階に分けられています。年金の請求書と一緒にお医者さんの診断書を提出し、約3か月後に障害等級の通知がくるという流れです。

障害年金の受給対象者 → P172

Q2 保険料を免除してもらうと、障害年金はもらえない?

免除期間は障害給付に必要な期間としてカウントされますので、安心してください。

　国民年金の保険料を免除、猶予されていた期間や学生の納付特例期間は、年金を受け取るために必要な期間に入れることができます。老齢基礎年金の場合、免除等の期間があって追納しないと老後の年金が減額になりますが(→P54)、障害年金については、減額はありません。

障害年金の受給要件 → P168

ある疑問あれこれ

Q3 加入期間が足りないと、障害年金はない?

加入が任意だったために加入しておらず、障害年金を受け取れない人のために特別障害給付金制度があります。

障害年金を受け取れる障害の状態になったとしても、保険料を納めた期間などの要件をクリアしないと、障害年金はもらえません。ですが、年金への加入が任意だった時期があり、そのときに加入していなかったために要件がクリアできずに障害年金を受け取れない人には「特別障害給付金」が支給されます。

特別障害給付金 → P171

Q4 子どものときから障害者という場合も障害年金はある?

あります。ただし本人に収入があると、額によっては年金の半分または全部が支給停止となります。

国民年金への加入は20歳からですが、それより前に障害の状態になった場合にも、障害年金を受け取れる障害の等級にあるときは障害基礎年金が受け取れます。この場合は、保険料の納付要件はありません。ただし所得がある場合は、決められた額を超えると年金の半分または全部が支給停止となります。

障害年金の受給要件 → P168

❶ 障害年金のアウトライン

障害の状態になったときに支給される

障害者の暮らしを支える障害年金

　病気やケガで障害を負ってしまい、働けなくなってしまったとしたら、その後の生活はどうなるのでしょう。国民年金や厚生年金などの**公的年金に加入している間に病気やケガで一定の障害状態になった場合**、受給要件を満たしていれば、**障害給付**を受けることができます。年金と聞くと、老後に支給される老齢年金のイメージを持たれがちですが、病気やケガで障害が生じたときにも、年齢に関係なく障害年金が支給されるのです。

　公的な障害年金には、国民年金の**障害基礎年金**、厚生年金保険の**障害厚生年金**、労働者災害補償保険の**障害補償年金**（**障害年金**）の３種類があります。

●障害年金や障害給付の種類

障害年金
├ 障害基礎年金 ……… 国民年金から支給
├ 障害厚生年金 ┐
│　└ 障害手当金 ┘ 厚生年金保険から支給
└ 障害補償年金
　　障害年金 ……… 労働者災害補償保険（労災保険）から支給

　どの障害年金を受給できるかは、その病気やケガを負って受診した初診日に、どの年金制度に加入していたか、また、保険料納付中なのか、あるいは保険料の納付を完了しているのか、などによって決まります。

キーワード
労働者災害補償保険の年金　労災保険から支給される障害補償年金と障害年金は、その障害が仕事中や通勤中のケガや病気による場合に限られます。

166

● 加入している公的年金と受け取れる障害年金

初診日に国民年金に加入していた場合 → 障害基礎年金

初診日に厚生年金保険に加入していた場合 → 障害厚生年金

初診日とは、はじめて医師または歯科医師の診療を受けた日をいいます。

障害年金の構造も2階建て

　国民年金や厚生年金保険から受け取れる障害年金も、老齢年金や遺族年金と同様、**障害基礎年金**と**障害厚生年金**の2階建て構造です。つまり、国民年金第1号被保険者の障害者には1階部分の障害基礎年金が、国民年金第2号被保険者の障害者には1階部分の障害基礎年金と2階部分の障害厚生年金の両方が給付されます。

　障害の程度に応じて障害年金は1級から3級まであります。**障害基礎年金は1級と2級のみです。障害厚生年金は1級から3級まであり**、障害の程度が軽い人は、**障害手当金**を一時金として受け取ることができます。そしてこれらを合わせて**障害給付**といいます。

● 障害年金の構造

公的年金から支給される障害年金は、老齢年金や遺族年金と同様、2階建て構造になっています。

2階部分 → 障害厚生年金
1階部分 → 障害基礎年金

別棟
障害補償年金
障害年金

障害の状態　障害年金が支給される「障害の状態」とは、国民年金法、厚生年金保険法で定める障害があって、その状態が長く続く場合をいいます。

❷ 障害年金を受給するには

障害年金の受給要件

障害基礎年金の受給要件

個人事業主などで、加入している年金制度が国民年金だけの場合には、**障害基礎年金**だけが受給できます。障害基礎年金を受給するためには、保険料についてなどの要件を満たす必要があります。

●障害基礎年金の受給要件

❶ 初診日のある月の前々月までの公的年金の加入期間のうち、保険料納付済期間や保険料免除期間などを合算した期間が3分の2以上であること。

❷ 初診日の属する月の前々月までの直近1年間の被保険者期間に、保険料の未納期間がないこと。

❸ 20歳前に初診日がある場合。

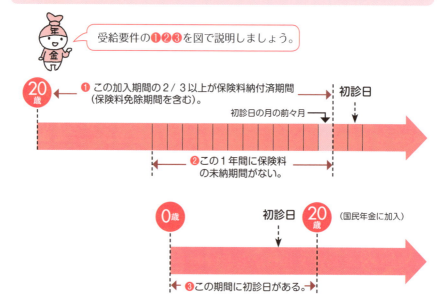

受給要件の❶❷❸を図で説明しましょう。

❶ この加入期間の2／3以上が保険料納付済期間（保険料免除期間を含む）。

初診日の月の前々月

❷ この1年間に保険料の未納期間がない。

初診日　20歳（国民年金に加入）

❸ この期間に初診日がある。

ちょっと補足　障害年金が受給できる年齢　障害年金をもらうには、保険料の要件のほかに、初診日において原則として65歳未満であることが必要です。

国民年金には20歳からしか加入できないので、20歳未満の人は受給の資格を満たしていません。それでも20歳前の病気やケガで障害の状態になった場合に障害基礎年金が支給されるのには、福祉的な意味があります。
　この場合、障害基礎年金は20歳に達した月の翌月から支給されます。そして、20歳になったら国民年金に加入しなくてはなりません。ただし、障害状態であるので、保険料は免除される場合が多いでしょう。

障害厚生年金の受給要件

　会社員や公務員で、加入している年金制度が厚生年金保険である場合には、障害基礎年金に加えて**障害厚生年金**も受給することができます。障害基礎年金と同様に、障害厚生年金を受給するためには、受給のための要件を満たす必要があります。

● 障害厚生年金の受給要件（原則）

❶ 厚生年金保険加入期間中に初診日がある病気やケガであること。
❷ 初診日のある月の前々月までの公的年金の加入期間のうち、保険料納付済期間や保険料免除期間などを合算した期間が3分の2以上であること。

　なお、初診日が2026〈令和8〉年4月1日より前にあり、初診日に65歳未満である場合、次の要件を満たせば障害厚生年金を受けられるという特例があります。

● 障害厚生年金の受給要件（特例）

● 初診日の前日において初診日の属する月の前々月までの直近1年間の被保険者期間に、保険料の未納期間がないこと。

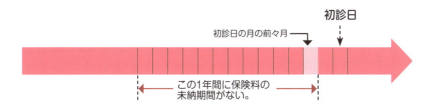

老齢基礎年金の繰上げに注意　老齢基礎年金を繰り上げて受給していると、65歳と見なされて障害年金をもらえなくなることがあるので注意が必要です。

障害年金の受給要件

保険料未納で障害年金をもらえない?

　障害基礎年金も障害厚生年金も、保険料の納付要件は必須です。万が一、障害年金に該当するような障害になった場合に、あわてて保険料支払いを開始しても受給することはできません。なぜなら、「前々月まで」の期間の保険料支払いという要件があるからです。

　そもそも保険料納付の要件に「初診日の属する月の前々月までの直近1年間の被保険者期間に、保険料の未納期間がないこと」としているのは、あとから駆け込み的に未納分を支払って、障害年金を受け取ろうとするのを防ぐためです。保険料の納付は翌月末日までに振込みもしくは引落しで完了なので、年金の支給申請時期に急きょ未納保険料を納付しても、間に合いません。

大きなケガをしてから保険料を払いはじめても障害年金は受給できません。万が一に備えて保険料を滞納しないようにしましょう。

　老齢年金は、一定の年齢になり、受給要件を満たしていればもらえるものですが、一定の障害が残ったときに支給される障害年金は、いつそのような状態になってしまうかの想定がまったくできません。いざというときに、受給要件が満たされていないために受給できないなどということのないように、保険料の納付は忘れずに行いましょう。

　会社員であれば、会社が保険料を給与から天引きして納付しています。しかし、個人事業主や求職中の人、20歳以上の学生などは、未納がないようにきちんと保険料を納め、いつ何どき降りかかってくるかもしれない障害という状況に備えることが大切です。

 ちょっと補足　**保険料を納めることが経済的に難しいときは?**　このような場合、免除などの申請をして認められれば、その期間が受給資格期間へ算入されるので、忘れずに手続きしましょう(→P54)。

●障害年金をもらえない場合

✕ 未納期間が多い。

未納期間とは？ 保険料納付の期間、保険料免除の期間、一部納付の期間、納付猶予（学生は学生納付特例）の期間以外は未納となり、障害年金はもらえません。

加入期間のうち、保険料納付期間と保険料免除期間の合計が2/3以上ないので、障害基礎年金と障害厚生年金は受給できません。

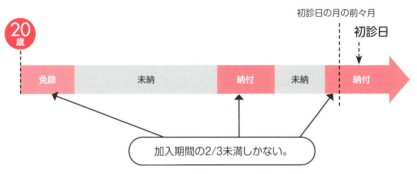

✕ 規定の1年間に未納がある。

初診日の前々月の1年間に未納があるので、障害基礎年金と障害厚生年金は受給できません。

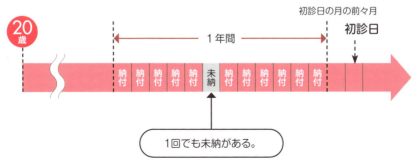

ちょっと補足　特別障害給付金とは？　国民年金に任意加入していなかったことにより、障害基礎年金等を受給できない障害者の人へ支払われる給付金です。1991年3月以前に国民年金任意加入対象であった学生など、対象者の要件があります。
https://www.nenkin.go.jp/service/jukyu/seido/sonota-kyufu/tokubetsu-kyufu/tokubetsu-kyufu.html

171

❷ 障害年金を受給するには
障害年金の受給対象者

障害の程度と障害年金の級数

　障害年金は、その障害の程度で分けて、**障害年金1級**、**障害年金2級**、**障害年金3級**があり、障害の程度が最も重いのが1級で、最も軽いのが3級です。さらに障害の程度が軽い人は、**障害手当金**を一時金として受け取ることができます。そしてこれらを合わせて**障害給付**といいます。

　国民年金の障害基礎年金は1級と2級のみ、厚生年金保険の障害厚生年金は1級から3級まであります。

● 障害年金の級数とおおよその障害の程度

級数	おおよその障害の程度		
1級	他人の介助を受けないと、ほとんど自分の用を足すことができない程度のもの〈例えば、身の周りのことはかろうじてできるが、それ以上の活動はできないもしくは行ってはいけない。病院内の生活でいえば、活動の範囲はほぼベッド周辺に限られ、家庭内の生活でいえば、活動の範囲はほぼ寝床に限られる〉。	障害基礎年金	障害厚生年金
2級	かならずしも他人の助けを借りる必要はないが、日常生活は極めて困難で、働いて収入を得ることができない程度のもの〈例えば、家庭内の極めて簡単な活動（軽食作り、下着程度の洗濯など）はできるが、それ以上の活動はできないもしくは行ってはいけない。病院内の生活でいえば、活動の範囲はほぼ病棟内に限られ、家庭内の生活でいえば、活動の範囲はほぼ家の中に限られる〉。		
3級	働く上で著しい制限を受けるか、もしくは制限を加えることを必要とする程度のもの。		
障害手当金	傷病が治り、働く上で著しい制限を受けるか、もしくは制限を加えることを必要とする程度のもの。		

 キーワード　「傷病が治る」とは？　障害について語る場合、「傷病が治った」とは、完治ではなく、「症状が固定した」ことを表します。要は、その症状が固定し、これ以上の治療の効果が期待できない状態に至った場合をいいます。

障害状態は障害等級表で確認をする

障害年金を給付する場合の、その障害の状態を判断する基準は、国民年金法と厚生年金保険法において定められています。それぞれの等級に応じた障害の程度は、**障害等級表**の通りです。

障害年金がもらえる障害の状態とは、**身体または精神について、障害等級表にある程度の障害の状態が、永続的に回復しないか、長期にわたって回復しない状態**をいいます。

●障害等級表 1級（障害基礎年金と障害厚生年金に共通）（抜粋）

障害等級	障害の状態
1級	両眼の視力がそれぞれ0.03以下のもの。
	一眼の視力が0.04、他眼の視力が手動弁以下のもの。
	両耳の聴力レベルが100デシベル以上のもの。
	両上肢の機能に著しい障害を有するもの。
	両上肢のすべての指を欠くもの。
	両上肢のすべての指の機能に著しい障害を有するもの。
	両下肢の機能に著しい障害を有するもの。
	両下肢を足関節以上で欠くもの。
	体幹の機能に座っていることができない程度または立ち上がることができない程度の障害を有するもの。
	前各号に掲げるもののほか、身体の機能の障害または長期にわたる安静を必要とする病状が前各号と同程度以上と認められる状態であって、日常生活の用を弁ずることを不能ならしめる程度のもの。
	精神の障害であって、前各号と同程度以上と認められる程度のもの。
	身体の機能の障害もしくは病状または精神の障害が重複する場合であって、その状態が前各号と同程度以上と認められる程度のもの。

ちょっと補足 より詳しい障害の判断基準を知りたかったら… 日本年金機構のホームページから国民年金・厚生年金保険「障害認定基準」（令和4年1月1日改正）を参照のこと。

障害年金の受給対象者

● 障害等級表 2級（障害基礎年金と障害厚生年金に共通）（抜粋）

障害等級	障害の状態
2級	両眼の視力がそれぞれ0.07以下のもの。
	一眼の視力がそれぞれ0.08、他眼の視力が手動弁以下のもの。
	両耳の聴力レベルが90デシベル以上のもの。
	平衡機能に著しい障害を有するもの。
	そしゃくの機能を欠くもの。
	音声または言語機能に著しい障害を有するもの。
	両上肢のおや指およびひとさし指または中指を欠くもの。
	両上肢のおや指およびひとさし指または中指の機能に著しい障害を有するもの。
	一上肢の機能に著しい障害を有するもの。
	一上肢のすべての指を欠くもの。
	一上肢のすべての指の機能に著しい障害を有するもの。
	両下肢のすべての指を欠くもの。
	一下肢の機能に著しい障害を有するもの。
	一下肢を足関節以上で欠くもの。
	体幹の機能に歩くことができない程度の障害を有するもの。
	前各号に掲げるもののほか、身体の機能の障害または長期にわたる安静を必要とする病状が前各号と同程度以上と認められる状態であって、日常生活が著しい制限を受けるか、または日常生活に著しい制限を加えることを必要とする程度のもの。
	精神の障害であって、前各号と同程度以上と認められる程度のもの。
	身体の機能の障害もしくは病状または精神の障害が重複する場合であって、その状態が前各号と同程度以上と認められる程度のもの。

ちょっと補足　「症状が固定したとき」とは？　医学的に傷病が治ったと認められたときという意味です。例えば、指を切断した場合、損傷した傷の表面が治ったときになります。

●障害等級表 3級（障害厚生年金のみ）（抜粋）

障害等級	障害の状態
3級	両眼の視力がそれぞれ0.1以下に減じたもの。
	両耳の聴力が、40センチメートル以上では通常の話声を解することができない程度に減じたもの。
	そしゃくの機能に相当程度の障害を残すもの。
	言語の機能に相当程度の障害を残すもの。
	脊柱の機能に著しい障害を残すもの。
	一上肢の3大関節のうち、2関節の用を廃したもの。
	一下肢の3大関節のうち、2関節の用を廃したもの。
	長管状骨に偽関節を残し、運動機能に著しい障害を残すもの。
	一上肢のおや指およびひとさし指を失ったものまたはおや指もしくはひとさし指を併せ一上肢の3指以上を失ったもの。
	おや指およびひとさし指を併せ、一上肢の4指の用を廃したもの。
	一下肢をリスフラン関節以上で失ったもの。
	両下肢の10趾の用を廃したもの。
	前各号に掲げるもののほか、身体の機能に、労働が著しい制限を受けるか、または労働に著しい制限を加えることを必要とする程度の障害を残すもの。
	精神または神経系統に、労働が著しい制限を受けるか、または労働に著しい制限を加えることを必要とする程度の障害を残すもの。
	傷病が治らないで、身体の機能または精神もしくは神経系統に、労働が制限を受けるか、または労働に制限を加えることを必要とする程度の障害を有するものであって、厚生労働大臣が定めるもの。

ちょっと補足 視力の測定　屈折異常がある場合については、メガネやコンタクトレンズなどによる矯正視力によって測定します。

❷ 障害年金を受給するには
精神障害での障害年金

障害年金がもらえる精神障害

精神に障害をきたした場合、障害等級に該当すれば、障害年金をもらうことができます。精神の障害は次の6つに区分され、それぞれ障害等級の状態が定められています。

● 精神の障害によって障害等級に該当する疾病

❶ 統合失調症、統合失調症型障害および妄想性障害
❷ 気分（感情）障害
❸ 症状性を含む器質性精神障害
❹ てんかん
❺ 知的障害
❻ 発達障害

> この区分によって、各障害等級に該当する状態がどのようなものであるかを定めています。

精神障害の初診日

精神障害で障害年金をもらう場合には、注意すべき点が2つあります。1つは、初診日についてです。精神科や心療内科にかかった日が初診日となるわけではなく、その病気になってはじめて病院にいった日が初診日になります。先に不眠や体調不良などで内科や耳鼻科などを受診したことがあれば、その最初の受診日が初診日となります。

ちょっと補足　精神障害の等級判定　平成28年9月から「精神の障害に係る等級判定ガイドライン」が策定され、実施されることになりました。

精神障害で退職する場合の注意点

　もう1つは、もらえる障害年金は初診日に加入していた年金制度が関係するという点です。

　例えば、精神障害で会社を退職することになり、退職後に通院をはじめたとします。その後、障害等級に該当した場合、初診日には退職をしていてすでに厚生年金保険には加入をしていないため、障害厚生年金の受給はできません。

　この場合は、国民年金の障害基礎年金をもらうことになります。しかし、障害厚生年金は3級から支給されるのに対して、障害基礎年金は2級からが支給の対象となります。障害等級が3級に該当した場合には、障害年金自体の受給ができなくなります。

　精神障害の後に退職することになったら、退職前に医療機関で診察を受けておくことが大切です。

● 初診日ともらえる年金の種類

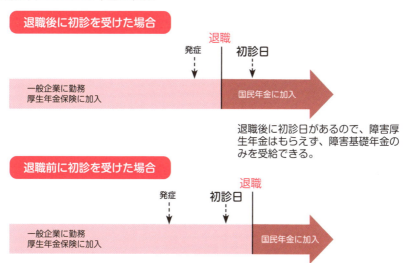

精神障害の等級の判定はどのように行われる？ 精神障害の等級の判定は「障害等級の目安」を参考としつつ、日常生活能力の程度などを総合的に評価して行います。

❷ 障害年金を受給するには

障害年金が受け取れなくなるとき

障害年金がもらえなくなるとき

障害基礎年金や障害厚生年金を受け取ることのできる権利（**受給権**）は、受け取る人（**受給権者**）が次のいずれかに該当したときはその権利がなくなります。このことを**受給権の失権**といいます。

●障害年金の受給権の失権の事由

❶ 死亡したとき。
❷ 3級以上の障害に該当しないまま、65歳に達したとき。
❸ 3級以上の障害に該当しなくなった日から起算して、そのまま該当することなく3年を経過したとき。

障害年金が支給停止されるとき

障害年金を受給している人が、現況届時に提出した診断書によりその障害等級に該当しなくなったときは、障害年金の支給が停止されます。しかし、受給の権利を失ったわけではないので、65歳になるまでに障害が悪化して再び障害等級に該当した場合には、障害年金の支給は再開されます。

●障害基礎年金が支給停止される例

|障害基礎年金 支給|→ 障害が2級より軽減|支給停止|→ 障害が2級以上に該当|障害基礎年金 支給|

障害基礎年金の場合は、障害等級が2級より軽減したときに支給停止になりますが、のちに2級以上になったときは支給が再開されます。

 キーワード　**現況届**　年金を引き続き受け取るためには日本年金機構から送られる「年金受給者現況届」（現況届）を毎年誕生月の末日までに提出します。ただし、住民基本台帳ネットワークシステムにより現状を確認できる場合、現況届は送付されず、届出を省略できます。

20歳前の障害が支給停止や失権となるとき

　20歳前の障害が支給停止になる事由には、その障害について障害等級に該当しなくなった場合に加えて、本人が保険料を納付していないことから、次のような所得制限が設けられています。

●20歳前の障害基礎年金にかかる所得制限（給与所得の場合）

扶養親族の人数など	所得限度額（年額）	
	2分の1 支給停止	全額 支給停止
単身世帯（扶養親族なし）	3,704,000円超	4,721,000円超
① 16歳以上19歳未満の控除対象扶養親族または19歳以上23歳未満の特定扶養親族（1人につき）	630,000円 加算	
② 70歳以上の老人控除対象配偶者 または70歳以上の老人扶養親族（1人につき）	480,000円 加算	
③ ①と②以外の扶養親族（1人につき）	380,000円 加算	

③の扶養家族がいる2人世帯の場合、次のような所得制限があります。

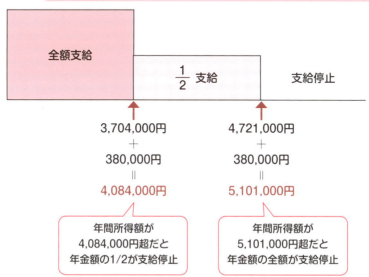

 キーワード　**障害状態確認届**　障害年金を受けている人で障害の程度を確認する必要がある人に送られる届出書。診断書がいっしょについており、医師に記入してもらってから届出を行います。

❸ 初診日と障害認定日

障害年金の初診日

障害年金の初診日とは

　障害給付の受給には「公的年金加入期間中に初診日がある」という要件があります。この初診日とは、障害の原因となった病気やケガで、はじめて医師の診療を受けた日をいいます。最初に診療を受けた日なので、その傷病に関する診療科や専門医でなくてもよいし、転医した場合でも、最初の医師の診療を受けた日になります。

　精神疾患の場合には、はじめに体調不良で内科を受診したり、耳鳴りなどで耳鼻科を受診したりするケースがみられますが、このような場合でも、心療内科にかかった日が初診日となるわけではなく、最初に診療を受けた日が初診日となります。

初診日の証明に第三者証明の取扱いが可能に

　障害年金の受給要件を満たしているかどうかを確認するためには、初診日を証明することができる書類（診断書などの医療機関の証明）の提出が必要となってきます。しかし、いざ障害年金を請求しようとしても、初診日から時間が経過している場合には、初診日の証明が取れずに不支給となるケースがかつてありました。

　そこで、初診日を証明するのに参考となる書類（初診日を推定できる書類）の提出があれば、審査の上で、本人の申し立てた初診日が認められるようになりました。これにより、障害年金受給の幅が広がりました。ちなみに、20歳前に初診日がある障害基礎年金については、これまでも第三者の証明による初診日の確認が認められています。

ちょっと補足　**公的年金未加入期間中の初診日**　障害基礎年金は、国民年金に加入していない20歳前や60歳以上65歳未満で国内に住んでいる間に初診日がある場合も支給されます。

●本人申し立ての初診日が認められる場合

❶ 初診日について第三者（隣人、友人、民生委員など）が証明する書類があり、他にも参考資料が提出された場合。

❷ 初診日が一定期間にあることを示す参考資料が提出され、保険料納付要件など一定の条件を満たしている場合。

❷の初診日が一定期間内にあることを示すには、一定期間の開始の時期と終わりの時期を示す必要があり、それぞれにそれを明らかにする資料が提出できるとよいでしょう。

一定期間の開始に関する参考資料の例

- 発病していないことが確認できる人間ドックの結果など。
- 精神疾患の場合、職場の人間関係が起因となったことを明らかにする医学的資料、就職時期を証明する資料など。

一定期間の終わりに関する参考資料の例

- 2番目以降に受診した医療機関による証明など。
- 障害者手帳の交付時期に関する資料など。

また、一定期間内に加入している年金制度が変わった場合には、初診日にどの年金制度に加入していたのかを明らかにする必要があります。その場合には、診察券などの参考資料があるとよいでしょう。

ちょっと補足 初診日が65歳以降の場合は障害給付を受けられる？　65歳以降に厚生年金保険に加入している人は障害厚生年金を受け取ることができます。

❸ 初診日と障害認定日

障害認定日

障害年金の障害認定日

障害認定日とは、障害の程度の認定を行うべき日のことです。障害認定日に障害認定を行った結果、障害等級に当たる場合は、その日が障害年金の受給権取得日となります。障害認定日には、原則と特例があります。

●障害認定日の原則と特例

原則 初診日から起算して1年6か月を経過した日。

初診日		障害認定日
2025〈令和7〉年4月15日	←―― 1年6か月 ――→	2026〈令和8〉年10月15日

特例 1年6か月以内に治った場合には治った日。
（その症状が固定し、治療の効果が期待できない状態に至った日を含む。）

特別な障害認定日

次の場合は、初診日から1年6か月を待たずに障害年金の請求ができます。

●初診日から1年6か月を待たずに障害認定される場合

❶人工透析療法を行っている場合は、透析を受けはじめてから3か月を経過した日。
❷人工骨頭または人工関節を挿入置換した場合は、挿入置換した日。
❸心臓ペースメーカー、植え込み型除細動器（ICD）または人工弁の装着をした場合は、装着した日。
❹人工肛門の造設、尿路変更術を施術した場合は、造設または手術を施した日から起算して6か月を経過した日。
❺新膀胱を造設した場合は、造設した日。
❻切断または離断による肢体の障害は、原則として切断または離断をした日。
❼喉頭全摘出の場合は、全摘出した日。
❽在宅酸素療法を行っている場合は、在宅酸素療法を開始した日。

ちょっと補足 **65歳以降の障害認定日** 障害認定日は65歳以降であっても請求することができます。ただし、老齢年金に加算して受給することはできません。

182

また、脳出血の場合も、1年6か月を待たずに請求できることがあります。ただし、精神疾患の場合は、原則通り初診日から1年6か月を経過したあとで請求します。

初診日が20歳前の場合

20歳前に初診日がある場合は、1年6か月経過後が20歳より前なのか後なのかによって変わってきます。1年6か月経過後も20歳前の場合には、障害認定日は「20歳に達した日（20歳の誕生日の前日）」になります。20歳に達した日をまたいで障害認定日を迎える場合には、初診日から1年6か月経過した日（もしくは特例）が障害認定日となります。

●20歳前に障害となった場合の障害認定日

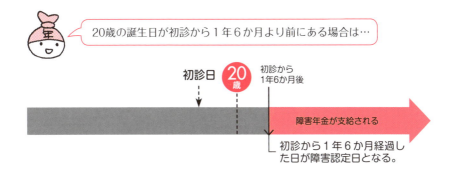

ちょっと補足　障害の認定の方法　障害の認定は診断書やX線フィルムなどの添付資料によって行われます。原則として、本人の申し立てや記憶に基づく受診証明では判断せず、裏づけの資料が必要となります。

❸ 初診日と障害認定日
事後重症や併合認定

軽い症状が重くなれば障害年金がもらえる

　障害年金をもらうには、**障害認定日**（→P182）に障害の状態にあることが必要です。

　しかし、**その障害認定日に１級から３級の障害の状態に該当しなくても、そのあとに症状が悪化して障害年金がもらえるというケースがあります**。これを**事後重症**といいます。

　障害認定日から65歳に達する日の前日までの間に、１級または２級の障害の状態に至ったときで、65歳に達する日の前日までに請求したときは、障害年金をもらうことができます。この場合、保険料の納付要件を満たしている必要があります。

● 事後重症の請求のタイミング

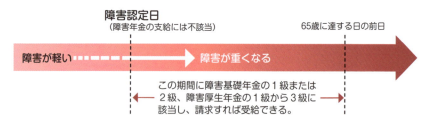

　事後重症による障害年金の支給開始は、請求があった月の翌月からとなります。

　３級の障害厚生年金をもらっている人が、障害の状態が重くなり、２級以上の障害等級に該当した場合には、障害厚生年金２級以上に等級改定されます。

 ちょっと補足　３級から２級への昇級で障害基礎年金も受給　３級から２級に上がると、障害厚生年金の額が変わるとともに障害基礎年金も支給されるようになります。「障害給付額改定請求書」を提出して手続きしましょう。

障害年金不該当だったのが別の事由で障害となったとき

障害のある人に、さらに別の障害が発生した場合には、2つの障害を併せて障害等級を認定します。これを併合認定といいます。

例えば、障害はあったものの、初診日から1年6か月経過した障害認定日に障害年金には不該当であることがあります。しかしそのような人が、新たな病気やケガで、すでにあった障害と併合してはじめて障害等級に該当する程度の障害になったときは、障害年金がもらえます。

この場合、初診日における要件、保険料納付の要件は、後発障害について問われることになります。

● 併合認定のケース（不該当＋不該当）

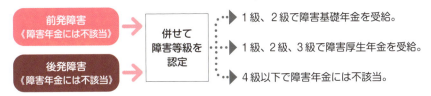

＊ただし、支給の要件を満たしていることが条件。

また、障害年金をもらっている人が、別の病気やケガで障害が残り、それだけで1級または2級の障害年金の受給要件を満たしていることがあります。この場合は2つの年金が別々に支給されるのではなく、併合認定されて、調整された等級で支給されます。

後発障害の障害認定日に、前後の障害を合わせた障害の程度によって障害等級が定められて、新たな障害年金が支給されることになります。

● 併合認定のケース（該当＋該当）

＊ただし、支給の要件を満たしていることが条件。また、ケースによっては3級＋2級で1級に、3級＋3級で2級に認定されることもある。

 後発障害によって新たに障害年金が支給されることになった場合 この場合、それまでの障害年金の受給権はなくなります。

❹ 障害年金の受給額

障害年金の受給額の計算

障害の等級によって年金の額が決まる

　自営業者は障害基礎年金、会社員や公務員は障害基礎年金と障害厚生年金をもらうことができます。なお、その額は、その後障害の状態が変わったときにはその障害の状態に応じた等級に変わり、年金の額が改定されます。この年金額の改定は、毎年提出する**現況届**によって行われるほか、年金をもらう人からも**改定の請求**を行うことができます。

障害基礎年金の額

　支給される年金額は、保険料の納付期間や加入期間にかかわらず、**定額の基本年金額**が支給されます。また、扶養している子どもの数に応じて**子の加算額**がプラスされます。子ども（要件に合った子ども）がいない場合には、子の加算はありません。

🖋 障害基礎年金（年額）の計算（2025〈令和7〉年度）

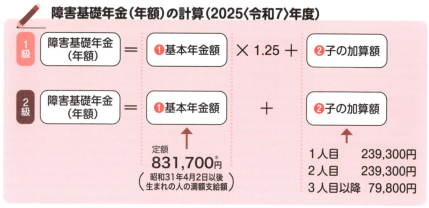

＊昭和31年4月1日以前生まれの人の満額支給額は829,300円。

 子の要件　要件にあった子どもとは「18歳到達年度の末日（3月31日）を経過していない子」あるいは「20歳未満で障害等級1級または2級の障害者」です。

子の加算と子の定義

　障害基礎年金の受給者が生活を維持している子ども（受給者が家計を主に支え、子の年収が850万円未満である）がいるときには、子の加算額ももらうことができます。なお、もらう権利が発生した当時に生計維持していた子どもに限らず、もらう権利が発生した日以降に生計維持することになった子どもも対象です。また、子には、養子や認知された子どもも含みます。

● 「子の加算」における子の要件など

- 18歳に達する日後の最初の3月31日までの間にある（18歳の3月31日を迎えていない）子。
- 20歳未満であって、障害等級1級または2級に該当する障害の状態にある子。

● 障害基礎年金の支給例（2025〈令和7〉年度額で計算）

※昭和31年4月2日以後生まれの人の支給額で試算。

次の例で計算してみましょう。

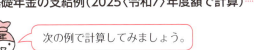
50歳の自営業者Kさん。
事故に遭い、障害等級2級に認定された。年下の専業主婦の妻と、12歳と10歳の2人の娘がいる。

障害基礎年金　2級　　831,700円

子の加算　2人分　　239,300×2＝478,600円

合計年額 **1,310,300円** が支給される。

長女が18歳の3月31日を迎えると子の加算は1人分となって、障害年金の受給額は1,071,000円となります。
また、二女も18歳の3月31日を迎えると子の加算はなくなり、障害年金の受給額は831,700円となります。

ちょっと補足　**子の加算、こんな場合は受け取れる？**　障害基礎年金を受給中に子どもが生まれた場合も加算対象になります。

障害年金の受給額の計算

　加算の対象となっている子が、次に該当するときは、該当した月の翌月から障害基礎年金の額を改定します。

● 子の加算額を改定するのは

加算の対象になっている子どもが次の状態になったとき、その状態になった月の翌月から子の加算額が改定されます。

❶ 子が死亡したとき。
❷ 生計維持の状態ではなくなったとき。
❸ 婚姻したとき。
❹ 年金受給者の配偶者以外の人の養子となったとき。
❺ 離縁によって年金受給者の子ではなくなったとき。
❻ 18歳の3月31日が終了したとき。
❼ 障害等級に該当する障害の状態にある子が、その事情がなくなったとき（障害がなくなったときなど）。
❽ 障害等級に該当する障害の状態にある子が、20歳に達したとき。

障害厚生年金の額

支給される年金額は、収入額や配偶者の有無で決まります。

障害厚生年金の受給額の計算式

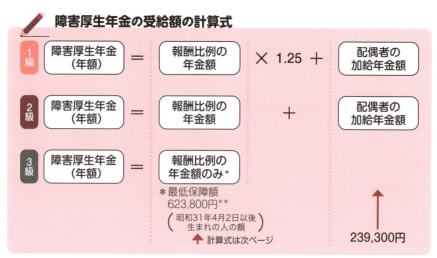

＊＊昭和31年4月1日以前生まれの人の額は622,000円。

ちょっと補足　子の加算と児童扶養手当、どっちも受け取れる？　子どもが児童扶養手当の対象でもある場合は、子の加算が優先されます。しかし、子の加算額が児童扶養手当の額を下回る場合には、差額分のみ児童扶養手当も受け取ることができます。

障害等級1級または2級に該当するときは、障害基礎年金に上乗せして障害厚生年金を受け取ることができます。

計算式にある報酬比例の年金額は、次の計算式で求めることができます。平成15年3月までは賞与の額を考慮されていない**平均標準報酬月額**を用いていましたが、平成15年4月以降は賞与の額を考慮に入れる**平均標準報酬額**を用いるため、このような計算式になります。

報酬比例の年金額の計算法

（「原則式」「従前式」の詳しい解説はP102を参照）

配偶者の加給年金とは

障害厚生年金1級と2級の受給者に、生計を維持している65歳未満の配偶者がいるときは、配偶者の加給年金額ももらうことができます。年金額は239,300円（2025〈令和7〉年度）です。なお、もらう権利が発生した当時に生計維持していた配偶者に限らず、もらう権利が発生した日以降に生計維持することになった配偶者も対象です。また、配偶者には、婚姻の届出をしていない事実婚の関係にある内縁の配偶者も含みます。

 平均標準報酬月額　厚生年金に加入していた全期間の標準報酬月額（4〜6月の給与の平均値を等級表に当てはめた額）の平均額のこと。平成15年3月以前はこの額によって報酬比例部分の年金額を計算していました（→P102）。

障害年金の受給額の計算

配偶者が次に該当するときには、その該当するに至った月の翌月から障害厚生年金額が改定されます。

●配偶者の加給年金額を改定するのは

加給年金の対象になる配偶者が次の状態になったとき、その状態になった月の翌月から障害厚生年金額が改定されます。

❶配偶者が死亡したとき。
❷生計維持の状態でなくなったとき。
❸離婚したとき。
❹65歳に達したとき（大正15年4月1日以前生まれの場合を除く）。
❺配偶者が自分自身の年金を受けられるようになったとき。

障害厚生年金1級と2級には障害基礎年金の給付もある

障害厚生年金1級と2級は障害基礎年金の給付もあります。つまり、等級によって支給される年金は次の通りになります。

●等級による障害年金の給付

障害等級1級の障害年金 ＝ 障害厚生年金1級｜配偶者の加給年金 ＋ 障害基礎年金1級｜子の加算額

障害等級2級の障害年金 ＝ 障害厚生年金2級｜配偶者の加給年金 ＋ 障害基礎年金2級｜子の加算額

障害等級3級の障害年金 ＝ 障害厚生年金3級

キーワード　**平均標準報酬額**　標準報酬月額と標準賞与額を合わせた額から求めた平均額のこと。平成15年4月以降はこの額によって報酬比例部分の年額を計算します（→P102）。

●障害年金の受給例（2025〈令和7〉年度額で計算）

※昭和31年4月2日以後生まれの人の支給額で試算。

 大学卒業後、すぐに一般企業の会社員となり、働き続けていたKさん。55歳のときに事故に遭い、1級の障害に認定された。専業主婦の妻50歳と、17歳と15歳の子どもがいる。

 厚生年金制度に加入していたため、障害基礎年金と障害厚生年金が支給されます。子の加算は、子が18歳に達する年度の末日まで。配偶者加給年金は、妻が65歳になると打切りとなります。

障害基礎年金　1級　……… 831,700円×1.25＝1,039,625円
子の加算　2人分　……… 239,300×2＝478,600円
障害厚生年金　1級　……… 報酬比例の年金額×1.25
配偶者加給年金　……………… 239,300円

 大学卒業後から、父の営む家業を継いでずっと働いていたEさん。59歳のときに突然病に倒れ、1級の障害に認定された。専業主婦の妻と、22歳、19歳、16歳の3人の息子がいる。

 国民年金制度にのみ加入のため、障害基礎年金が支給されます。子の加算は16歳の息子分のみで、その子が18歳に達する年度の末日まで加算されます。

障害基礎年金　1級　……… 831,700円×1.25＝1,039,625円
子の加算　1人分　……… 239,300×1＝239,300円

上乗せ年金の障害の保障

公的年金に上乗せできる制度（→P66）や個人年金保険（→P74）にも障害の保障がついている場合があります。

 配偶者の加給年金の支給停止　生計を維持している配偶者が65歳になったら、配偶者の加給年金は支給停止になります。

❺ 障害手当金
障害手当金の受給要件と額

障害手当金の受給要件

障害手当金は、厚生年金保険から給付される障害給付です。障害をもたらした病気やケガの初診日に厚生年金保険に加入していた場合に、初診日から5年以内に症状が固定し、その病気やケガが3級より軽度な障害の状態にある場合に支給されます。障害の程度が、障害年金を支給されるほどではないが、でも軽度というほどでもないという人に、一時金として障害手当金が支給されるのです。

●障害手当金がもらえる人

❶ 障害をもたらした病気やケガの初診時に厚生年金保険に加入していた。

❷ 障害が等級3級よりも軽く、でも軽度でもない。

❸ 保険料の納付要件を満たしている。

❹ 初診日から5年以内に症状が固定していること。

この4つを満たしていると障害手当金がもらえます。

ちょっと補足 　**傷病手当金に注意**　健康保険から傷病手当金をもらっている場合は、障害手当金をもらうと、傷病手当金が支給停止になることがあります。

192

❸にある保険料の納付要件も、次のアとイにあるように、障害厚生年金と同様に満たしている必要があります。

● 障害手当金　保険料の納付の要件

ア 初診日のある月の前々月までの公的年金の加入期間のうち、保険料納付済期間や保険料免除期間などを合算した期間が3分の2以上であること。

イ 初診日の属する月の前々月までの直近1年間の被保険者期間に、保険料の未納期間がないこと。

障害手当金の障害の程度とは

障害等級の3級よりも軽い場合に支給される障害手当金ですが、どの程度の障害を指すのか、障害等級表で確認ができます。

● 障害手当金の障害等級表（抜粋）

等級	障害の状態
1	両眼の視力がそれぞれ0.6以下に減じたもの。
2	一眼の視力が0.1以下に減じたもの。
3	両眼のまぶたに著しい欠損を残すもの。
4	両眼による視野が2分の1以上欠損したものまたは、両眼の視野が10度以内のもの。
5	両眼の調節機能及び輻輳機能に著しい障害を残すもの。
6	一耳の聴力が、耳殻に接しなければ大声による話を解することができない程度に減じたもの。
7	そしゃくまたは言語の機能に障害を残すもの。
8	鼻を欠損し、その機能に著しい障害を残すもの。
9	脊柱の機能に障害を残すもの。
10	一上肢の3大関節のうち、1関節に著しい機能障害を残すもの。
11	一下肢の3大関節のうち、1関節に著しい機能障害を残すもの。

等級	障害の状態
12	一下肢を3センチメートル以上短縮したもの。
13	長管状骨に著しい転位変形を残すもの。
14	一上肢の2指以上を失ったもの。
15	一上肢のひとさし指を失ったもの。
16	一上肢の3指以上の用を廃したもの。
17	ひとさし指を併せ一上肢の2指の用を廃したもの。
18	一上肢のおや指の用を廃したもの。
19	一下肢の第1趾または他の4趾以上を失ったもの。
20	一下肢の5趾の用を廃したもの。
21	前各号に掲げるもののほか、身体の機能に、労働が制限を受けるか、または労働に制限を加えることを必要とする程度の障害を残すもの。
22	精神または神経系統に、労働が制限を受けるか、または労働に制限を加えることを必要とする程度の障害を残すもの。

「言語の機能に障害を残すもの」とは？　日常会話はある程度成り立つが、話すことや聞いて理解することの一方もしくは両方に制限があるものをいいます。

障害手当金の受給要件と額

障害手当金が受給できない場合

　障害手当金の受給要件を満たしていても、障害手当金が支給されない場合があります。障害認定日（→P182）において、国民年金や厚生年金保険の障害年金の受給権者、または労災保険の障害補償給付を受けている人は、障害手当金を受給することができません。ただし、障害年金の受給権者であっても、障害等級1級から3級に該当することなく3年を経過した場合は、障害手当金を受給することができます。

　また、障害認定日から5年経過すると時効になり、請求できなくなります。

● 受給要件を満たしているのに障害手当金を受給できないケース

障害基礎年金や障害厚生年金をもらえる権利のある人

ただし、障害等級の1〜3級に該当することなく3年以上経過した場合は受給できます。

労災保険の障害補償給付を受けている人

障害認定日から5年以上経過した人

障害認定日から5年以上経過すると時効になります。

障害手当金をもらったあとに症状が悪化したら？ このような場合で障害年金3級以上に該当したときは、障害年金をもらえます。その場合、障害手当金は返金します。

障害手当金の額

障害手当金は、平均標準報酬額や厚生年金保険の加入期間から計算されます。

障害手当金の額は次の計算式で算出されます。ただし、下記の計算式で算出された額が1,247,600円*に満たないときは、1,247,600円*が支給されます。

*昭和31年4月2日以後生まれの人の額。昭和31年4月1日以前生まれの人の額は1,244,000円。

障害手当金の額の計算式（2025〈令和7〉年度）

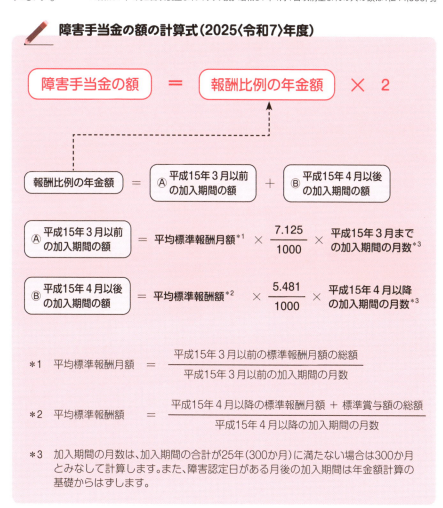

*1 平均標準報酬月額 = （平成15年3月以前の標準報酬月額の総額）÷（平成15年3月以前の加入期間の月数）

*2 平均標準報酬額 = （平成15年4月以降の標準報酬月額 + 標準賞与額の総額）÷（平成15年4月以降の加入期間の月数）

*3 加入期間の月数は、加入期間の合計が25年（300か月）に満たない場合は300か月とみなして計算します。また、障害認定日がある月後の加入期間は年金額計算の基礎からはずします。

障害手当金の最低保障額 障害手当金の最低保障額は、障害厚生年金3級の2倍の額です。

労災での障害（補償）給付

労災保険の障害給付

　労働者災害補償保険（通称、**労災保険**）（→P158）からは障害に対する補償もあります。業務または通勤を原因とする病気やケガが治癒したときに、身体に一定の障害が残った場合には、労災保険から**障害補償年金**（業務災害の場合）または**障害年金**（通勤災害の場合）が支給されます。また、障害の程度が軽い場合には、一時金が支給されます。これらを総称して**障害給付**といいます。

　労災保険では、障害の状態を**障害等級**という区分に分類し、障害等級表にまとめています。障害等級表にある約140種類の障害の例示に基づいて、障害等級1級～14級が決定されます。その等級に応じて次の障害給付が支給されます。

　障害等級は1級が最も重く、14級が最も軽い障害の程度となっており、1級から7級は年金、8級から14級は一時金で支給されます。

●障害等級

●労災保険の障害等級表

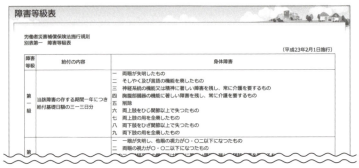

障害等級表は「労働者災害補償保険法施行規則別表第一」にある。厚生労働省のホームページなどで確認できる。

障害等級の決定

　障害等級表にある約140種類の障害の例示に基づいて、障害等級が決定されます。同一の業務災害により2つ以上の身体障害を残した場合には、原則として身体障害のうち最も重い障害等級になります（併合）。

●障害を併合したときの繰上げ等級数

労災保険の障害給付の額

　障害給付は、障害等級に該当する障害に対して、**給付基礎日額**（→P160）の何日か分に相当する額が支給されます。また、障害補償年金や障害年金は、受給要件に該当することになった月の翌月分から支給され、2月、4月、6月、8月、10月、12月にそれぞれの前2か月分が支払われます。

●障害給付の障害等級別額

障害補償年金または障害年金

障害等級	給付額（給付基礎日額の何日分か）
第1級	313日分
第2級	277日分
第3級	245日分
第4級	213日分
第5級	184日分
第6級	156日分
第7級	131日分

障害補償一時金または障害一時金

障害等級	給付額（給付基礎日額の何日分か）
第8級	503日分
第9級	391日分
第10級	302日分
第11級	223日分
第12級	156日分
第13級	101日分
第14級	56日分

例えば、業務上の事故により障害が残り、第1級に該当した場合の障害補償年金は、給付基礎日額×313日分。給付基礎日額が1万円の場合には、3,130,000円の障害補償年金が支給される。

ほかにもある障害を補償する給付金

　労災からの障害給付には次のような給付金も用意されています。

障害補償年金差額一時金 障害年金差額一時金	障害補償年金や障害年金の受給者が亡くなった場合、すでに受給者に支払われた障害（補償）年金が、障害等級に応じて定められている一定額に達していない場合に、遺族に対して支給される。
障害特別支給金	障害（補償）給付を受給する人に対して、等級に応じて支給される一時金。労災に遭う前に比べて収入（保険給付）が低くなってしまうため、賃金の上乗せの意味合いがある。
障害特別年金 障害特別一時金	労災に遭う日以前1年間に賞与が支給されていた人に対して、支給される。

コラム 4

（ 公的年金は所得の低い世帯に有利？ ）

　社会保障制度には、所得の再分配という機能があります。所得の再分配とは、裕福な階層からそうでない階層へ所得を移したり、収入のある人から収入のない人へ所得を移すことをいいます。例えば、生活保護制度は、税金を払える人から、税金を払うことができない人への所得の移動と考えることができます。所得の再分配は、格差を是正することで社会不安（将来に対する不安、犯罪が増える不安定な社会）をなくすための機能といえます。

　公的年金制度もこの機能を取り入れたものとなっています。例えば、老齢年金は、現役世代の保険料負担で、高齢者世代を支える世代間扶養の考え方を基本として運用されています。つまり、現役世代から高齢世代への所得の再分配と考えることができます。

　また、厚生年金保険料は報酬に比例して金額が決定されるしくみですが、受け取れる老齢基礎年金の額は報酬に比例して金額が高くなるわけではありません。老齢年金は、「2階建て」といわれていますが、1階部分の老齢基礎年金は収入の多い少ないには関係なく、加入した年数で平等に金額が決まります。平均月額50万円で厚生年金保険料を40年払った人でも、平均月額15万円で40年間保険料を払った人でも、老齢年金額の1階部分である老齢基礎年金の満額支給は約83万円です。

　比較的裕福な階層とそうでない階層との年金額について単純比較はできませんが、裕福でない階層でもそれなりに生活保障される制度になっているのです。

第 **5** 章

年金の請求

年金の請求のよ

Q1 年金は待っていればもらえる?

すべての年金について、請求の手続きが必要です。

老齢年金は65歳から受け取ることができますが、65歳になったら自動的に振り込まれるということはありません。誕生月の3か月前に日本年金機構から年金請求書が送られてきますので、必要な書類をそろえて提出してください。老齢年金はお知らせがきますが、遺族年金や障害年金は自分から相談や問い合わせ、請求の手続きをする必要があります。

老齢年金の受け取り → P202、P206、P216　遺族年金の請求手続き → P228
障害年金の請求手続き → P232

Q2 年金の請求が遅れてしまった。遅れた分の年金はもらえない?

さかのぼって受け取ることができますが、時効があります。

年金の請求をし忘れていることに気づいたときは、すみやかに年金事務所に連絡し、手続きをしてください。さかのぼって受け取ることができますが、年金には5年の時効があります。やむを得ない理由があるときは、5年を過ぎても受け取れることがありますので、あきらめずに年金事務所に相談しましょう。

老齢年金の受け取り　65歳前の手続き → P202

くある疑問あれこれ

Q3 繰下げ受給をしたい場合は、65歳の時点で届出が必要？

いいえ。受け取りたい年齢になったら繰下げの申出をおこなってください。

老齢年金を66歳以降に繰り下げて、増額した年金を受け取る「繰下げ受給」を希望する場合は、65歳で請求せずに、66歳以降75歳※までの間に請求をしてください。そのときは、年金請求書とともに繰下げの申出書も提出します。

※これまで上限は70歳でしたが、2022〈令和4〉年4月から引き上げられました。

老齢年金の繰上げ受給と繰下げ受給の手続き → P220

Q4 年金を受給していた家族が亡くなった場合、どうすればよい？

大変なときかと思いますが、できるだけすみやかに届出をしてください。

年金を受給していた人が亡くなったときは、死亡届を提出することで年金が止まります。マイナンバーにより日本年金機構への死亡届は省略できますが、「未支給年金」を遺族が受け取れますのでそちらの請求は必要です。遺族年金を受け取れることがありますし、受け取り過ぎると過払い分の返納が必要になりますので、できるだけすみやかに届出をしてください。

年金受給者が亡くなったとき → P242

❶ 老齢年金の受け取り

65歳前の手続き

年金は請求しなければ受け取ることはできない

年金は、受け取ることができる要件を満たせば自動的に給付されるといったものではありません。自ら請求手続きをしなければ、年金を受け取ることはできません。年金を受け取ることができる要件を満たしたら、かならず請求手続き（年金請求）をしましょう。

年金は請求しなければ受け取れません。受給要件を満たしたら、手続きを忘れずに！

年金を受け取る権利は5年経つと消えてしまう

年金を受け取る要件を満たしたのに、何も手続きをしないで5年が経つと、年金を受け取る権利（受給権）がなくなってしまいます。時期が来たら忘れずに請求手続きをしましょう。

例えば、働きながら年金を受け取る場合、年金を受け取る要件を満たしていても、年金が支給停止になる場合があります（→P116）。そんなことから、どうせ自分ももらえないだろうと勝手に判断して手続きをしないでいると、実はもらえる年金があった場合に損をしてしまいます。

気づいたときには5年が経っていて、受け取る権利が消えてしまっているかもしれません。もらえないかもしれないと思っても、とりあえず年金請求の手続きを行っておくことをおすすめします。

 ちょっと補足 やむを得ない事情によって5年の間に請求できなかった場合は？　その理由を書面で申し立てることで年金を受け取る権利を消滅させない取扱いをしてもらうことができます。単に請求を忘れていただけではこの取扱いをしてもらえません。

老齢年金を受け取ることができる年齢

老齢年金を受け取ることができる年齢は、生年月日によって異なります（→P98）。自身が何歳から受け取ることができるかを確認し、手続きを行う準備をしておきましょう。

よく、「管轄の年金事務所で手続き」と担当の年金事務所があるようにいわれることがありますが、どこの年金事務所に請求の手続きに行っても受け付けてくれます。ただし、厚生年金基金に加入したことがある人は、年金事務所だけではなく、基金にも請求手続きを行う必要があります。いろいろな基金に加入したことがある人は、それぞれの基金で手続きしなければなりません。

受け取ることができる年齢を迎える前に、余裕を持って年金加入記録を確認し、請求に漏れがないように注意しましょう。

年金の請求書は送られてくる

老齢年金を受け取ることができる年齢（受給開始年齢）になる誕生月の3か月前に、年金の請求に必要な書類（**年金請求書**と**案内文書**）が緑色の封筒で送られてきます（→P204、206）。したがって、届く郵便物に注意していれば、年金請求手続きを忘れてしまうことはないかもしれません。基金にも請求をする人は、それぞれの基金ごとに請求書の入手方法が異なるので、事前に問い合わせをして確認しましょう。

65歳になったときにはじめて年金を受け取る権利が発生する人には、60歳になる3か月前に、ハガキの「**年金に関するお知らせ**」（**青色の文字**で印刷されたもの）が届きます。そして65歳の誕生月の3か月前に年金請求書が届きます（→P204）。

また、年金事務所が把握している年金加入記録で、年金を受け取るために必要な年金加入期間が足りないと判断された人には、年金請求書ではなく、ハガキの「**年金に関するお知らせ**」（**緑色の文字**で印刷されたもの）が届きます（→P205）。

ちょっと補足 スマホで老齢年金の請求ができる？　年金請求書に「電子申請のご案内リーフレット」が同封されている人はスマホやパソコンを使っての電子申請が利用できます。詳細は日本年金機構のサイトを参考にしてください（[老齢年金　電子申請]で検索）。

65歳前の手続き

　どちらのハガキにも年金加入記録が印字されているので、ハガキが届いたら、記録に漏れがないか確認をしましょう。

　また、住所変更手続きが漏れてしまっている人などには、「年金請求書」も「年金に関するお知らせ」も届きません。65歳前の受給開始年齢の誕生月が近づいてきても、何も届かない場合は、かならず年金事務所へ連絡しましょう。

年金制度の誕生日の考え方

　年金制度での誕生日とは、実際の誕生日の前日です。例えば、65歳の誕生日が6月1日の人は、年金制度では、その前日の5月31日に65歳になったと考えます。そのため、その人の65歳の誕生月は、5月ということになります。

●受給開始年齢前に届けられる緑色の封書
年金の請求に必要な書類（年金請求書と案内文書）が入っている。

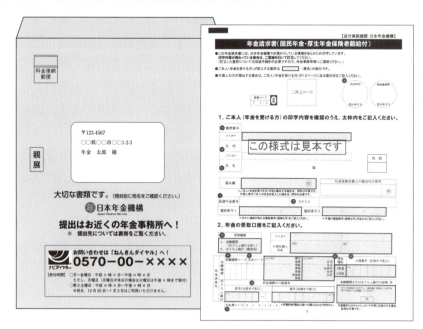

年金制度の加入期間が足りない　万が一、年金加入期間が足りないと判明したら、国民年金の任意加入の制度を利用すれば、加入期間を増やすことができます（→P51）。

●受給開始年齢前に届けられるハガキ（青色の文字）

65歳で年金受給権が発生する人の「年金に関するお知らせ」。

〈おもて面〉

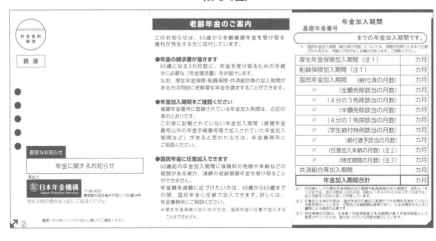

●受給開始年齢前に届けられるハガキ（緑色の文字）

年金制度の加入期間が足りない人の「年金に関するお知らせ」。

〈おもて面〉

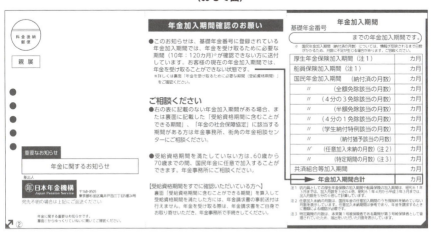

ちょっと補足 **年金記録の確認** 年金事務所が把握している年金記録が正しいとは限りません。平成19年に、基礎年金番号に統合されていない持ち主不明の年金記録の存在が明らかになったことがありました。自分の年金記録は自分できちんと確認しましょう。

❶ 老齢年金の受け取り

年金請求書

年金の請求には年金請求書と添付書類を提出

　送られてくる年金請求書には、基礎年金番号、氏名、生年月日、性別、住所、年金加入記録が印字されています。その印字された内容に間違いがないかをチェックし、そのほかの記入欄に必要事項を記入します。特に印字された年金加入記録に漏れがないか、よく確認しましょう。

　年金請求書には、戸籍抄本や住民票など、数種類の添付書類が必要です。どのような添付書類が必要となるかについては、家族の有無や年金加入状況などによって異なります。事前に年金事務所に連絡をして、必要な書類を確認しましょう。

書類の提出と添付書類を準備するタイミング

　年金請求書と添付書類の提出は、年金を受け取ることができる年齢を迎えた誕生日（実際の誕生日の前日）以後でないと受け付けてくれません。また、添付書類の戸籍抄本や住民票は、年金を受け取ることができる年齢を迎えた誕生日（実際の誕生日の前日）以後に発行されたものでないと手続きしてもらえません。

　年金請求書が届いたら、誕生日の前日が過ぎてからすみやかに手続きをしましょう。必要書類は提出時に添付します。

　請求書を提出すると、1～2か月後には「年金証書」と「年金決定通知書」が送付されます。そしてさらに1～2か月後には年金支払いのご案内（年金振込通知書）が送付されて、年金の支給がはじまります。

キーワード　**裁定請求**　年金を請求することを「裁定請求」といい、以前は年金事務所でも「裁定請求」という言葉を使用していました。そのため、以前の年金請求書は「裁定請求書」とよばれていました。

●年金請求書の見本とポイント①

実際の年金請求書は、基礎年金番号、氏名、生年月日、性別、住所が印字されています。
記載内容に間違いがないかを確認してください。

➡ 記載内容が間違っているときは加入記録に漏れがあるかもしれません。

＊年金請求書を紛失した場合は、日本年金機構のホームページからこの用紙をダウンロードして記入することになります。

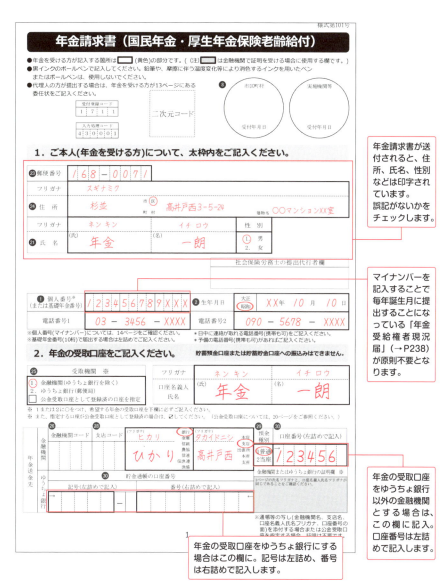

🔑 **キーワード** 基礎年金番号 すべての公的年金制度で共通して使用する番号で、1人につき1つの番号が付与されます。基礎年金番号には氏名・住所・生年月日・これまでの年金の加入記録が登録されています。

年金請求書

●年金請求書の見本とポイント②

年金加入記録が印字されています。
年金加入記録に漏れがないか確認してください。
印字されたそれぞれの期間の間に空白期間があるときは注意が必要です。

＊年金請求書を紛失した場合は、日本年金機構のホームページからこの用紙をダウンロードして記入することになります。

3．これまでの年金の加入状況についてご記入ください。

(1) 次の年金制度の被保険者または組合員となったことがある場合は、枠内の該当する記号を○で囲んでください。

- ア．国民年金法
- イ．厚生年金保険法
- ウ．船員保険法（昭和61年4月以後を除く）
- エ．国家公務員等共済組合法
- オ．地方公務員等共済組合法
- カ．私立学校教職員共済法
- キ．廃止前の農林漁業団体職員共済組合法
- ク．恩給法
- ケ．地方公務員の退職年金に関する条例
- コ．旧市町村職員共済組合法

※「過去に加入していたことのある制度を○で囲みます。」（ア、イに○）

(2) 年金制度の被保険者または組合員となったことがある場合は、下記の履歴欄にご記入ください。

履　歴（公的年金制度加入経過）
※できるだけ詳しく、正確にご記入ください。

	(1)事業所（船舶所有者）の名称および船員であったときはその船舶名	(2)事業所（船舶所有者）の所在地または国民年金加入時の住所	(3)勤務期間または国民年金の加入期間	(4)加入していた年金制度の種類	(5)備考
最初		○○○市△△町 X-X-XXX	S56・04・01から S60・03・31まで	①国民年金 2.厚生年金(船員)保険 3.厚生年金(船員)保険 4.共済組合等	
2	株式会社△△△△	△△△市××町 ○-○-○○○	S60・04・01から S63・06・30まで	1.国民年金 ②厚生年金(船員)保険 3.厚生年金(船員)保険 4.共済組合等	
3			S63・07・01から S63・09・30まで	①国民年金 2.厚生年金(船員)保険 3.厚生年金(船員)保険 4.共済組合等	
4	○○産業株式会社	×××市○○町 △-△-△△△	S63・10・01から H25・03・31まで	1.国民年金 ②厚生年金(船員)保険 3.厚生年金(船員)保険 4.共済組合等	
5	株式会社□□製作所	△△△市○○町 X-X-XXX	H25・04・01から 在職中まで	1.国民年金 ②厚生年金(船員)保険 3.厚生年金(船員)保険 4.共済組合等	
6			・・から ・・まで	1.国民年金 2.厚生年金(船員)保険 3.厚生年金(船員)保険 4.共済組合等	
7			・・から ・・まで	1.国民年金 2.厚生年金(船員)保険 3.厚生年金(船員)保険 4.共済組合等	
8			・・から ・・まで	1.国民年金 2.厚生年金(船員)保険 3.厚生年金(船員)保険 4.共済組合等	
9			・・から ・・まで	1.国民年金 2.厚生年金(船員)保険 3.厚生年金(船員)保険 4.共済組合等	
10			・・から ・・まで	1.国民年金 2.厚生年金(船員)保険 3.厚生年金(船員)保険 4.共済組合等	

注釈：
- 加入していた制度が国民年金のときは記入不要です。
- 事業所（会社）の名称、所在地が現在と変わっている場合でも、勤務していた当時のものを記入します。

(3) 改姓・改名をしているときは、旧姓名および変更した年月日をご記入ください。

旧姓名	(フリガナ) (氏) (名)		旧姓名	(フリガナ) (氏) (名)
変更日	昭和・平成・令和　年　月　日		変更日	昭和・平成・令和　年　月　日

キーワード　年金手帳番号　基礎年金番号制度ができる前は、年金記録をそれぞれの公的年金制度ごとに異なる番号で管理していました。基礎年金番号以外の年金記録を管理する番号を、年金事務所では「年金手帳番号」とよんでいます。

(4)20歳から60歳までの期間で年金に加入していない期間がある場合は、その期間を下欄にご記入ください。

※この欄と、下の(5)については保険料納付済期間(厚生年金保険や共済組合等の加入期間を含む)および保険料免除期間の合計が25年以上ある方は記入不要です。

	20歳〜60歳の加入していない期間	年齢	左ページの該当番号	学校や勤め先等 (自営業、専業主婦等)	住所 (市区町村)	婚姻、配偶者の勤め先
1	(自) (至)	歳 〜 歳				
2	(自) (至)	歳 〜 歳				
3	(自) (至)	歳 〜 歳				
4	(自) (至)	歳 〜 歳				
5	(自)					

> 保険料納付済期間および保険料免除期間の合計が25年未満の場合は記入してください(学生だった期間、海外留学の期間などは注意)。

資格期間が10年以上25年未満の人に送付される「年金請求書」

平成29年8月1日時点で資格期間が10年以上25年未満で下記の表に該当する人には「年金請求書(短縮用)」と年金の請求手続きのご案内が日本年金機構から送付されています。なお、資格期間が国民年金のみの人や、厚生年金保険・共済組合等の期間が12か月に満たない人で生年月日が昭和27年8月2日以降の人にはP207以降で紹介している「年金請求書(事前送付用)」が送付されます。

	生年月日	送付の時期
1	大正15年4月2日〜昭和17年4月1日	平成29年2月下旬〜3月下旬
2	昭和17年4月2日〜昭和23年4月1日	平成29年3月下旬〜4月下旬
3	昭和23年4月2日〜昭和26年7月1日	平成29年4月下旬〜5月下旬
4	昭和26年7月2日〜昭和30年10月1日【女性】 昭和26年7月2日〜昭和30年8月1日【男性】	平成29年5月下旬〜6月下旬
5	昭和30年10月2日〜昭和32年8月1日【女性】 大正15年4月1日以前生まれの人 共済組合等の期間を有する人	平成29年6月下旬〜7月上旬

「短縮」と記載された年金請求書が送付される

ちょっと補足　年金手帳番号があるとき　基礎年金番号のほかに年金手帳番号があるとき(複数の年金手帳番号があるときもあります)は、基礎年金番号制度ができて番号を統合した際に、すべてが統合されず記録が漏れている可能性があります。

年金請求書

●年金請求書の見本とポイント③

失業給付や高年齢雇用継続給付を受けるときは、年金が支給停止される（→P272）場合があるため、雇用保険の加入の状況を記入します。ここに記される雇用保険被保険者番号によって、年金事務所が雇用保険の情報を把握します。

キーワード　雇用保険被保険者番号　雇用保険の加入履歴を個人ごとに管理するための番号であり、雇用保険に加入時に発行される「雇用保険被保険者証」に記載されています。

5. 配偶者・子についてご記入ください。

配偶者はいますか ㊀はい㊁ ・ いいえ
「はい」または「いいえ」を○で囲んでください。
「はい」の場合は(1)をご記入ください。

(1) 配偶者についてご記入ください。
　①配偶者の氏名、生年月日、個人番号または基礎年金番号、性別についてご記入ください。

㉛ 氏名	(フリガナ) ネンキン ハナコ 年金 花子	④ 生年月日	大正・㊐昭和㊑・平成 40年 6月 1日
③ 個人番号 (または基礎年金番号)	7777-987654	性別	1．男　②．女

※個人番号(マイナンバー)については、14ページをご確認ください。
※基礎年金番号(10桁)で届出する場合は左詰めでご記入ください。

　②配偶者の住所がご本人(年金を受ける方)の住所と異なる場合は、配偶者の住所をご記入ください。

郵便番号	－
住所	(フリガナ)　　　　　　市区　　　　　町村　　　　　建物名

　③配偶者は現在、左の8ページの表1に記載されている年金を受けていますか。該当するものを○で囲んでください。

1. 老齢・退職の年金を受けている　3. 請求中
2. 障害の年金を受けている　　　　④. いずれも受けていない

1. または 2. を○で囲んだ方　　　4. を○で囲んだ方　　　3. を○で囲んだ方

下の(2)へお進みください。

請求中の公的年金制度名 (8ページ表1より記号を選択)	年金の種類
	・老齢または退職 ・障害

配偶者が老齢年金、退職年金、障害年金を受けている場合は、この欄に記入します。

公的年金制度名 (8ページ表1より記号を選択)	年金の種類	(自) 年 月	㊼ 年金証書の年金コード(4桁)または記号番号等
	・老齢または退職 ・障害	昭和・平成・令和　　年　　月	
	・老齢または退職 ・障害	昭和・平成・令和　　年　　月	
	・老齢または退職 ・障害	昭和・平成・令和　　年　　月	

(2) 左の8ページ「子の年齢要件 a または b」に該当する子がいる場合には、氏名、生年月日、個人番号および障害の状態についてご記入ください。
　　(3人目以降は余白にご記入ください。)

㉜ 子の氏名	(フリガナ) ネンキン アラタ (氏)年金 (名)新太	㉜ 生年月日 障害の状態	㊐平成・令和㊑ 20年 9月 25日 ある・㊁ない㊂	㉜ 診
個人番号				
㉝ 子の氏名	(フリガナ) (氏) (名)	㉝ 生年月日 障害の状態	平成・令和　年　月　日 ある・ない	㉝ 診
個人番号				

配偶者が上記の年金を受けても請求もしていない場合のみ、子について記入します。18歳の3月31日を過ぎた子や、障害等級1級または2級である20歳以上の子は、子の要件に該当しないので記入しません。

9

 キーワード

年金コード　老齢年金・遺族年金・障害年金など年金の種類を4桁の数字で表したものです。年金証書には、基礎年金番号の欄の次に「年金コード」の欄があります。

211

年金請求書

●年金請求書の見本とポイント④

6．加給年金額に関する生計維持の申し立てについてご記入ください。

9ページで記入した配偶者または子と生計を同じくしていることを申し立てる。

請求者氏名： **年金 一朗**

【生計維持とは】
以下の2つの要件を満たしているとき、「生計維持されている」といいます。

①生計同一関係があること
　例）・住民票上、同一世帯である。
　　　・単身赴任、就学、病気療養等で、住所が住民票上は異なっているが、生活費を共にしている。

②配偶者または子が収入要件を満たしていること
　年収850万円(所得655.5万円)を将来にわたって有しないことが認められる。

[ご本人(年金を受ける方)によって、生計維持されている配偶者または子がいる場合]

(1)該当するものを○で囲んでください(3人目以降の子については、余白を使用してご記入ください)。

配偶者または子の年収は、850万円(所得655.5万円)未満ですか。		機構確認欄
配偶者について	**はい**・いいえ	（　）印
子(名：**新太**)について	**はい**・いいえ	（　）印
子(名：　　)について	はい・いいえ	（　）印

> 子については、子の要件にあてはまる子についてのみ記入します。

(2) (1)で配偶者または子の年収について「いいえ」と答えた方は、配偶者または子の年収がこの年金の受給権(年金を受け取る権利)が発生したときから、おおむね5年以内に850万円(所得655.5万円)未満となる見込みがありますか。該当するものを○で囲んでください。

はい・いいえ	機構確認欄 （　）印

「はい」を○で囲んだ方は、添付書類が必要です。

令和 **XX** 年 **10** 月 **9** 日 提出

✏ 年金請求書の記入と添付書類の準備は金融機関を利用しよう

年金請求書の記入や添付書類の準備は、すべて自身でしようと思うと大変ですが、専門家に手伝ってもらえれば安心です。年金請求書には、年金を受け取る銀行口座を記入するので、どこの銀行を利用するかを事前に決めなければなりません。そのため、各銀行には、年金請求手続きを代行してくれるサービスがあります。社会保険労務士や年金アドバイザーが、年金記録の確認から年金額試算、年金請求書の記入や添付書類の準備まで行ってくれるサービスがある銀行もあるので、自身で手続きをする前に、銀行に相談してみるのも1つの方法です。

ちょっと補足 　**氏名変更した場合に注意**　氏名変更した場合、旧姓と新しい姓の違いで同一人物として処理されず、別人の年金記録となって登録されたケースも考えられます。氏名変更したことがある人は、年金記録に漏れがないか注意が必要です。

7. 代理人に手続きを委任される場合にご記入ください。

委任状

代理人 *ご本人(委任する方)がご記入ください。

フリガナ	ネンキン ハナコ	ご本人との関係	妻
氏名	年金 花子		

〒168-0071　電話(XX)XXXX-XXXX
住所 杉並区高井戸西3-5-24
建物名 ○○マンションXX号室

私は、上記の者を代理人と定め、以下の内容を委任します。

ご本人 *ご本人(委任する方)がご記入ください。

作成日 令和 XX年 XX月 XX日

基礎年金番号 XXXX-XXXXXX

フリガナ	ネンキン イチロウ	生年月日	大正・昭和 XX年 XX月 XX日
氏名	年金 一朗 (旧姓　)		

〒168-0071　電話(XX)XXXX-XXXX
住所 杉並区高井戸西3-5-24
建物名 ○○マンションXX号室

委任する内容
●委任する事項を次の項目から選んで○で囲んでください。5.を選んだ場合には委任する内容を具体的にご記入ください。
① 年金および年金生活者支援給付金の請求について
② 年金および年金生活者支援給付金の見込額について
③ 年金の加入期間について
4. 各種再交付手続きについて
5. その他(具体的にご記入ください。)

●「年金の加入期間」や「見込額」などの交付について
A. 代理人に交付を希望する　B. 本人あて郵送を希望する　C. 交付を希望しない

※前頁の注意事項をお読みいただき、記入漏れのないようにお願いします。
なお、委任状の記入内容に不備があったり、本人確認ができない場合はご相談に応じられないことがあります。

機構独自項目

入力処理コード 430001　年金コード 1150　作成原因 ⑥ 01　⑦ 進達番号

●ご本人(年金を受ける方)が記入する箇所は □ (黄色)の部分です。

1. ご本人(年金を受ける方)について、ご記入ください。

(1) 基礎年金番号と異なる記号番号の年金手帳等をお持ちの場合は、その年金手帳等の記号番号をすべてご記入ください。

厚生年金保険
国民年金
船員保険
の手帳記号番号

> 印字されている年金番号と異なる記号番号をもっている場合に記入します。

(2) 以下の項目に該当しますか。「はい」または「いいえ」を○で囲んでください。

1	国民年金、厚生年金保険、または共済組合等の障害給付の受給権者で国民年金の任意加入をした方は、その期間について特別一時金を受けたことがあります。	はい・いいえ
2	昭和36年4月1日から昭和47年5月14日までに沖縄に住んでいたことがあります。	はい・いいえ

2. 配偶者についてご記入ください。

配偶者について、基礎年金番号と異なる記号番号の年金手帳等をお持ちの場合は、その年金手帳等の記号番号をすべてご記入ください。

厚生年金保険
国民年金

ちょっと補足　氏名の読み方が複数ある場合　氏名の読み方が複数ある場合(たとえば、「真下」は「マシモ」とも「マシタ」とも読みます)は、フリガナの登録相違により、別人の年金記録となって登録された可能性も考えられますので、記録漏れに注意してください。

年金請求書

●年金請求書の見本とポイント⑤

４．振替加算に関する生計維持の申し立てについてご記入ください。

9ページで記入した配偶者と生計を同じくしていることを申し立てる。

請求者氏名	

本人が配偶者によって生計を維持されている場合に記入します。

【生計維持とは】
以下の２つの要件を満たしているとき、「生計維持されている」といいます。

①生計同一関係があること
　例）・住民票上、同一世帯である。
　　　・単身赴任、就学、病気療養等で、住所が住民票上は異なっているが、生活費を共にしている。

②ご本人(年金を受ける方)が収入要件を満たしていること
　年収850万円(所得655.5万円)を将来にわたって有しないことが認められる。

ご本人(年金を受ける方)が配偶者によって生計維持されている場合

該当するものを○で囲んでください。
（１）ご本人(年金を受ける方)の年収は 850万円(所得655.5万円)未満ですか。

はい ・ いいえ	機構確認欄	（　）印

（２）（１）で「いいえ」を○で囲んだ方は、ご本人の年収がこの年金の受給権(年金を受け取る権利)が発生したときから、おおむね 5年以内に 850万円(所得655.5万円)未満となる見込みがありますか。

はい ・ いいえ	機構確認欄	（　）印

「はい」を○で囲んだ方は、添付書類が必要です。

年金事務所等の確認事項	
ア．健保等被扶養者(第3号被保険者)	エ．義務教育終了前
イ．加算額または加給年金額対象者	オ．高等学校等在学中
ウ．国民年金保険料免除世帯	カ．源泉徴収票・所得証明等

令和　　年　　月　　日　　提出

キーワード　生計維持　生計維持されているとは、いっしょに住んでいたり、同じ家計で生活していたりする場合を指します。しかし、請求する年金により生計維持の要件が異なる場合がありますので、個々にその要件を確認しましょう。

老齢年金にも所得税がかかります（→P278）。このページに記される扶養親族の状況に応じて、所得税の額が決まります。

5. 公的年金等の受給者の扶養親族等申告書についてご記入ください。

提出年　令和　XX年　　提出日　令和XX年 10月 9日提出　　1150

(1) ご本人（年金を受ける方）の氏名、生年月日、住所、基礎年金番号を記入してください。
ご本人自身が障害者・寡婦等に該当しない場合は、下記事項を○で囲む必要はありません。

印字内容の誤りは二重線を引いて訂正します。

氏名（フリガナ ネンキン イチロウ）：年金 一郎 朗
生年月日：(1明 3大 ⑤昭) XX年 10月 10日
住所（フリガナ スギナミ タカイドニシ）：杉並 (区) 高井戸西3-5-24 ○○マンション1005号室
郵便番号：168-0071　電話番号：090-5678-XXXX
基礎年金番号：7777-654321

本人障害：①普通障害　②特別障害
寡婦等：1.寡婦　2.ひとり親　（地方税部分（退職所得を除く））4.寡婦　5.ひとり親
本人所得：年間所得の見積額が900万円を超える

(2) 上記の提出年の扶養親族等の状況についてご記入ください。
「摘要」欄に記入が必要な場合があります。18ページの各欄の説明をご覧ください。
（ご本人に控除対象配偶者や扶養親族がない場合は、下記事項を記入する必要はありません）

年金を請求する年の12月31日現在で、扶養親族が19歳以上23歳未満は「特定」、70歳以上は「老人」に○をします。

源泉控除対象配偶者または障害者に該当する同一生計配偶者
氏名：年金 花子
個人番号：1234XXXXXXXX
続柄：1.夫 ②妻
生年月日：(1明 3大 ⑤昭 7平) 40年6月 日
種別：2.老人
配偶者の区分：収入が年金のみで、以下のいずれかに該当する。1. 65歳以上の場合、年金額が158万円以下　2. 65歳未満の場合、年金額が108万円以下
障害：1.普通障害　2.特別障害
機構使用欄
同居・別居の区分：①同居　2.別居　非居住
所得金額：給与所得 10万（年間）

控除対象扶養親族（16歳以上）
氏名：年金 のぞみ
個人番号：2345XXXXXXXX
続柄：子
生年月日：(1明 3大 ⑤昭 7平) 18年8月2日
種別：1.特定 2.老人
障害：1.普通障害　2.特別障害
同居・別居：1.同居　②別居　非居住
所得金額：0万（年間）

氏名：年金 はる
個人番号：3456XXXXXXXX
続柄：母
生年月日：(1明 3大 ⑤昭 7平) 5年2月9日
種別：1.特定 ②老人
障害：1.普通障害　2.特別障害
同居・別居：①同居　2.別居　非居住
所得金額：雑所得 12万（年間）

16歳未満は「扶養親族（16歳未満）」の欄に記入します。

扶養親族（16歳未満）
氏名：年金 新太
個人番号：4567XXXXXXXX
続柄：子
生年月日：(①平成 9令和) 20年9月25日
障害：1.普通障害　2.特別障害
同居・別居：①同居　2.別居　非居住
所得金額：0万（年間）

（7平成 9令和）　年　月　日

摘要：
年金一朗は身体障害者手帳の2級（平成27年12月1日交付）
年金のぞみの住所：大阪府大阪市中央区△△町XX-XX

* 提出年より前に年金が受けられる場合は、過去の年分の扶養親族等申告書をすべて提出していただくことになります。
（申告書は年金事務所に用意してあります）
* 「扶養親族（16歳未満）」欄は、地方税法第45条の3の3および第317条の3の3の規定による「公的年金等受給者の扶養親族等申告書」を兼ねています。
* 控除対象配偶者や扶養親族の個人番号を確認する書類は提出する必要はありません。

寡婦などに該当する場合は○をし、摘要欄に死別・離婚・生死不明の別、子の氏名、子の所得（あるいは本人の所得）の見積額を記入します。

障害者に該当する人がいる場合は、氏名、身体障害者手帳の種類と交付年月日、障害の程度を記入します。別居している扶養親族については、氏名と住所を記入します。

官　厚生労働省年金局事業企画課長　　法人番号　6000012070001

19

キーワード　扶養親族等申告書　所得税の計算をするために必要な書類です。年金請求時には年金請求書の中の申告書を使用します。その後は、年金事務所から送られてくる申告書を使用します。

215

❶ 老齢年金の受け取り

65歳時の手続き

65歳になる前に届くハガキの年金請求書

　特別支給の老齢厚生年金を受け取れる人には、60〜64歳の受給開始年齢になる誕生月の3か月前に、「年金請求書」が届きます。その「年金請求書」を年金事務所に提出して、受給が始まります。

　特別支給の老齢厚生年金を受給していた人が65歳になると、老齢基礎年金と老齢厚生年金を受け取ることになります。それを知らせるために、誕生月の初旬に右ページにあるような「**ハガキの年金請求書**」が届きます。

　65歳から老齢基礎年金と老齢厚生年金を受け取るためには、このハガキを誕生月の末日までに年金事務所に提出する必要があります。

　ただし、誕生日が1日の人はその前日で65歳になったと考えますから、誕生月の前月の初旬にハガキの年金請求書が届きます。したがって、誕生月の前月末日までにハガキを提出する必要があります。1日生まれの人*だけは誕生月よりも前に提出することになるので、注意しましょう。

＊誕生日の前日で65歳になったと考えるので、誕生日が1日の人は誕生月の前月の初旬にハガキの年金請求書が届きます。

●65歳の誕生日前に届くハガキや書類

 特別支給の老齢厚生年金を受け取っていた人 → ハガキサイズの年金請求書（国民年金・厚生年金保険老齢給付）

ハガキの年金請求書を受け取ったら、このハガキに必要事項を記入して誕生月の末日までに年金事務所に提出します。

 65歳から老齢年金を受け取る人 → 書類の年金請求書（事前送付用）

 ちょっと補足 　**65歳前に老齢年金をもらっていた人の電子申請は？**　65歳から老齢基礎年金・老齢厚生年金を受け取るための請求手続きにスマートフォンなどを使った電子申請が可能です。詳しくは日本年金機構のサイトを参考にしてください。

●65歳の誕生日前に届く年金請求書

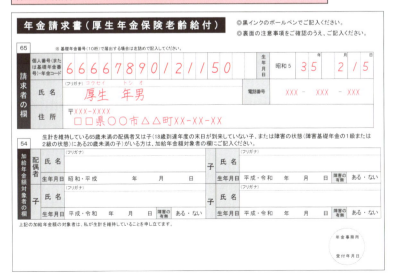

　お知らせが届かない　年金支給開始年齢の前の書類が届くべき時期に、何も届かない場合は、日本年金機構に登録されている住所が現住所と異なっている可能性があります。年金事務所などに問い合わせましょう。

ハガキの年金請求書を提出する際の注意点

ハガキの年金請求書は、誕生月の末日までに提出する必要があります。提出をしないと、年金の支払いが止まってしまうので、提出は遅れないようにしましょう。

ただし、繰下げ受給を考えている人は注意が必要です。年金請求書には、「受取方法欄」があります。老齢基礎年金のみの繰下げ受給や老齢厚生年金のみの繰下げ受給を希望する場合は、該当箇所にチェックを入れて提出します。しかし、老齢基礎年金と老齢厚生年金の両方の繰下げ受給を希望する場合は、年金請求書自体を提出しません。提出しなければ、年金の支払いが止まります。そこで、繰下げ後、受給を希望する年齢になったときにはじめて年金請求書を出して請求すれば、繰下げ受給による増額後の年金の支払いがはじまります。

● 繰下げ受給を希望する場合・希望しない場合のハガキの書き方

● 65歳以降も繰下げすることなく、通常通り年金を受け取る。
→ 1にチェックを入れて提出する。

受取方法欄	1	☑	基礎年金・厚生年金を両方65歳から受け取る	今回受け取らなかった年金は75歳までに別途、請求手続きが必要です。
	2	☐	基礎年金のみ65歳から受け取る（厚生年金は繰下げ予定）	年金生活者支援給付金の支給要件に該当する方は、別途、請求書の提出が必要です。
	3	☐	厚生年金のみ65歳から受け取る（基礎年金は繰下げ予定）	

● 老齢厚生年金のみ繰下げを希望する。
→ 2にチェックを入れて提出する。

受取方法欄	1	☐	基礎年金・厚生年金を両方65歳から受け取る	今回受け取らなかった年金は75歳までに別途、請求手続きが必要です。
	2	☑	基礎年金のみ65歳から受け取る（厚生年金は繰下げ予定）	年金生活者支援給付金の支給要件に該当する方は、別途、請求書の提出が必要です。
	3	☐	厚生年金のみ65歳から受け取る（基礎年金は繰下げ予定）	

● 老齢基礎年金のみ繰下げを希望する。
→ 3にチェックを入れて提出する。

受取方法欄	1	☐	基礎年金・厚生年金を両方65歳から受け取る	今回受け取らなかった年金は75歳までに別途、請求手続きが必要です。
	2	☐	基礎年金のみ65歳から受け取る（厚生年金は繰下げ予定）	年金生活者支援給付金の支給要件に該当する方は、別途、請求書の提出が必要です。
	3	☑	厚生年金のみ65歳から受け取る（基礎年金は繰下げ予定）	

● 老齢基礎年金も老齢厚生年金も両方繰下げを希望する。
→ ハガキは提出しない。

年金を一度請求してしまうと、繰下げはできなくなってしまうので、この年金請求書の記入と返送には注意が必要です。

ちょっと補足 　住所が変わったとき　年金事務所へ住所変更の届出が必要です。会社で厚生年金保険に加入している場合は、会社が手続きをしてくれます。それ以外の場合は、自分で年金事務所へ届出を行いましょう。

ハガキではなく「書類」の年金請求書が届く人もいる

　60歳になる3か月前に、ハガキの「年金に関するお知らせ」（青色の文字で印刷されたもの）が届いた人は、65歳になったときに年金を受け取る権利が発生します。このような人にはP217のようなハガキの年金請求書ではなく、書類の年金請求書が届きます。65歳の誕生月の3か月前に基礎年金番号、氏名、生年月日、性別、住所および年金加入記録をあらかじめ印字した「**年金請求書（事前送付用）**」とリーフレット「**年金を請求されるみなさまへ**」が送付されます。この年金請求書は、必要な添付書類といっしょに65歳の誕生日の前日以後に提出します。提出のタイミングや添付書類の注意点は、65歳前の受給開始年齢時に年金請求書を提出する人と同じです。

　この場合、提出先に注意が必要です。国民年金の第1号被保険者の期間のみの人は、住所のある市区役所や町村役場に提出します。それ以外の人は、年金事務所に提出します。

　なお、65歳前の受給開始年齢のときに、年金請求書が届いたにもかかわらず、それを提出しなかった人にも、書類の年金請求書（→P206）、未請求用の年金の請求手続きのご案内が届きます。この年金請求書は、必要な添付書類といっしょに早めに提出をします。

　年金を受け取ることができる権利は、5年で消滅してしまいます。そのため、なるべく早く年金事務所に年金請求書の提出をしましょう。65歳までもらえないと勝手に思って、65歳までなにも手続きしなかったら、もらえるはずの年金があった場合に、手遅れとなってしまいます。65歳になる前に、年金請求書が届いたら、そのときに手続きをしておきましょう。

特別支給の老齢厚生年金を受け取る権利のある人で手続きをしていないとこの書面が65歳のときに届く。

ちょっと補足　実際の住所と年金事務所への登録住所を一致させる　持ち主不明の年金記録の持ち主を探す際には、住所も手掛かりとされます。住所が変わったときは住所変更の届出を行い、実際の住所と年金事務所に登録する住所を一致させておくことが重要です。

❶ 老齢年金の受け取り

老齢年金の繰上げ受給と繰下げ受給の手続き

繰上げ受給と繰下げ受給とは

　繰上げ受給とは、65歳から支給される老齢年金を、1か月刻みで早めて受け取ることです。早めに受け取る分、早めた月数ごとに定められている減額率によって、本来受け取ることができるはずの年金額は減額されて支給されます。

　一方の**繰下げ受給**とは、65歳から支給される老齢年金を、1か月刻みで遅らせて受け取ることです。受け取りが遅くなる分、遅らせた月数ごとに定められている増額率によって、本来支給される年金額を増額して受け取ることができます。

　繰上げ受給は60歳から、繰下げ受給は75歳まで受け取り開始時期をずらすことが可能です。

●繰上げ受給と繰下げ受給

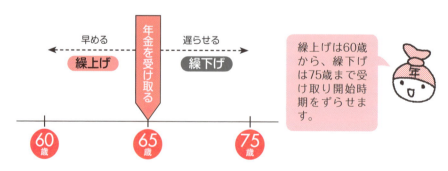

繰上げ受給と繰下げ受給の受給率

　繰上げ受給する場合の減額分、繰下げ受給する場合の増額分がどの程度

 ちょっと補足　年金の受取口座①　年金を受け取る金融機関の口座は、年金請求書に記入します。その後、口座に変更がある場合は、変更届を提出することによって変更することができます。

220

あるのかを表す率のことを**受給率**といいます。

　繰上げ受給すると繰り上げる月数×0.4％が減額されます。例えば、60歳0か月まで繰り上げると、繰り上げる月数は60か月あるので、60×0.4＝24％が減額され（受給率は100－24＝76％）、通常で年額100万円の老齢年金をもらえる人なら76万円に減額されます。

　繰下げ受給すると繰り下げる月数×0.7％が増額されます。例えば、75歳0か月まで繰り下げると、繰り下げる月数は120か月あるので、120×0.7＝84％増額され（受給率は100＋84＝184％）、通常で年額100万円の老齢年金をもらえる人なら184万円に増額されます。

●繰上げ受給と繰下げ受給の受給率（数字:％）

月 年齢	0か月	1か月	2か月	3か月	4か月	5か月	6か月	7か月	8か月	9か月	10か月	11か月
60	76	76.4	76.8	77.2	77.6	78	78.4	78.8	79.2	79.6	80	80.4
61	80.8	81.2	81.6	82	82.4	82.8	83.2	83.6	84	84.4	84.8	85.2
62	85.6	86	86.4	86.8	87.2	87.6	88	88.4	88.8	89.2	89.6	90
63	90.4	90.8	91.2	91.6	92	92.4	92.8	93.2	93.6	94	94.4	94.8
64	95.2	95.6	96	96.4	96.8	97.2	97.6	98	98.4	98.8	99.2	99.6
65	100											
66	108.4	109.1	109.8	110.5	111.2	111.9	112.6	113.3	114	114.7	115.4	116.1
67	116.8	117.5	118.2	118.9	119.6	120.3	121	121.7	122.4	123.1	123.8	124.5
68	125.2	125.9	126.6	127.3	128	128.7	129.4	130.1	130.8	131.5	132.2	132.9
69	133.6	134.3	135	135.7	136.4	137.1	137.8	138.5	139.2	139.9	140.6	141.3
70	142	142.7	143.4	144.1	144.8	145.5	146.2	146.9	147.6	148.3	149	149.7
71	150.4	151.1	151.8	152.5	153.2	153.9	154.6	155.3	156	156.7	157.4	158.1
72	158.8	159.5	160.2	160.9	161.6	162.3	163	163.7	164.4	165.1	165.8	166.5
73	167.2	167.9	168.6	169.3	170	170.7	171.4	172.1	172.8	173.5	174.2	174.9
74	175.6	176.3	177	177.7	178.4	179.1	179.8	180.5	181.2	181.9	182.6	183.3
75	184（以降同様）											

（左側：繰上げ受給／通常／繰下げ受給）

＊生年月日が昭和16年4月2日以降の場合。繰上げ受給率は生年月日が昭和37年4月2日以降の場合。

ちょっと補足　**年金の受取口座②**　年金請求書にも口座の変更届にも金融機関の証明欄がありますが、金融機関の通帳の写しを添付すれば、その証明欄は空欄とすることができます。

繰上げ希望なら繰上げ受給用の請求書を提出

　老齢年金の繰上げ受給を希望する場合は、通常の年金請求書とその添付書類といっしょに「**繰上げ受給用の請求書**」を提出します。繰上げ受給用の請求書を提出すると、提出した月の翌月から繰り上げた老齢年金を受け取ることができます。

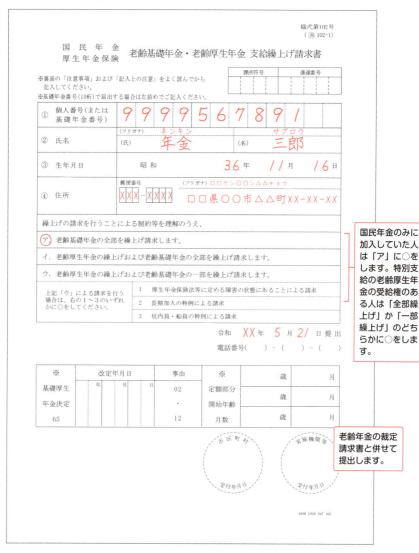

ちょっと補足　年金相談で持参するもの　年金事務所へ年金相談に行くときは、年金手帳などの基礎年金番号がわかるものと、運転免許証やマイナンバーカードなどの本人確認できるものを持っていきましょう。

本来65歳から受け取る老齢年金を1か月刻みで早めて受け取ることができますが、一度繰上げ請求をすると、一生減額された年金額を受け取ることになってしまいますから、繰上げ受給については慎重に考えることをおすすめします。年金事務所で繰り上げる時期と年金額を確認して、よく検討しましょう。

年金を先に請求すると繰下げができなくなる

　65歳以降に受け取る老齢年金の繰下げを希望する場合は、年金事務所に申し出るのが原則です。繰下げの申し出を行うより先に、65歳以降の老齢年金の請求をしてしまうと、繰下げはされずに通常通りの老齢年金の受け取りがはじまってしまいます。この場合、あとから繰下げを申し出ても、変更してもらうことはできません。

　繰下げ受給を希望する場合は、かならず老齢年金を請求する前に、繰下げの申し出を行いましょう。

繰下げをした老齢年金を請求する時期

　繰下げの申し出をしたあとは、66歳から75歳までは好きな時期に繰り下げた老齢年金の受け取りをはじめることができます。受け取りたい時期になったら、繰り下げた年金の請求を年金事務所に行いましょう。

　66歳以降に繰り下げた年金額は、受け取りを遅らせた月数によって増額率が定められています。年金事務所で繰り下げる時期と年金額を確認してよく検討しましょう。

　繰下げ後は、老齢年金を請求した月の翌月分から増額された年金額が受け取れます。なお、増額率は、75歳以降は固定されます。例えば、78歳で繰下げ請求をした場合でも、75歳と同じ増額率なので、78歳まで待つ理由がありません。75歳の誕生月の月末までに請求を行いましょう。

ちょっと補足　**代理による年金相談**　本人以外の人が代理で年金事務所へ行き、代わりに年金相談を受けることができます。その際は、委任状と代理人の本人確認ができる書類を持っていきます。

老齢年金の繰上げ受給と繰下げ受給の手続き

● 繰下げ受給

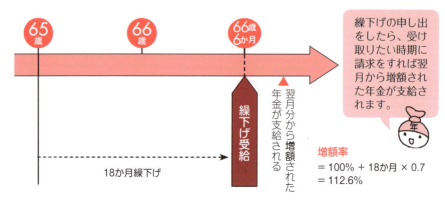

繰下げ受給の申請方法

　65歳の誕生日前には老齢年金の請求に関する次の書類が届きます。それぞれのケースによって繰下げ受給の申請方法が異なるので、注意しましょう。

 ケース1　ハガキの年金請求書が届いた人

ハガキの年金請求書が届いた人はP218にある方法で繰下げ受給を申請します。

 ケース2　書類の年金請求書が届いた人

　60歳になる3か月前に、年金請求書ではなく、ハガキの「年金に関するお知らせ」(青色の文字で印刷されたもの)が届いた人には、65歳の誕生月の3か月前に書類の年金請求書と「65歳用の年金請求手続きのご案内」が届きます。この書類の年金請求書が届く人は、65歳ではじめて老齢年金の受給権が発生した人です。
　この場合は、「老齢基礎年金・老齢厚生年金　支給繰下げ申出書」の提出をすることによって、繰下げの申し出を行います。
　繰下げの申し出より先に、65歳以降の老齢年金を請求してしまうと、通常通りの金額の老齢年金の受け取りがはじまることになり、あとから繰下げを申し出ても、繰下げ後の年金に変更してもらうことができません。
　65歳用の年金請求書が届いたらすぐに、年金事務所へ行くことをおすすめします。
　65歳ではじめて老齢年金の受給権が発生したと年金事務所では登録されていますが、自身でも年金記録を確認してみましょう。もしかしたら、万が一でももらえる年金があるかもしれません。もらえる年金をもらうことなくそのままにしていると、5年間で受給権が消えてしまいます。

 ちょっと補足　**委任状**　委任状には特に定められた様式はありませんが、かならず記入していなければならない事項があります。漏れがないように、日本年金機構のホームページでダウンロードできる委任状を使用することをおすすめします。

ケース3　書類の年金請求書と「未請求用の年金の請求手続きのご案内」が届いた人

　65歳前の受給開始年齢のときに年金請求書が届いたにもかかわらず、それを提出しなかった人には、書類の年金請求書と未請求用の「年金の請求手続きのご案内」が届きます。この書類の年金請求書が届く人は、65歳前の受給開始年齢のときに老齢年金の受給権が発生していた人です。もらえる老齢年金があったかもしれないのに、請求していないがために受け取ることができていない可能性があります。

　この場合は、年金請求書が届いたら急いで提出しましょう。65歳前の受給開始年齢のときから老齢年金を受け取ることができる権利は、5年を経過すると消えてしまいます。

　年金請求書を提出して、まずは65歳前の受給開始年齢からもらえたはずの老齢年金を請求します。そして65歳以降の老齢年金の繰下げを希望する場合は、その際に申し出て、繰下げをする意思を伝えましょう。

年金支給繰下げ請求書の提出

　繰下げの申し出をしたあとは、繰下げ後の老齢年金を受け取りたい時期まで待ちます。受け取りたい時期が来たら、**老齢基礎・厚生年金裁定請求書／支給繰下げ請求書**」を提出して、繰下げ後の老齢年金を請求します。

　繰下げをして老齢年金を受け取るつもりでいたとしても、繰下げ後の老齢年金ではなく、65歳からの通常の老齢年金をさかのぼって受け取りたいと思い直すことがあるかもしれません。そのような場合も、「**老齢基礎・厚生年金裁定請求書／支給繰下げ請求書**」を提出します。

　どちらの場合も本人の戸籍抄本の添付が必要です。加給年金や振替加算が支給される条件に該当した場合は、世帯全員の住民票や本人と家族の所得を証明する書類なども必要になります。

●繰下げ後の選択も可能

```
65歳 ── 66歳 ─────────────── 75歳 ──→
```

繰下げ後の老齢年金の請求

Ⓐ繰下げする
→繰下げ後の老齢年金を請求すれば、請求した翌月分から増額された年金をもらえる。

Ⓑやっぱり繰下げしたくない
→65歳からの通常の老齢年金を請求すれば、65歳にさかのぼって通常の老齢年金をもらえる。

ⒶとⒷ、どちらにするかを選択できる。

ちょっと補足　**年金相談でできること**　年金の加入記録の確認、受け取ることができる年金の見込額の試算、年金請求時の必要書類の確認など、さまざまな相談を受け付けてくれます。

老齢年金の繰上げ受給と繰下げ受給の手続き

●老齢基礎・厚生年金裁定請求書／支給繰下げ請求書

厚生年金保険の年金証書の発行を受けていない場合は、年金コードは未記入にします。

本人が65歳の時点で加給年金額の対象者である配偶者および子がいる場合は、記入します。この場合、その収入や身分関係などを明らかにする書類の添付が必要になる場合があります。

希望する年金の受け取り方法に○をつけます。
- アに○印をつけた場合…原則、請求した日の属する月の翌月分から増額された年金を受け取れる。
- イに○印をつけた場合…65歳時点の年金額をさかのぼって受け取れる。ただし、70歳後に請求する場合は、請求した日の5年前の日に繰下げ請求をしたものとして、5年前の日の属する月の翌月分から増額された年金をさかのぼって受け取れる。
- ウに○印をつけた場合…繰下げを希望する時期にあらためて手続きが必要になる。

ちょっと補足 年金相談のしかた　年金事務所に行くと、まず受付で用件を聞かれるので、そこで「年金相談を希望」と伝えましょう。すると受付番号の札を渡され、適切な窓口を案内してくれます。

●請求日の翌月から増額した年金を受け取りたい場合（請求日の属する月の翌月）
➡ アに○印をつける（ただし、75歳到達後に繰下げ請求をした場合は、75歳到達日に繰下げ請求を行ったと見なされる）。

希望する年金の受取方法に○印をつけてください。

❻ 老齢厚生年金の受取方法	㋐	老齢厚生年金を現時点で繰り下げて受け取ります。
	イ	老齢厚生年金を65歳（受給権発生時点）までさかのぼって受け取ります。70歳後に請求する場合は、請求の日の5年前の日の翌月分からの受け取りとなります。
老齢厚生年金を既に受給中の場合は右の欄にチェックしてください。□	ウ	老齢厚生年金は今回請求しません。（後日、あらためて老齢厚生年金の請求を行う予定です。）

❼ 老齢基礎年金の受取方法	㋐	老齢基礎年金を現時点で繰り下げて受け取ります。
	イ	老齢基礎年金を65歳（受給権発生時点）までさかのぼって受け取ります。70歳後に請求する場合は、請求の日の5年前の日の翌月分からの受け取りとなります。
老齢基礎年金を既に受給中の場合は右の欄にチェックしてください。□	ウ	老齢基礎年金は今回請求しません。（後日、あらためて老齢基礎年金の請求を行う予定です。）

●65歳時点の年金額をさかのぼって受け取りたい場合
➡ イに○印をつける（ただし、70歳到達後に請求する場合、請求した日の5年前の日に繰下げ請求をしたものとして、5年前の日の属する月の翌月分から増額された年金をさかのぼって受け取ることになる）。

希望する年金の受取方法に○印をつけてください。

❻ 老齢厚生年金の受取方法	ア	老齢厚生年金を現時点で繰り下げて受け取ります。
	㋑	老齢厚生年金を65歳（受給権発生時点）までさかのぼって受け取ります。70歳後に請求する場合は、請求の日の5年前の日の翌月分からの受け取りとなります。
老齢厚生年金を既に受給中の場合は右の欄にチェックしてください。□	ウ	老齢厚生年金は今回請求しません。（後日、あらためて老齢厚生年金の請求を行う予定です。）

❼ 老齢基礎年金の受取方法	ア	老齢基礎年金を現時点で繰り下げて受け取ります。
	㋑	老齢基礎年金を65歳（受給権発生時点）までさかのぼって受け取ります。70歳後に請求する場合は、請求の日の5年前の日の翌月分からの受け取りとなります。
老齢基礎年金を既に受給中の場合は右の欄にチェックしてください。□	ウ	老齢基礎年金は今回請求しません。（後日、あらためて老齢基礎年金の請求を行う予定です。）

●今回請求をしない場合
➡ ウに○印をつける。繰下げを希望する時期にあらためて手続きをする。

希望する年金の受取方法に○印をつけてください。

❻ 老齢厚生年金の受取方法	ア	老齢厚生年金を現時点で繰り下げて受け取ります。
	イ	老齢厚生年金を65歳（受給権発生時点）までさかのぼって受け取ります。70歳後に請求する場合は、請求の日の5年前の日の翌月分からの受け取りとなります。
老齢厚生年金を既に受給中の場合は右の欄にチェックしてください。□	㋒	老齢厚生年金は今回請求しません。（後日、あらためて老齢厚生年金の請求を行う予定です。）

❼ 老齢基礎年金の受取方法	ア	老齢基礎年金を現時点で繰り下げて受け取ります。
	イ	老齢基礎年金を65歳（受給権発生時点）までさかのぼって受け取ります。70歳後に請求する場合は、請求の日の5年前の日の翌月分からの受け取りとなります。
老齢基礎年金を既に受給中の場合は右の欄にチェックしてください。□	㋒	老齢基礎年金は今回請求しません。（後日、あらためて老齢基礎年金の請求を行う予定です。）

ちょっと補足 　受け取ることができる年金の見込額の試算　老齢年金の見込額の試算では、60歳前の見込額、65歳以降の見込額、在職老齢年金による停止がある場合は給与がどれくらいであれば支給停止とならないかなど、さまざまな要望に応じて試算してくれます。

❷ 遺族年金の受け取り

遺族年金の請求手続き

遺族年金は請求しないともらえない

　遺族年金を請求する際には、たくさんの添付書類が必要となってきます。ご家族が亡くなられてたいへんなときですが、年金事務所に連絡して、遺族年金を受け取れる可能性があるかどうか、受け取れるのなら手続きに必要な書類が何かを確認してください。

　遺族年金も、自身で請求をしなければもらうことはできません。老齢年金のように、自動的に年金事務所から年金請求書が届くことはありません。

　遺族年金を受け取ることができる条件に該当したら、すみやかに年金事務所に連絡をして、遺族年金用の年金請求書を取り寄せましょう。

遺族年金の年金請求書とその提出先

　遺族基礎年金のみを請求する場合は、年金請求書は住所のある市区役所や町村役場へ提出します。それ以外の場合は、例えば遺族厚生年金も請求するのなら、年金事務所へ提出します。

●年金請求書の提出先

（老齢基礎年金のみの場合は市区町村に提出します。注意しましょう！）

請求内容	提出先
遺族基礎年金のみの請求	住所のある市区役所や町村役場
上記以外	年金事務所

ちょっと補足　遺族年金と所得税　老齢年金には所得税がかかりますが、遺族年金は非課税であるため、所得税はかかりません。

年金請求書とともに添付する書類

遺族年金の請求には、年金請求書のほかにさまざまな添付書類が必要です。

● 遺族年金の請求に必要な添付書類

遺族年金の年金請求を相談すると、年金請求書とともに次の書類を受け取ります。遺族年金の申請には、年金請求書に○のついている書類を添付する必要があります。

日本年金機構
Japan Pension Service

【国民年金】【厚生年金保険】【船員保険】
遺族年金の請求手続きのご案内

_____ 様の年金請求書には、次の○印の書類を添付してください。

相談受付 令和 年 月 日 担当者名

項番	添付書類	対象	提出前にご確認を
1	基礎年金番号通知書 年金手帳等の基礎年金番号を明らかにすることができる書類 }いずれかの書類のコピー	死亡された方 請求者	☑
2	年金証書・恩給証書（受給権があるものすべて）のコピー	死亡された方 請求者	☑
3	戸籍全部事項証明書（戸籍謄本） 戸籍一部事項証明書（戸籍抄本） }死亡された日以降のもので筆頭者・続柄・変更事項のあるもの 法定相続情報一覧図	死亡された方 請求者	☑
4	住民票（世帯主・続柄・変更事項の記載のあるもの） （平成・令和　年　月　日以降のもの）	請求者 世帯全員	☑
5	住民票の除票 （死亡された日以降のもので世帯主・続柄・変更事項のあるもの）	死亡された方	☑
6	所得証明書・課税（非課税）証明書 （平成・令和　年度〔平成・令和　年1月から12月までの所得〕）	請求者　子	☑
7	市区町村長に提出した死亡診断書（死体検案書）のコピー 死亡届の記載事項証明書 }いずれかの書類	死亡された方	☑
8	請求者名義の預金（貯金）通帳 請求者名義のキャッシュカード }いずれかのコピー ＊貯蓄口座では年金の受け取りができません。	請求者	☑
9	未支給年金・未支払給付金請求書	─	☑
10	学生証 在学証明書 }いずれかの書類のコピー	請求者　子	☑
11	健康保険被保険者証・共済組合員証 のコピー ＊扶養者・被扶養者を確認できるもの ＊被保険者証等に記載された保険者番号および記号・番号等を判別、復元できないようマスキング（黒塗り等）してください。	死亡された方 請求者　子	☑
12	その他に必要な書類 ア　医師の診断書・レントゲンフィルム・身体障害者手帳 イ　「第三者行為事故状況届」・「交通事故証明書」 ウ　加算額・加給年金額対象者不該当届 エ　その他（　　　　　　　　　　　　）		

提出時期 令和　年　月　日 以降

手続きの際の注意事項
■代理人の方が相談にお越しになるときは、「委任状」のほか、代理人の方のご本人確認のため運転免許証などをご用意ください。
■添付書類は、「コピー」と記載されているもの以外は、原本を添付してください。
■戸籍謄本、住民票等（年金請求等に用いることを目的として交付されたものを除きます。）の原本については、原本を提出したお客様から原本返却のお申出があった場合、職員がそのコピーをとらせていただいたうえで、お返しいたします。（第三者証明、診断書、原本返却できない書類もあります。）
■マイナンバー（個人番号）をご記入いただくことにより、ご本人の生年月日に関する書類（戸籍抄本等）の添付を省略できます。また、マイナンバーについては、2ページをご確認ください。

- 1 -

年金を受け取っている人が亡くなったとき　遺族年金の請求手続きのほか、死亡届の提出や未支給年金の請求手続きも必要となります（→P242）。

遺族年金の請求手続き

生計維持の証明をするには

　遺族基礎年金や遺族厚生年金を受け取るためには、ご家族が亡くなられた当時、その家族によって生計維持されていたこと（住民票が同じであることや亡くなった人の収入で生活していたことなどを指す）が必要です。世帯全員の住民票や所得証明書・課税（非課税）証明書は、この生計維持を証明するために提出します。ただし、亡くなった家族と住民票が同じでも、遺族年金を受け取りたい人の収入によっては、生計維持が認められない場合もあります。

　また逆に、住民票が別であるにもかかわらず、生計維持が認められる場合もあります。例えば、別々に住んでいても、定期的に訪問していて、仕送りなどを受け取っている場合、生計維持が認められるケースもあります。その場合は、生計維持に関する証明書の提出を求められることがあります。

　このように個々のケースで判断が異なるので、年金請求書を提出する前に、年金事務所への相談をおすすめします。

年金請求書提出後は受給資格の審査

　年金請求書と添付書類を提出すると、生計維持があったことや遺族年金を受け取る遺族の順位などを確認して、受給資格があるかどうかが決定されます。

　遺族年金を受け取ることができるかどうかが決定すると、書面で連絡がきます。受け取ることができる場合には、「年金証書」「年金決定通知書」パンフレット「年金を受給されるみなさまへ」が届きます。一方、遺族年金を受け取ることができない場合には、「不支給決定通知書」が届きます。

遺族年金を受け取るまでの時間

　遺族年金を受け取ることが決定すると、年金請求書などを提出してから最短で1か月で年金証書などが届きます。年金証書が送られてからさらに約1〜2か月後に、遺族年金の受け取りがはじまります。

ちょっと補足　遺族年金の審査にかかる時間　遺族年金を受け取ることができるかどうかが決定されるまでは、1〜2か月ほどかかりますが、生計維持の確認に時間がかかると、さらに時間がかかります。

寡婦年金・死亡一時金の請求

　国民年金の第1号被保険者として保険料を納めた期間（免除期間を含む）が10年以上ある夫が亡くなったとき、10年以上婚姻関係のある妻が60歳から65歳になるまでの間、寡婦年金を受給できます（→P142）。

　死亡一時金は、国民年金の第1号被保険者として保険料を納めた月数が36か月以上ある人が老齢基礎年金や障害基礎年金を受けずに亡くなったときに、生計を同じくしていた配偶者または子、父母などが受けることができます（→P144）。

　寡婦年金や死亡一時金の請求先は住所のある市区役所や町村役場です。請求書のほか、亡くなった人との関係を証明するための戸籍謄本、亡くなった人との生計維持関係を確認するための住民票の除票などの添付が必要です。

請求書は年金事務所や街角の年金相談センターの窓口にも備え付けてあり、手続きをすることもできます。

●年金請求書（国民年金寡婦年金）

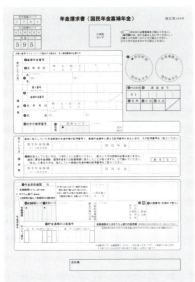

●国民年金死亡一時金請求書

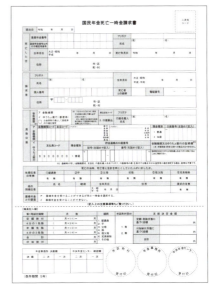

ちょっと補足　**遺族年金の請求も5年以内に**　遺族年金も老齢年金と同様に、請求せずに5年経つと年金を受け取る権利が消滅してしまいます。

❸ 障害年金の受け取り

障害年金の請求手続き

障害年金は請求しないともらえない

障害年金は請求しなければもらうことができません。老齢年金のように年金事務所から年金請求書が届くことはありません。障害年金を受給できる条件に該当したら、年金事務所に連絡をして、障害年金用の年金請求書を取り寄せて、請求手続きを行いましょう。

障害年金用の年金請求書と提出先

　障害基礎年金のみを受け取ることができる人と、障害基礎年金と障害厚生年金の両方を受け取ることができる人、障害厚生年金のみを受け取ることができる人がいます。

　障害基礎年金のみを受け取ることができる人は、**年金請求書(国民年金障害基礎年金)**(**オレンジ色**)を使います。

　障害基礎年金と障害厚生年金の両方を受け取ることができる人と障害厚生年金のみを受け取ることができる人は、**年金請求書(国民年金・厚生年金保険障害給付)**(**ピンク色**)を使います。

「年金請求書(国民年金障害基礎年金)」(オレンジ色)の提出先は、住所のある市区役所や町村役場です。ただし、初診日が国民年金第3号被保険者期間中の場合には、年金事務所に提出します。

「年金請求書(国民年金・厚生年金保険障害給付)」(ピンク色)の提出先は、年金事務所です。

ちょっと補足　**障害年金と所得税**　老齢年金には所得税がかかりますが、障害年金は遺族年金と同様に非課税であるため、所得税はかかりません。

● 障害年金の年金請求書の種類と提出先

対象者	年金請求書の種類	提出先
障害基礎年金のみを受け取る人	年金請求書（国民年金障害基礎年金）オレンジ色	住居のある市区役所や町村役場
障害基礎年金と障害厚生年金の両方を受け取る人	年金請求書（国民年金・厚生年金障害給付）ピンク色	年金事務所
障害厚生年金のみを受け取る人		

※初診日が国民年金第3号被保険期間中にある場合は年金事務所に提出。

年金請求書とともに提出する書類

障害年金の請求には、年金請求書のほかにさまざまな添付書類が必要です。

● 障害年金に必要な添付書類

【共通の添付書類】

①年金手帳または基礎年金番号通知書	・加入期間の確認のため。
②戸籍抄本	・生年月日について証明する書類として必要。 ・障害認定日による請求の場合は、障害認定日以降で、請求日以前6か月以内のもの。 ・事後重症による請求の場合は、請求日以前1か月以内のもの。 （注意）配偶者や子についての添付書類で戸籍謄本を付ける場合は、戸籍抄本は不要。
③医師の診断書	・障害認定日より3か月以内のもの。 （注意）障害認定日と年金請求日が1年以上離れている場合は、年金請求日前3か月以内のものもさらに必要。 ・障害が残った身体の箇所により診断書の様式が違う。傷病別に8種類ある。 ・呼吸器疾患の場合は、レントゲンフィルム。 ・循環器障害の場合は、心電図のコピー。
④病歴・就労状況等申立書	・障害の状態等を請求者本人が記入する。 ・③の診断書の内容と矛盾していると障害等級が認めてもらえない可能性があるので、書くときは慎重に。
⑤年金受取先金融機関の通帳のコピー	年金請求書に金融機関の証明を受けた場合は不要。
・「受診状況等証明書」必要な場合のみ	・初診日の確認のために必要。 ・初診時の病院と診断書を作成した病院が異なる場合必要であるが、初診日が診断書を作成した病院と同じ場合は不要。

【配偶者や子についての添付書類】

①戸籍謄本	・配偶者や子について、続柄や氏名、生年月日を証明する書類として必要。 ・障害認定日による請求の場合は、障害認定日以降で、請求日以前6か月以内のもの。 ・事後重症による請求の場合は、請求日以前1か月以内のもの。
②世帯全員の住民票	・障害認定日による請求の場合は、障害認定日以降で、請求日以前6か月以内のもの。 ・事後重症による請求の場合は、請求日以前1か月以内のもの。
③配偶者の収入を証明する書類	・生計維持関係を証明するために必要。 ・所得証明書、課税（非課税）証明書、源泉徴収票など。
④子の収入を証明する書類	・子の場合、義務教育終了前は、添付不要、高等学校在学中は、在学証明書や学生証でもよい。

＊子が20歳未満で障害の状態にある場合は、医師または歯科医師の診断書が必要。

ちょっと補足 障害年金の請求に必要な書類　障害年金の請求に必要な書類にはさまざまなものがあります。年金相談を行って必要な書類を確認したほうがよいでしょう。

障害年金の請求手続き

書類を用意するタイミングに注意

　前ページの表にあるように、戸籍抄本、戸籍謄本や住民票は、障害認定日による請求の場合は、障害認定日以降で請求日以前6か月以内のものが必要です。また、事後重症による請求の場合は、請求日以前1か月以内のものが必要です。医師の診断書は、原則的に障害認定日より3か月以内のものが必要ですが、障害認定日と年金請求日が1年以上離れている場合は、年金請求日前3か月以内のものもさらに必要になります。

　このように細かく定められているので、書類を用意するタイミングには注意が必要です。また、請求する人の状況によって、添付書類が増える場合もあります。障害年金を受給する条件にあてはまったら、年金事務所へ連絡し、必要な書類とそれらを用意するタイミングを確認しましょう。

初診日を証明する書類

　障害年金を受け取ることができる条件を満たしていることを証明するためには、初診日を証明することが必要です。

　この初診日の証明については、20歳前に初診日がある障害基礎年金については、初診日を明らかにする書類などがなくても、第三者の証明による初診日の確認が認められていました。

　一方で、20歳以降に初診日がある障害年金については、初診日を明らかにすることができる書類として診断書などの医療機関の証明の添付が必要であり、第三者の証明による初診日の確認が認められていませんでした。しかし、平成27年10月1日からは、20歳以降に初診日がある障害年金であっても、初診日を明らかにすることができる書類として診断書などの医療機関の証明の添付ができない場合であっても、初診日を証明するために第三者の証明等の参考となる書類を添付できれば、本人が申し立てた日を初診日として認めてもらえるようになりました。

　第三者の証明には、原則として複数の第三者による証明が必要であり、この他本人の申し立てた初診日について参考となる別の資料を併せて提出することが必要です。

キーワード　第三者証明の「第三者」とは？　一般的には隣人、友人、民生委員などです。第三者証明には複数の第三者による証明が必要です。

また、初診日が一定の期間内にあると確認できる場合についても、一定の要件の場合には、本人の申し立てた初診日が認められる場合があります。
　なお、平成27年10月１日以前に初診日の証明ができず、受け取れなかった障害年金も、再申請するとこの新しい取扱いに基づいて審査してくれます。初診日を証明する書類がなくても、あきらめずに請求しましょう。

●**本人申し立ての初診日と必要な資料**

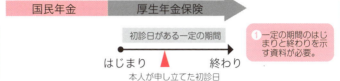

年金請求提出後に行われる審査

　年金請求書と添付書類を提出すると、障害の状態の認定のため、審査が行われます。この審査には３か月ほどかかりますが、障害の状態を確認するために時間がかかってしまうと、さらに時間がかかります。
　審査が終了し、障害年金を受け取ることができるかどうかが決定されて、書面で連絡が届きます。障害年金を受け取ることができる人には、「年金証書」「年金決定通知書」、パンフレット「年金を受給されるみなさまへ」が届きます。
　障害年金を受け取ることができない人には、「不支給決定通知書」が届きます。

障害年金を受け取るまでには時間がかかる

　障害年金を受け取ることができる場合は、年金請求書等を提出してから、最短で３か月で、年金証書などが届きます。年金証書が送られてからさらに約１～２か月後に、障害年金の受け取りがはじまります。

 「不支給決定通知書」の内容に不服がある場合は？　不支給決定を知った日の翌日から起算して３か月以内に文書か口頭で地方厚生局内の社会保険審査官に審査請求できます。

❹ 年金受給者に届く書類

年金受給者に届くさまざまな書類

年金請求書を提出すると年金証書・年金決定通知書が届く

　老齢年金、遺族年金、障害年金の年金請求書を提出後、年金を受け取ることができると決定されると、「**年金証書・年金決定通知書**」が届きます。年金の種類やその金額が掲載されているので、内容を確認し、大切に保管しましょう。

　老齢年金と遺族年金は、年金請求書の提出から最短で約1か月で届きます。障害年金は、年金請求書の提出から最短で約3か月後に届きます。

● 年金証書と年金決定通知書

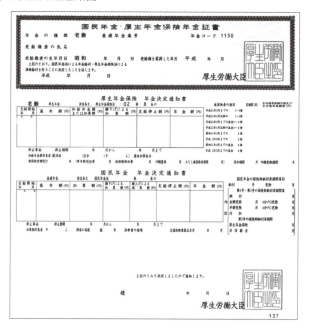

 年金証書と年金決定通知書が届く期間　老齢年金と遺族年金は年金請求書の提出から最短で約1か月、障害年金は最短で約3か月後に届きますが、請求者の状況によってはもう少し時間がかかることもあります。

年金の支払いは偶数月の15日

老齢年金と遺族年金を受け取ることができるのは、年金証書等が届いてから約50日後です。障害年金は、年金証書等が届いてから約1～2か月後です。どの年金も、年金を請求する人の状況によっては、もう少し時間がかかる場合もあります。

年金は、2月、4月、6月、8月、10月、12月の偶数月の15日に支払われます。ただし、15日が土曜日や日曜日、祝日の場合には、直前の営業日に支払われます。

支払われる年金額は、支払い月の前2か月分です。なお、初回の支払いのときやさかのぼって過去の支払いが発生した場合は、奇数月に支払われることがあります。

● 年金の支払日

年金の支払日	支払われる年金
2月15日	前年の12月と1月の2か月分
4月15日	2月と3月の2か月分
6月15日	4月と5月の2か月分
8月15日	6月と7月の2か月分
10月15日	8月と9月の2か月分
12月15日	10月と11月の2か月分

＊例えば、年金額の変更が6月分からの場合は、変更された年金額の振込みは8月15日振込み分からです。

年金振込通知書と年金額改定通知書

年金の口座振込みを希望した場合には、毎年6月に「年金振込通知書」が届きます。この通知書は、6月から翌年の4月までの、偶数月に支払われる振込額が記載されています。なお、振込額に変更があったときや振込先の口座を変更した場合は、その都度送付されます。

年金額が変わると、その都度、変更後の年金額が記載された「支給額変更通知書」が届きます。なお、物価スライドや法律の改正で年金額が変わったときは「年金額改定通知書」が届きます。

ちょっと補足　年金振込通知書をなくしてしまったら？ 「ねんきんネット」（→P78）のユーザーIDを取得している人は電子版「年金振込通知書」で確認できます。再発行は年金事務所、ねんきんダイヤルで受け付けています。

年金受給者に届くさまざまな書類

●年金振込通知書と年金額改定通知書

年金振込通知書

６月から翌年４月までに振り込まれる金額が記されています。毎年６月に届きます。

年金額改定通知書

年金額が改定されたときに届きます。

年金受給権者現況届

引き続き年金を受ける権利があるかどうか、年に１回、現在の状況を年金事務所に確認してもらう必要があるので、年金事務所から「年金受給権者現況届」が誕生月に届きます。この年金受給者現況届は、誕生月の末日までに返送しなければなりません。

ただし、現況届が年金事務所から届かない場合があります。

●年金受給権者現況届が届かない理由

①「年金請求書」にマイナンバーを記入したとき。

②「年金証書」に記載されている年金の支払いを行うことが決定した日から次の誕生月の末日までの期間が１年以内のとき。

③年金の全額が支給停止となっているとき、全額支給停止となっていた年金が受けられるようになってから、１年を過ぎていないとき。

ちょっと補足 年金振込通知書と年金額改定通知書が一体になったもの　年金振込通知書と年金額改定通知書を１つのハガキにして発送される場合があります。

扶養親族等申告書

老齢年金は所得税がかかるため、「**公的年金等の受給者の扶養親族等申告書**」の提出が必要です。この申告書は、毎年、年金事務所から届きます。ただし、はじめて老齢年金を請求した場合は、その際の請求書に含まれているため、改めて「公的年金等の受給者の扶養親族等申告書」は届きません。また、毎年2月時点の年金額が65歳未満の人は108万円未満、65歳以上の人では158万円未満である場合には所得税がかからないため、届きません。

なお、障害年金と遺族年金は所得税がかからないので、「公的年金等の受給者の扶養親族等申告書」は必要ありません。

源泉徴収票

老齢年金を受けている人には、毎年1月中に**源泉徴収票**が届きます（→P281に書式あり）。遺族年金や障害年金を受けている人には、もともと所得税がかからないので届きません。

家族の状況などを知らせる届もある

なお、現況届の提出が不要であっても、加給年金額の対象となる人の生計維持の確認が必要な場合には、**生計維持確認届**を提出します。

例えば老齢厚生年金の場合、加給年金をもらうためには、対象となる家族が老齢厚生年金の受給者によって生計を維持されていることが必要です。その生計維持されているかどうかは、老齢厚生年金の受給者といっしょに住んでいるか、老齢厚生年金の受給者の収入で生活しているかによって判断されます。途中で別々に住むようになった場合や対象となった人の収入が増えた場合、離婚した場合などは、生計維持されていると判断されず、加給年金をもらえなくなります。そのため、家族の状況を年金事務所に確認してもらうために「生計維持確認届」の提出が必要となるのです。

また、障害年金を受け取っている場合には、**障害状態確認届**が年金事務所から届きます。これは、障害の状態に応じて、提出が必要となる年に引き続き障害年金を受け取る権利があるかどうかを確認するための書類です。この障害状態確認届には診断書がついてくるので、障害の状況を医師に記入してもらう必要があります。誕生月の月末が提出期限です。届の提出がないときは、年金の支払いが一時差し止められるので、忘れずに提出しましょう。

 現況届とマイナンバー 平成29年2月に日本年金機構より送付される現況届からは、住民票の添付またはマイナンバーの記入が必要です。

❺ 年金の請求　こんなときどうする？
受給する年金の選択

2つ以上の年金を受け取る権利が発生したとき

　支給事由（老齢または退職、障害、死亡）が異なる2つ以上の年金を受け取ることができるときには、どれか1つの年金しか受け取ることができません。これを**1人1年金の原則**といいます（ただし、2つ以上の年金を受け取ることができる例外もあります）。

　そのため、2つ以上の年金を受け取ることができるようになったときは、本人がどの年金を受け取るかを選択し、申し出を行う必要があります。

年金受給選択申出書の提出

　2つ以上の年金を受け取ることができるようになったときには、「**年金受給選択申出書**」を提出し、どの年金を受け取るかを選択します。

　すでに年金を受け取っていた人が、他の新たな年金を受けられるようになったときには、どちらの年金を受け取るかを選択します。どちらの年金を受けるかは、どちらの年金を受け取ったら、金額が一番高いかなどを基準に考えるほか、税金や他の制度からもらえる給付金への影響も併せて考えます。

　ただし、この選択はあとから変えることもできます。例えば、年金額の変更や税金・社会保険料、労災保険などの他の制度との関係により受け取る年金を変更したほうが有利な場合などが該当します。この場合には「**年金受給選択申出書**」を提出して、受け取る年金の選択替えを行います。

ちょっと補足　**傷病手当金の減額・支給停止**　病気休業中に生活を保障するために健康保険から支給される傷病手当金を会社退職後も引き続き受給する場合、老齢基礎年金や老齢厚生年金を受給すると、傷病手当金が減額または支給停止されます。

● 選択した年金を変える理由

ケース1

年金Aの受給権がなくなるか、または支給停止されたとき。

年金Aの受給権がなくなることによって、1人1年金の原則によって支給停止になっていた年金Bが受給可能になるケースがあります。

ケース2

低額だった年金Bが年金Aよりも高額になったとき。

年金受給中に新たな年金の受給権が発生したら

　すでに受給している年金を引き続き受け取ることにしていても、他の新たな年金を受け取れる権利が発生した際は、かならず「年金受給選択申出書」の提出が必要です。

　すでに受給している年金のほうを選択したため、一方の新たな年金は関係ないと思っていても、もしも選択替えを行いたいとしたときに、一方の年金も請求手続きを行っていないと選択替え後の年金を受け取るのが遅れてしまうことがあります。すでに受給している年金を引き続き受け取るにしても、他に新たな年金の受給権が発生した際には、そちらについても請求手続きを行いましょう。

 年金受給選択申出書の確認事項　「年金受給選択申出書」の裏面には選択する年金によってどのような影響が出るのかが記されています。どの年金を選択するか検討する際にかならず目を通すようにしましょう。

241

⑤ 年金の請求　こんなときどうする？
年金受給者が亡くなったとき

年金受給権者死亡届（報告書）の提出

　年金を受け取っている人が亡くなったときには、「**年金受給権者死亡届（報告書）**」を年金事務所に提出し、亡くなったことを届け出ます。この際に、亡くなった日よりあとに振り込まれる年金（**未支給年金**）などがあると、これを家族が受け取ることができる場合があります。そのため、未支給年金を請求する手続きも必要となることがあります。また、亡くなったことにより遺族年金を受け取ることができる場合もあるので、遺族年金の手続きも同時に行うことがあります。

　年金受給者が亡くなったときに提出する年金受給権者死亡届（報告書）の届出には、亡くなった人の年金証書と亡くなった事実を明らかにする**戸籍抄本などの添付**が必要です。

　年金証書が見つからないなどで添付ができないときは、そのことを記入する欄が年金受給権者死亡届（報告書）にあるので、その旨記入します。

　年金を受け取ることができるのは、亡くなった月までの分です。年金受給権者死亡届（報告書）の提出が遅れると、本来受け取ることができない分の年金まで振り込まれ、あとから返金することになります。

●年金受給権者死亡届は早めに提出する

　　　　　　　　　　　　　　┌─ 6/21に死亡 ➡ 6月分まで支給される

4月	5月	6月	7月	8月
4/15 2月分 3月分		6/15 4月分 5月分		8/15 6月分〇 7月分✕

届出が遅れて7月分が支払われたら、あとから返すことになります。

ちょっと補足　業務上のケガや病気または通勤災害が原因で亡くなった場合　労災保険から給付を受けることができる場合がありますが、遺族年金を受給すると労災保険からの給付が減額されることがあります。

未支給年金とは

未支給年金とは、年金受給者が亡くなったときに、その人が受け取るはずだった年金のことをいいます。

● 未支給年金として請求できる年金の種類

国民年金	老齢基礎年金、老齢年金、通算老齢年金、障害基礎年金、障害年金、遺族基礎年金、寡婦年金、母子年金、準母子年金、遺児年金
厚生年金保険	老齢厚生年金、老齢年金、通算老齢年金、特例老齢年金、障害厚生年金、障害年金、障害手当金、遺族厚生年金、遺族年金、通算遺族年金、特例遺族年金

年金は、偶数月の15日に2か月分まとめて支払われます。また、年金受給者が亡くなった場合は、年金は亡くなった月分まで支払われます。そのため、亡くなった日よりもあとに年金が支払われる場合があります。この亡くなった日よりもあとに支払われる年金は、亡くなった本人に代わり、家族が請求して受け取ることができます。

なお、年金を受け取る権利がある人が、年金請求書を提出する前に亡くなった場合も、その人が受け取るはずだった年金が発生するので、この年金も未支給年金として家族が代わりに請求できます。

● 未支給年金の例

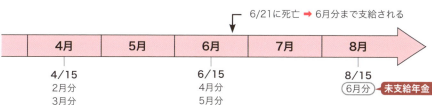

未支給年金を受け取ることができる家族

未支給年金を受け取ることができる家族は、亡くなった人と生計を同じくしていた①配偶者、②子、③父母、④孫、⑤祖父母、⑥兄弟姉妹、⑦その他3親等以内の親族で、①から⑦の順で順位がつけられています。この①から⑦までの家族がそれぞれに未支給年金を受け取ることができるわけではなく、この中で最も順位が高い人だけが受け取ることができます。

 ちょっと補足 未支給年金を受け取る家族の例 例えば、①配偶者と②子がいる場合は、②子は受け取ることができず、①配偶者のみが受け取ることになります。

243

年金受給者が亡くなったとき

●未支給年金を受け取る家族と必要な提出書類

受け取る人	状況	提出書類
配偶者または子	住民票上、同一の世帯に属しているとき。	世帯全員の住民票（死亡した受給者は住民票の除票）。
配偶者または子	住民票上は世帯を別にしているが、住所が住民票上同一であるとき。	①それぞれの世帯全員の住民票（死亡した受給者は住民票の除票）。 ②別世帯になっていることについての理由書。
配偶者または子	住所が住民票上は異なっているが、実際には日常生活を共にして、また生活上の家計を1つにしているとき。	①それぞれの世帯全員の住民票（死亡した受給者は住民票の除票）。 ②同居についての申立書。 ③別世帯になっていることについての理由書。 ④生計を同じくしていた事項を知っている民生委員、町内会長、家主、事業主など第三者の証明書またはそれに代わる書類。
配偶者または子	単身赴任、就学または療養などのやむを得ない事情のために住所が住民票上は異なっているが、その事情が消滅したときは、日常生活を共にして、生活上の家計を1つにするとき。 例：生活費、療養費などの経済的な援助が行われている場合や、定期的に音信や訪問が行われていること。	①それぞれの世帯全員の住民票（死亡した受給者は住民票の除票）。 ②別居していることについての申立書。 ③生活費など経済的な援助および定期的な音信、訪問が行われていた申立書。 ④生計を同じくしていた事項を知っている民生委員、町内会長、家主、事業主など第三者の証明書またはそれに代わる書類。
父母、孫、祖父母、兄弟姉妹、その他3親等以内の親族	住民票上、同一の世帯に属しているとき。	世帯全員の住民票（死亡した受給者は住民票の除票）。
父母、孫、祖父母、兄弟姉妹、その他3親等以内の親族	住民票上は世帯を別にしているが、住所が住民票上同一であるとき。	それぞれの世帯全員の住民票（死亡した受給者は住民票の除票）。
父母、孫、祖父母、兄弟姉妹、その他3親等以内の親族	住所が住民票上は異なっているが、実際には日常生活を共にして、また生活上の家計を1つにしているとき。	①それぞれの世帯全員の住民票（死亡した受給者は住民票の除票）。 ②同居についての申立書。 ③生計を同じくしていた事項を知っている民生委員、町内会長、家主、事業主など第三者の証明書またはそれに代わる書類。
父母、孫、祖父母、兄弟姉妹、その他3親等以内の親族	住所が住民票上は異なっているが、生活費、療養費などについて生活の基盤となる経済的な援助が行われているとき。	①それぞれの世帯全員の住民票（死亡した受給者は住民票の除票）。 ②経済的援助についての申立書。 ③生計を同じくしていた事項を知っている民生委員、町内会長、家主、事業主など第三者の証明書またはそれに代わる書類。

ちょっと補足　未支給年金を受給できる家族の年齢要件　遺族年金を受け取ることができる家族の要件には年齢要件がありますが（→P136）、未支給年金を受け取ることができる家族には年齢要件はありません。

未支給年金の請求手続き

　未支給年金も請求しなければ受け取ることができません。未支給年金を受け取るときは、年金受給権者死亡届（報告書）の提出とともに「**未支給年金請求書**」を年金事務所に提出します。未支給年金請求書には、未支給年金を受け取ることができることを証明するために、**前ページ表中の提出書類をいっしょに提出**します。また、未支給年金請求書には、受け取りを希望する銀行口座について金融機関の証明欄がありますが、通帳のコピーを添付した場合は、証明は不要です。

　未支給年金を受け取ることができるのは、未支給年金請求書を提出してから、約3か月後です。

準確定申告用源泉徴収票が原則発行される

　確定申告は、1月1日から12月31日の1年間の所得の状況を翌年の2月16日から3月15日までに申告します。亡くなった場合は、1月1日から亡くなった日までの所得の状況を申告することになっていて、この申告のことを**準確定申告**といいます。

　準確定申告をする場合には、源泉徴収票が必要となるので、年金受給者が亡くなった場合は、亡くなった日までに受け取ったその年の年金についての「**準確定申告用源泉徴収票**」が、死亡届を提出した人宛てに自動的に送付されます。ただし、年金受給者が1月1日から2月の支払日の前日までの間に亡くなった場合は、原則として準確定申告用源泉徴収票は発行されません。

📝 準確定申告の手続き

提出書類 ……… 所得税の確定申告書、確定申告書付表
提出先 ………… 死亡した人の死亡当時の納税地の税務署
提出する人 … 相続人
提出期限 ……… 相続があったことを知った日の翌日から4か月以内

ちょっと補足　年金受給者が年金請求書を提出する前に亡くなった場合　未支給年金の請求書と併せて該当する年金請求書とその添付書類を提出します。

コラム 5

年金積立金は大丈夫?

　公的年金制度は、年金に必要なお金を事前に積み立てておき、そのお金から支払う「積立方式」ではなく、現在集めたお金を現在支給する年金にあてる「賦課方式」で運用されています。

　わかりやすく説明すると、現在老齢年金を受給している皆さんの年金は、今の若い世代が支払う年金保険料によってまかなわれているということです。したがって、日本に居住する20歳から60歳までの人と厚生年金の加入対象者は年金制度に加入し、保険料を支払う義務があります。

　集められた保険料は賦課方式で運用し、残りのお金はGPIF（年金積立金管理運用独立行政法人）が株式や債券を購入し、年金財政の安定化に活用することになっています。

　GPIFの運用実績については、2024年度第2四半期で約9兆1200億円の赤字とTVや新聞で報道されました。損失を出すと国会論戦の対象となりますが、長期的な視点でみると2024年末現在までの累積収益額は約164兆円となっており、厚生労働大臣が定めた1.7%を最低限のリスクとする中期目標を上回り、年金財政に貢献していますので、その機能を果たしているといえます。

　公的年金の財政については、厚生労働省が毎年公表している「年金制度のポイント」で概要を知ることができます。

「2023年度版　年金制度のポイント」
https://www.mhlw.go.jp/content/12500000/20220928.pdf

　また、政府は5年ごとに、公的年金の財政の現状と将来の見通しである公的年金の財政検証を実施しています。直近では2024〈令和6〉年に行われました。
https://www.mhlw.go.jp/stf/seisakunitsuite/bunya/nenkin/nenkin/zaisei-kensyo/index.html

第 **6** 章

年金にかかる保険料と税金

社会保険料と税金

Q1 年金をもらい始めても保険料を引かれるの?

はい。会社員などで厚生年金保険に加入している場合は保険料を納めます。

　厚生年金保険は原則70歳になるまで加入となりますので、老齢年金を受け取れるようになっても、厚生年金保険に加入している場合は保険料を納める必要があります。このほか、健康保険料や介護保険料もかかります。

老齢年金と厚生年金保険料 → P250　　老齢年金受給後の会社員の健康保険料 → P256
老齢年金と介護保険 → P260

Q2 定年退職して働き方が変わった。雇用保険から給付がもらえる?

条件がそろえば給付金があります。

　雇用保険に5年以上加入していて、60歳になる前と比べて賃金が75%未満に下がった人を対象にした雇用保険からの給付があります。65歳以降に退職して、就職活動をするなら、雇用保険からは高年齢求職者給付金という一時金が支給されます。

高年齢雇用継続給付 → P266　　雇用保険との調整 → P272

のよくある疑問あれこれ

Q3 年金も雇用保険からの給付ももらえることってある?

65歳以上であれば両方受け取れますが、就職すると年金が減額となる場合があります。

　60～64歳の雇用保険からの高年齢雇用継続給付をもらえるときは、特別支給の老齢厚生年金の一部が減額になります。求職の申し込みをすると年金は全額支給停止となり、失業給付が優先されます。65歳以上になるとこの支給停止はなくなりますが、就職すると今度は在職老齢年金の対象となり、年金が減額されることがあります。

雇用保険との調整 → P272

Q4 年金を受け取ると税金がかかるって本当?

本当です。老齢年金には所得税がかかります。

　老齢年金は一定額を超えると所得税がかかります。対象となる人の年金は、受け取る時点で所得税が引かれています。扶養している親族がいる場合はその旨を年金事務所へ提出すると、税金が安くなります。なお、遺族年金と障害年金には税金がかかりません。

年金にかかる所得税と住民税 → P278

❶ 老齢年金と社会保険

老齢年金と厚生年金保険料

老齢年金をもらっていても厚生年金保険料がかかる

　国民年金は60歳まで加入しますが、厚生年金保険は70歳まで加入できます。そのため、60歳以降は、任意加入（→P51）する場合を除いて、国民年金保険料は不要となります。

　一方で、60歳以降も会社に勤務している場合は、厚生年金保険にそのまま加入していますので、厚生年金保険料が必要となります。つまり、老齢年金を受け取っているにもかかわらず、厚生年金保険料が老齢年金受給前と変わらず、給与から天引きされます。

　なお、在職老齢年金のしくみ（→P116）で、年金が支給停止されて実際に受け取ることができない人も、厚生年金保険料は変わらず天引きされます。

老齢年金の受給後の働き方で厚生年金保険料が変わる

　会社に勤務している人が老齢年金を受給する際、次の選択肢があります。

●老齢年金受給後の会社員の働き方と厚生年金保険料

 年金受給前と変わらず働き続ける。

 給与を下げて働き続ける。

 退職する。

 厚生年金保険料は変わらない。

 厚生年金保険料が減額される、またはかからなくなる。

 厚生年金保険料がかからなくなる。

 　厚生年金保険に継続加入している人の70歳以降の老齢年金　厚生年金保険の加入は70歳までのため、70歳に到達した月に厚生年金保険の資格を喪失し、厚生年金保険料は不要となります。

老齢年金受給前と同じように働く場合 老齢年金受給前と同じように厚生年金保険料がかかります。

 老齢年金受給前よりも給与額を下げて働く場合 厚生年金保険料も下がる手続きを行うことができる場合があります。

　厚生年金保険料が変更となるのは、定年後再雇用契約の場合は、再雇用契約がはじまった月の保険料からです。これを**同日得喪**の手続きといいます。それ以外の場合は、変更後の給与が支給された月から4か月目の保険料から変更されます。これを**月額変更**の手続きといいます。

　厚生年金保険料を変更することができる手続きは、勤務している会社で行います。条件によって異なりますが、給与が下がったにもかかわらず、厚生年金保険料が変更されていない場合は、会社に聞いてみることをおすすめします。

　なお、❷老齢年金受給前よりも給与額を下げて働く場合に、厚生年金保険の加入要件を満たさない勤務条件へ変更となった場合は、厚生年金保険の資格を喪失しますので、厚生年金保険料はかかりません。

退職する場合 厚生年金保険の資格を喪失するので、厚生年金保険料はかかりません。

● 厚生年金保険料の同日得喪と月額変更

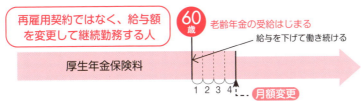

 70歳以上で会社に勤務している人の老齢年金は？ 70歳以上で厚生年金保険の資格を喪失していても、会社に継続して勤務している場合は、在職老齢年金のしくみにより年金額が支給停止となる場合があります。

251

❶ 老齢年金と社会保険

健康保険のしくみ

老齢年金を受け取っていても健康保険料がかかる

　病院では、年齢や仕事をしているかどうかにかかわらず、どんな人もかならず公的な健康保険証の提示を求められます。赤ちゃんからお年寄りまで、すべての人が健康保険に加入していて、みんなが保険料を支払うことでお互いの負担を軽減しているのです。これを**国民皆保険制度**といいます。

　これは老齢年金を受け取っている高齢者も同様です。老齢年金を受け取っていたとしても、健康保険に加入しているので、健康保険料の支払いが原則必要です。

健康保険の種類と後期高齢者医療制度

　健康保険には次の4つがあります。
Ⓐ **協会けんぽ**（**全国健康保険協会管掌健康保険**）
Ⓑ **健康保険組合**
Ⓒ **国民健康保険**
Ⓓ **後期高齢者医療制度**

　会社に勤務している人は、加入要件にあてはまれば、Ⓐ協会けんぽまたはⒷ健康保険組合に会社を通して加入しています。勤務している会社によって、協会けんぽなのか健康保険組合なのかは異なります。

　自営業の人、無職の人、学生、会社に勤務していても協会けんぽや健康保険組合の加入要件にあてはまらない人など、協会けんぽや健康保険組合に加入しない場合は、Ⓒ国民健康保険に加入します。

　Ⓓ後期高齢者医療制度は、75歳以上の人が加入する健康保険です。

75歳以上の健康保険制度　75歳まで協会けんぽ・健康保険組合・国民健康保険に加入しても、75歳になったら後期高齢者医療制度に加入します。

● 健康保険の種類

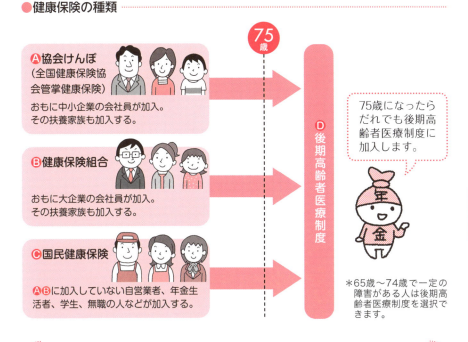

健康保険の保険料

　協会けんぽと健康保険組合に加入している場合は、健康保険料は毎月の給与から天引きされます。保険料の計算方法や徴収のされ方は、厚生年金保険料とほぼいっしょで、協会けんぽと健康保険組合の健康保険料も厚生年金保険料もそれぞれに、定められている保険料率と給与額によって保険料が決まります。

　健康保険料率は、協会けんぽは都道府県ごとに、健康保険組合は健康保険組合ごとに異なりますが、厚生年金保険料率は全国共通です。

　健康保険料率と給与額によって決まった保険料は、協会けんぽは会社と本人で半分ずつ支払います。健康保険組合では負担する割合は健康保険組合ごとに異なりますが、会社と本人で定められた割合に応じて、それぞれに支払います。

　なお、厚生年金保険料も定められている保険料率と給与額によって決まりますが、会社と本人で半分ずつ支払います。

健康保険組合の保険料　健康保険組合では、それぞれの組合ごとに会社と本人の負担割合を決めることができます。組合によっては、半分ずつでなく、会社のほうが多く負担してくれるところもあります。

253

健康保険のしくみ

●健康保険・厚生年金保険の標準報酬月額表（東京都の場合）

標準報酬月額にはいくつかの等級があります。健康保険は第1級の58,000円から第50級の1,390,000円まで。厚生年金保険は第1級の88,000円から第32級の650,000円まで。それぞれ細かく区分されています。

保険料は保険加入者と会社で折半して支払う。

令和7年3月分（4月納付分）からの健康保険・厚生年金保険の保険料額表

- 健康保険料率：令和7年3月分〜 適用
- 介護保険料率：令和7年3月分〜 適用
- 厚生年金保険料率：平成29年9月分〜 適用
- 子ども・子育て拠出金率：令和2年4月分〜 適用

（東京支部） （単位：円）

標準報酬		報酬月額	全国健康保険協会管掌健康保険料				厚生年金保険料（厚生年金基金加入員を除く）	
			介護保険第2号被保険者に該当しない場合		介護保険第2号被保険者に該当する場合		一般、坑内員・船員	
等級	月額		9.91%		11.50%		18.300%※	
			全額	折半額	全額	折半額	全額	折半額
		円以上 〜 円未満						
1	58,000	〜 63,000	5,747.8	2,873.9	6,670.0	3,335.0		
2	68,000	63,000 〜 73,000	6,738.8	3,369.4	7,820.0	3,910.0		
3	78,000	73,000 〜 83,000	7,729.8	3,864.9	8,970.0	4,485.0		
4(1)	88,000	83,000 〜 93,000	8,720.8	4,360.4	10,120.0	5,060.0	16,104.00	8,052.00
5(2)	98,000	93,000 〜 101,000	9,711.8	4,855.9	11,270.0	5,635.0	17,934.00	8,967.00
6(3)	104,000	101,000 〜 107,000	10,306.4	5,153.2	11,960.0	5,980.0	19,032.00	9,516.00
7(4)	110,000	107,000 〜 114,000	10,901.0	5,450.5	12,650.0	6,325.0	20,130.00	10,065.00
8(5)	118,000	114,000 〜 122,000	11,693.8	5,846.9	13,570.0	6,785.0	21,594.00	10,797.00
9(6)	126,000	122,000 〜 130,000	12,486.6	6,243.3	14,490.0	7,245.0	23,058.00	11,529.00
10(7)	134,000	130,000 〜 138,000	13,279.4	6,639.7	15,410.0	7,705.0	24,522.00	12,261.00
11(8)	142,000	138,000 〜 146,000	14,072.2	7,036.1	16,330.0	8,165.0	25,986.00	12,993.00
12(9)	150,000	146,000 〜 155,000	14,865.0	7,432.5	17,250.0	8,625.0	27,450.00	13,725.00
13(10)	160,000	155,000 〜 165,000	15,856.0	7,928.0	18,400.0	9,200.0	29,280.00	14,640.00
14(11)	170,000	165,000 〜 175,000	16,847.0	8,423.5	19,550.0	9,775.0	31,110.00	15,555.00
15(12)	180,000	175,000 〜 185,000	17,838.0	8,919.0	20,700.0	10,350.0	32,940.00	16,470.00
16(13)	190,000	185,000 〜 195,000	18,829.0	9,414.5	21,850.0	10,925.0	34,770.00	17,385.00
17(14)	200,000	195,000 〜 210,000	19,820.0	9,910.0	23,000.0	11,500.0	36,600.00	18,300.00
18(15)	220,000	210,000 〜 230,000	21,802.0	10,901.0	25,300.0	12,650.0	40,260.00	20,130.00
19(16)	240,000	230,000 〜 250,000	23,784.0	11,892.0	27,600.0	13,800.0	43,920.00	21,960.00
20(17)	260,000	250,000 〜 270,000	25,766.0	12,883.0	29,900.0	14,950.0	47,580.00	23,790.00
21(18)	280,000	270,000 〜 290,000	27,748.0	13,874.0	32,200.0	16,100.0	51,240.00	25,620.00
22(19)	300,000	290,000 〜 310,000	29,730.0	14,865.0	34,500.0	17,250.0	54,900.00	27,450.00
23(20)	320,000	310,000 〜 330,000	31,712.0	15,856.0	36,800.0	18,400.0	58,560.00	29,280.00
24(21)	340,000	330,000 〜 350,000	33,694.0	16,847.0	39,100.0	19,550.0	62,220.00	31,110.00
25(22)	360,000	350,000 〜 370,000	35,676.0	17,838.0	41,400.0	20,700.0	65,880.00	32,940.00
26(23)	380,000	370,000 〜 395,000	37,658.0	18,829.0	43,700.0	21,850.0	69,540.00	34,770.00
27(24)	410,000	395,000 〜 425,000	40,631.0	20,315.5				
28(25)	440,000	425,000 〜 455,000	43,604.0	21,802.0				

等級欄の（ ）は厚生年金保険の標準報酬月額等級、そうでないものは健康保険の標準報酬月額等級。

例 報酬月額が215,000円のAさんの標準報酬月額

報酬月額215,000円が該当する行を探して、標準報酬月額を割り出す。

　国民健康保険は市区町村ごとに運営を行っています。後期高齢者医療制度はそれぞれの都道府県にある**後期高齢者医療広域連合**ごとに運営を行っています。そのため、暮らしている地域ごとに保険料が異なるしくみです。保険料は、1年間の年金額が18万円未満の人や介護保険料と後期高齢者医療制度の保険料の合計額が年金額の2分の1を超える人は、送られてくる納付書を使って支払うか、または口座振替を申し込んで支払います。それ以外の人は、年金額から自動で健康保険料が天引きされます。

 キーワード
後期高齢者医療広域連合 後期高齢者医療制度の事務などを円滑に行うために組織された各都道府県の全市町村が加入している団体のことです。

協会けんぽと健康保険組合のみ扶養がある

健康保険加入者は健康保険の保険料を支払いますが、扶養に入った場合は、健康保険料は支払う必要がありません。ただし、このしくみがあるのは、協会けんぽと健康保険組合のみです。国民健康保険の場合は、世帯ごとに加入するので、家族が別の健康保険に加入していない限り、家族の分の保険料も必要となります。

後期高齢者医療制度に加入している場合も、扶養の制度はないので、75歳以上の家族は後期高齢者医療制度へ加入、75歳未満の家族は、国民健康保険か協会けんぽや健康保険組合に加入し、それぞれに健康保険料を支払うことが必要です。

協会けんぽまたは健康保険組合の任意継続加入

協会けんぽや健康保険組合は、会社に勤務している人が、加入要件にあてはまる場合に加入できます。そのため、会社を退職したり加入要件にあてはまらなくなったりした場合は、協会けんぽや健康保険組合には加入できません。

ただし、会社を退職した場合や加入要件にあてはまらなくなった場合でも、申請を行えばその後2年間は、そのまま協会けんぽや健康保険組合に加入できる任意継続被保険者制度があります。

●任意継続被保険者制度

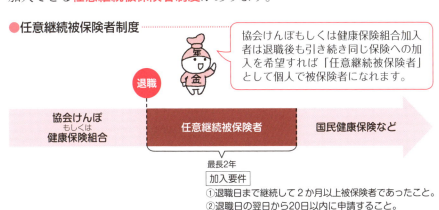

ちょっと補足 任意継続被保険者制度の保険料は？ 会社が負担してくれる保険料はありません。そのため、任意継続被保険者が全額支払います。

❶ 老齢年金と社会保険

老齢年金受給後の会社員の健康保険料

老齢年金の受給後の働き方で加入する健康保険が変わる

会社に勤務している人が老齢年金を受給する際には、次の選択肢があります。

ケース1　老齢年金受給前と同じように働く場合　老齢年金受給前と同じように会社の健康保険（協会けんぽまたは健康保険組合）に加入します。

ケース2　老齢年金受給前よりも給与額を下げて働く場合　健康保険の加入要件にあてはまっている場合は、そのまま会社の健康保険（協会けんぽまたは健康保険組合）に加入します。

健康保険の加入要件にあてはまらなくなった場合は、会社の健康保険に加入し続けることはできません[*1]。

ケース3　退職する場合　会社の健康保険に加入し続けることはできません。[*1]

[*1]　会社の健康保険に加入し続けることができない場合は、任意継続被保険者制度を利用するか（→P255）、国民健康保険に加入するか、家族の扶養に入るか（→P255）を選ぶことになります。

● 老齢年金受給後の会社員の働き方と健康保険

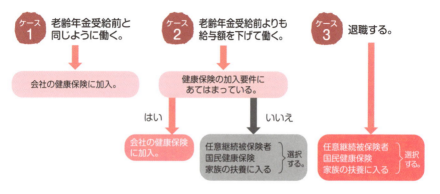

 ちょっと補足　会社の健康保険に加入しなくなったあとの健康保険　「国民皆保険制度」（→P252）のため、かならず健康保険制度のいずれかに加入します。家族の扶養になって加入することを選択することもできます。

なお、ケース1、2、3のいずれの場合も、75歳になったら後期高齢者医療制度に加入することになります。
　家族の扶養となっている場合も、自身が75歳になったら、後期高齢者医療制度に加入しなければなりません。また、自身が75歳未満でも、家族が75歳になった場合は、家族が後期高齢者医療制度に加入しますので、扶養のままではいられません。自身で健康保険制度のいずれかに加入することになります。

厚生年金保険と会社の健康保険はセットで加入

　厚生年金保険と協会けんぽ、健康保険組合は、会社に勤務している人が加入要件にあてはまる場合に加入することができます。その加入要件はまったくいっしょなので、実際には厚生年金保険と協会けんぽ、健康保険組合はセットで加入します。保険料のしくみもほぼ同じです。

老齢年金の受給後の健康保険料

ケース1　老齢年金受給前と同じように働く場合　老齢年金受給前と同じように健康保険料がかかります。

ケース2　老齢年金受給前よりも給与額を下げて働く場合　健康保険料も下がる手続きを行うことができる場合があります。健康保険料が変更となるしくみは、厚生年金保険料の変更のしくみと同じで、原則、健康保険料と厚生年金保険料の変更手続きは同時に行います。

ケース3　ケース2で会社の健康保険の加入要件を満たさない勤務条件へ変更となった場合や退職する場合　会社の健康保険へそのまま加入し続けることはできませんので、会社の健康保険の健康保険料はかかりません。ただし、会社の健康保険に加入できない場合、任意継続被保険者制度または国民健康保険に加入することを選択した場合は、加入した制度によって健康保険料がかかり、家族の扶養に入ることを選択した場合の健康保険料はかかりません。

ちょっと補足　家族の扶養に入るための年収条件　家族の扶養には、年間収入が60歳未満は130万円未満、60歳以上は180万円未満でないと入れません。

老齢年金受給後の会社員の健康保険料

老齢年金受給後（60歳以上）の年金と健康保険　まとめ

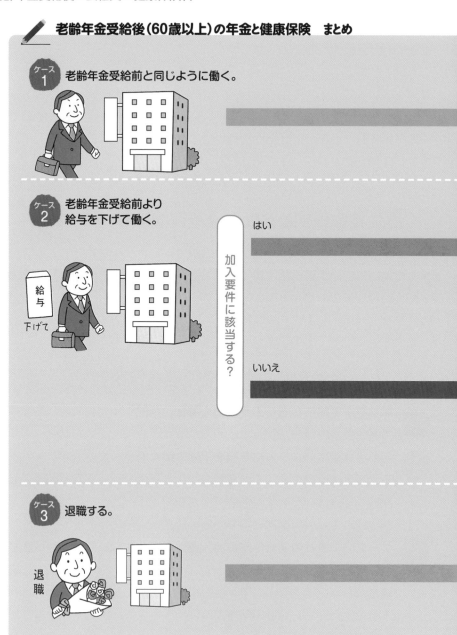

ケース1　老齢年金受給前と同じように働く。

ケース2　老齢年金受給前より給与を下げて働く。

加入要件に該当する？
はい
いいえ

ケース3　退職する。

ちょっと補足　健康保険料と厚生年金保険料を変更する手続き　変更の手続きは勤務している会社で行います。条件によって異なりますが、給与が下がったにもかかわらず、健康保険料や厚生年金保険料が変更されていない場合は、会社に確認をしましょう。

保険料を支払う　 保険料は不要

年金
¥ 70歳まで厚生年金保険*

健康保険
¥ 75歳まで協会けんぽ または健康保険組合

年金
¥ 70歳まで厚生年金保険*

健康保険
¥ 75歳まで協会けんぽ または健康保険組合

年金
¥ 加入なし

健康保険
いずれか選択
- ¥ 任意継続被保険者制度（2年間のみ、75歳まで）
- ¥ 国民健康保険 （75歳まで）
- ¥ 家族の扶養（75歳まで、または家族が75歳になるまで）

75歳になったら…

年金
¥ 加入なし

健康保険
¥ 後期高齢者医療制度

年金
¥ 加入なし

健康保険
いずれか選択
- ¥ 任意継続被保険者制度（2年間のみ、75歳まで）
- ¥ 国民健康保険 （75歳まで）
- ¥ 家族の扶養（75歳まで、または家族が75歳になるまで）

*70歳以上は、会社に継続して勤務している場合は、厚生年金の保険料はかかりませんが、在職老齢年金のしくみにより、年金額が支給停止になる場合があります。

ちょっと補足　介護保険料　40歳以上65歳未満の人は、家族の扶養に入るほかは、上の図のほかに介護保険料を払います。65歳以上の人は、家族の扶養に入っているかどうかに関係なく介護保険料を支払います（→P260）。

第6章　年金にかかる保険料と税金 ❶ 老齢年金と社会保険

❶ 老齢年金と社会保険

老齢年金と介護保険

老齢年金をもらっていても介護保険料がかかる

　介護保険は、介護保険料を納め、介護が必要になったときに所定の介護サービスが受けられる保険のことで、40歳以上の人が全員加入する制度です。保険料の支払い方や介護サービスの内容が65歳を境に変わりますが、老齢年金を受け取っていても介護保険料の支払いが必要となります。

40歳から64歳までと65歳以上の違い

　介護保険では、40歳から64歳の人を**第2号被保険者**といいます。加齢によって発生する病気等のうち、特定疾病と呼ばれる16種類の病気などになったときに、介護が必要と認められた場合、介護サービスを受けることができます。
　65歳以上の人を**第1号被保険者**といいます。第2号被保険者と異なり、16種類の病気などに限定されず、介護が必要と認められた場合は、病気などの原因を問わず介護サービスを利用できます。

40歳から64歳までの介護保険料

　40歳から64歳で、健康保険が協会けんぽや健康保険組合に加入している人の介護保険料は、健康保険料や厚生年金保険料と同じように定められている保険料率と給与額によって保険料が決まり、給与から天引きされます。
　40歳から64歳で健康保険が国民健康保険に加入している人の介護保険料は、市区町村ごとに計算されます。

　国民健康保険加入者の介護保険料　市区町村ごとに計算されるので、国民健康保険や後期高齢者医療制度と同様に暮らしている地域ごとに保険料が異なるしくみです。

65歳以上の介護保険料

　65歳以上の人の介護保険料は、市区町村ごとに計算するので、住んでいる地域ごとに保険料額が異なります。ケースによって次のように支払います。

● 65歳以上の介護保険料　支払い方法

ケース1　1年間の年金額が18万円未満の人。

ケース2　介護保険料と国民健康保険料、介護保険料と後期高齢者医療制度の保険料のそれぞれの合計額が年金額の2分の1を超える人。

送られてくる納付書を使って支払う。

または

口座振替を申し込んで支払う。

ケース3　ケース1、ケース2以外の人。

年金額から自動で介護保険料が天引きされる。

　なお40歳から64歳で、協会けんぽや健康保険組合に加入している家族の扶養に入っている人は介護保険料の負担はありません。ただし、協会けんぽや健康保険組合に加入している家族が、協会けんぽや健康保険組合に加入しなくなったときや、扶養に入っている人自身が65歳になったときは介護保険料の支払いが生じます。

ちょっと補足　65歳以上の介護保険料の支払い方法　協会けんぽや健康保険組合に加入している場合とそれ以外の場合でも、支払い方法のしくみは変わりません。

❷ 老齢年金と雇用保険

雇用保険のしくみ

雇用保険とは

　失業した場合には、失業中の生活の安定や次の就職促進のために、そして在職中の場合には、育児や介護、高年齢などを理由に退職をせず、勤務し続けることができるようにするために雇用保険があります。

　会社に勤務していて、雇用保険に加入できる要件を満たした人が雇用保険に加入し、雇用保険料を支払います。

　雇用保険に加入している人が退職した場合や育児や介護、高年齢に該当した場合に、雇用保険による給付を受けることができます。定年退職後は収入が下がることが多く、雇用保険からの給付も老後の生活資金の一部として考えたほうがよいでしょう。ここで雇用保険の基本を押さえておきましょう。

雇用保険に加入できる人

　雇用保険に加入できるかどうかは、会社での働き方によって決まります。雇用期間が31日以上（雇用期間に定めがなく勤務する場合も含む）であって、1週間の勤務時間が20時間以上の人が加入します。

　雇用保険に加入した場合は、雇用保険料を支払います。雇用保険料は、雇用保険料率と給与額によって決まり、給与から天引きされます。雇用保険料率は、業種によって異なります。

雇用期間31日以上
1週間20時間以上勤務
↓
雇用保険に加入

ちょっと補足　65歳以上の人の雇用保険への加入　かつては65歳以上の人は加入条件に該当しても雇用保険に加入することはありませんでしたが、平成29年1月1日より、65歳以上であっても加入条件に該当する場合は、雇用保険に加入することになりました。

雇用保険からの給付

退職するとハローワークで**失業保険**を受けることができるということはよく耳にすると思います。この失業保険は、正式には**基本手当**といいます。この基本手当（失業保険）を受けることができるのは、65歳前に退職した場合です。

なお、65歳以降で退職した場合は、基本手当（失業保険）ではなく**高年齢求職者給付金**という給付を受けることができます。

● 雇用保険による給付

基本手当（失業保険）と高年齢求職者給付金の手続き

どちらも退職したあとに受け取るものなので、自身でハローワークに行って手続きを行います。

もらえる条件はいくつかありますが、簡単にいえば退職日からさかのぼって12か月以上（高年齢求職者給付金は6か月以上）、雇用保険に加入していて、給与が毎月支払われていることが必要です。

退職の際に、会社から12か月分の給与の支払い状況が載っている**離職票**をもらうので、これを持ってハローワークへ行き、手続きを行います。

基本手当（失業保険）も高年齢求職者給付金も、失業した場合に、失業中の生活の安定と次の就職促進のために受け取ることができる給付です。ハローワークに行くだけで、何もせずに受け取ることができるわけではなく、次の就職先を探すための求職活動を行うということも、受給の条件です。

 求職の申し込み 求職活動をするためには、ハローワークに求職申込書を提出して次の就職先を探していることを知らせ、次の仕事として希望する勤務条件などを登録してもらいます。

❷ 老齢年金と雇用保険
雇用保険の額と受け取り

基本手当(失業保険)と高年齢求職者給付金の金額

　基本手当（失業保険）と高年齢求職者給付金は、受け取ることができる1日の金額（**基本手当日額**）を計算し、その金額を受け取ることができる日数（**給付日数**）分を受給できます。

　基本手当日額の計算は、退職日の年齢によって異なります。まず、退職直前の6か月の賃金を平均して、1日の賃金額を計算します。その1日の賃金額と退職日の年齢によって定められた45％から80％の割合を掛けて、受け取ることができる1日の金額（基本手当日額）を計算します。

　こうして算出した基本手当日額に、退職日の年齢や勤続年数によって定められている受け取ることができる日数（給付日数）を掛けた額が、基本手当（失業保険）や高年齢求職者給付金としてもらえる金額です。

●60歳以上65歳未満の人の基本手当日額と給付日数

【給付日額】（2024〈令和6〉年8月現在の金額。毎年8月に変更される。*は上限額）

賃金日額	給付率	基本手当日額
2,869円以上　5,200円未満	80％	2,295～4,159円
5,200円以上　11,490円以下	80～45％	4,160～5,170円
11,490円超　16,490円以下	45％	5,170～7,420円
16,490円（上限額）超	―	7,420円*

【給付日数】

被保険者であった期間	1年未満	1年以上5年未満	5年以上10年未満	10年以上20年未満	20年以上
給付日数	90日	150日	180日	210日	240日

 基本手当（失業保険）の延長制度　基本手当（失業保険）の場合、退職後に病気やケガによってすぐに求職活動ができないときにハローワークに申し出れば、受け取ることができる期間の1年を最長4年まで延長することができます。

●65歳以上の人の高年齢求職者給付金の給付日額と給付日数

【給付日額】（2024〈令和6〉年8月現在の金額。毎年8月に変更される。*は上限額）

賃金日額	給付率	基本手当日額
2,869円以上　5,200円未満	80%	2,295～4,159円
5,200円以上　12,790円以下	80～50%	4,160～6,395円
12,790円超　14,130円以下	50%	6,395～7,065円
14,130円超	―	7,065円*

【給付日数】

被保険者であった期間	1年未満	1年以上
給付日数	30日分	50日分

給付金を受け取るには失業の状態の確認が必要

　基本手当（失業保険）と高年齢求職者給付金をもらうためには、最初にハローワークに行って求職の申し込みをしますが、そのあとも失業していることをハローワークに確認してもらわないと、受け取ることができません。

　基本手当の場合は、求職の申し込みをすると、4週間ごとにハローワークに通う日が決められます。これを失業認定日といいます。この失業認定日にハローワークに行き、失業の状態を確認してもらいます。その4週間に次の仕事を探すなど求職活動を2回以上行うことが必要です。そうして4週間に1回、基本手当の支払いを受けることができるのです。給付金は、給付日数を28日分（4週間分）ずつに分けて受けられます。

　高年齢求職者給付金の場合も、失業認定日を決めてもらいます。ただし、基本手当のように4週間ごとではなく、高年齢求職者給付金の場合は、求職の申し込みのあと、失業認定日は1日だけ決まります。支払いも基本手当のように4週間ごとに28日分（4週間分）ずつ支払いを受けるのではなく、一時金として支払いを受けます。

　なお、基本手当と高年齢求職者給付金を受け取ることができる期間は、原則として退職日の翌日から1年です。

受給期間の延長制度　基本手当（失業保険）には、受け取ることができる期間を延長できる制度（→P264キーワード）がありますが、高年齢求職者給付金には延長制度はありません。

❷ 老齢年金と雇用保険
高年齢雇用継続給付

高年齢雇用継続給付とは

　65歳前に退職した場合は基本手当（失業保険）を、65歳以降に退職した場合は高年齢求職者給付金をもらうことができますが、60歳以降も退職せずに継続して会社に勤務する場合、一定の条件を満たすと**高年齢雇用継続基本給付金**の支払いを受けることができます。また、60〜64歳で退職して基本手当を受け取り、再就職すると**高年齢再就職給付金**があります。これらを合わせて**高年齢雇用継続給付**といいます。

高年齢雇用継続基本給付金をもらう条件

　高年齢雇用継続基本給付金をもらうためには、60歳になったときに雇用保険に5年以上加入していることと、60歳以降も継続して勤務して、60歳前と比べて給与額が75％未満に下がることが条件です。60歳以降に老齢年金を受け取れるようになったとき、老齢年金受給前よりも給与額が下がった場合は給与額が75％未満かどうかを確認しましょう。
　高年齢雇用継続基本給付金は、月単位でもらえるかどうかが決定します。その月に支払われた給与と60歳前の給与とを比べて、75％未満に下がっていることをハローワークが確認したら、もらうことができます。もらうことができるのは、65歳になる月までです。

高年齢雇用継続基本給付金の金額

　高年齢雇用継続基本給付金は、その月に支払われた給与と60歳前の給

ちょっと補足　**60歳になったときに雇用保険の加入が5年以上ない人は？**　高年齢雇用継続基本給付金の受給要件である「雇用保険の加入5年以上」を満たさない人は、60歳以降雇用保険に加入して、5年になった時点で条件を満たします。

与を月単位で比べるので、まず60歳前の給与額を計算します。

実際には、60歳になった月前6か月間の給与の総支給額を180日で割って、1日の平均額を計算します。その1日の平均額に30日をかけることによって、1か月分の給与額とし、それを60歳前の給与として定めます。これによって定めた60歳前の給与と60歳以降実際に支払われた給与を比べて75％未満に低下していれば、高年齢雇用継続基本給付金を受け取れます。

ただし、この計算して定める60歳前の給与は限度額があり、2024〈令和6〉年8月から2025〈令和7〉年7月までは、86,070円以上494,700円以下の間で定めます。この限度額は毎年8月に変わります。

もらえる金額は、60歳前の給与と60歳以降に実際に支払われた給与とを比べて、どのくらい低下したか（**低下率**）によって支給率が決まるので、支給率によって実際にもらえる額が決まります（P268表参照）。

高年齢雇用継続基本給付金の手続き

高年齢雇用継続基本給付金をもらう手続きは、本来、自身で行うものですが、会社が代わりに手続きを行っている場合が多いので、会社にまかせてしまえば心配ないでしょう。

手続きが終了すると、初回の申請では「**高年齢雇用継続給付受給資格確認・否認通知書　高年齢雇用継続給付支給決定通知書**（被保険者通知用）」、2回目以降の申請後は、「**高年齢雇用継続給付支給決定通知書**（被保険者通知用）」が発行されるので、会社から受け取りましょう。通知書には、高年齢雇用継続基本給付金の金額などが載っています。

ちなみに初回の申請時には、60歳前の賃金を決めるために、「**雇用保険被保険者六十歳到達時等賃金証明書**」という書類で60歳になった月前の給与額等を記入したものを提出します。また、年齢を確認するために運転免許証の写しや振込先を確認するために振込先の金融機関の通帳の写しが必要になるので、会社から求められたら提出しましょう。2021〈令和3〉年8月から、事前にマイナンバーを届け出ている人については省略できるようになりました。

雇用保険への加入をやめたら？　月単位で判断するので、各月の1日から末日まで雇用保険に加入していることが必要です。月の途中で、雇用保険への加入をやめてしまった場合は、その月から高年齢雇用継続基本給付金はもらえません。

高年齢雇用継続給付

●高年齢雇用継続基本給付金の計算例

60歳前の給与と60歳以降に実際支払われた給与を比較した低下率によって、支給率が決まります。

低下率 = (60歳以降に実際に支払われた給与 / 60歳前の給与) × 100

給付額 = 60歳以降に実際に支払われた給与 × 支給率

●賃金の低下率と支給率（2025〈令和7〉年4月1日以降）*

各月に支払われた賃金の低下率	賃金に上乗せされる支給率
64％以下	各月に支払われた賃金額の10％
64％超75％未満	各月に支払われた賃金額の10％から0％の間で、賃金の低下率に応じ、賃金と給付額の合計額が75％を超えない範囲で設定される率
75％以上	不支給

＊【注意！】2025〈令和7〉年3月31日以前の低下率と支給率とは異なる。

●高年齢雇用継続基本給付金の対象者

2025〈令和7〉年4月1日以降に60歳に達した日＊を迎えた人が対象

＊その日の時点で雇用保険の被保険者期間が5年以上ない人は被保険者期間が5年を満たすこととなった日

●支給率早見表（2025〈令和7〉年4月1日以降）

60歳到達等時点の賃金月額と比較して各月に支払われた賃金額の低下率を計算します。その低下率に応じた支給率を各月に支払われた賃金額に掛けると支給額がわかります。

各月に支払われた賃金の低下率	支給率
75.00％以上	0.00％
74.50％	0.39％
74.00％	0.79％
73.50％	1.19％
73.00％	1.59％
72.50％	2.01％
72.00％	2.42％
71.50％	2.85％
71.00％	3.28％
70.50％	3.71％
70.00％	4.16％

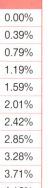

69.50％	4.60％
69.00％	5.06％
68.50％	5.52％
68.00％	5.99％
67.50％	6.46％
67.00％	6.95％
66.50％	7.44％
66.00％	7.93％
65.50％	8.44％
65.00％	8.95％
64.50％	9.47％
64.00％以下	10.00％

ちょっと補足 雇用保険被保険者六十歳到達時等賃金証明書の添付書類　証明書に記された賃金の支払い状況の内容が確認できる書類（賃金台帳など）の添付が必要です。詳しくはハローワークに問い合わせてください。

●雇用保険被保険者六十歳到達時等賃金証明書

雇用保険被保険者六十歳到達時等賃金証明書(安定所提出用)

①被保険者番号	1123-198765-3
②事業所番号	1515-000333-0
60歳に達した者の氏名	厚生 年彦
フリガナ	コウセイ トシヒコ
④事業主 名称	株式会社○○インターナショナル
所在地	神奈川県△△市□□町1-11 11階
電話番号	045-XXX-XXXX
⑤60歳に達した者の住所又は居所	〒220-XXXX 横浜市△△区□□町XX-XX-XX 電話番号(045)XXXX-XXXX
⑥60歳に達した日等の年月日	令和XX年1月2日
⑦60歳に達した者の生年月日	昭和40年1月3日

この証明書の記載は、事実に相違ないことを証明します。
住所 神奈川県△△市□□町1丁目11番地 みなとビル11階
事業主 氏名 代表取締役 山田 正 ㊞

60歳に達した日等以前の賃金支払状況等

⑧60歳に達した日等に離職したとみなした場合の被保険者期間算定対象期間	⑨⑧の期間における賃金支払基礎日数	⑩賃金支払対象期間	⑪⑩の基礎日数	⑫賃金額 Ⓐ Ⓑ 計	⑬備考
60歳に達した日等の翌日 1月3日					
12月3日~60歳に達した日等	31日	1月1日~60歳に達した日等	0日	未計算	
11月3日~12月2日	30日	12月1日~12月31日	31日	322,600	
10月3日~11月2日	31日	11月1日~11月30日	30日	296,400	
9月3日~10月2日	30日	10月1日~10月31日	31日	303,800	
8月3日~9月2日	31日	9月1日~9月30日	30日	310,900	
7月3日~8月2日	31日	8月1日~8月31日	31日	290,900	
6月3日~7月2日	30日	7月1日~7月31日	31日	299,600	
5月3日~6月2日	31日	6月1日~6月30日	30日	323,800	
4月3日~5月2日	30日	5月1日~5月31日	31日	301,400	
3月3日~4月2日	31日	4月1日~4月30日	30日	290,300	
2月3日~3月2日	28日	3月1日~3月31日	31日	340,500	
1月3日~2月2日	31日	2月1日~2月28日	28日	300,400	
月 日~ 月 日	日	月 日~ 月 日	日		

> 賃金未払いがある、雇用調整助成金を受けている、休業手当が支払われたことがあるなど、賃金支払い状況に補足することがあれば記入します。

⑭賃金に関する特記事項

六十歳到達時等賃金証明書受理
令和 年 月 日
(受理番号 番)

※公共職業安定所記載欄

(注)高年齢雇用継続給付金に係る手続きは電子申請による申請も可能です。その際、当該手続について、社会保険労務士が電子申請により当該申請書の提出に関する手続を事業主に代わって行う場合には、当該社会保険労務士が当該事業主の提出代行者であることを証明することができるものを当該申請書の提出と併せて送信することをもって、本証明書に係る当該事業主の電子署名に代えることができます。

社会保険労務士記載欄

(943) 2010.2

ちょっと補足 高年齢雇用継続基本給付金の申請時期　初回の申請は、受給要件を満たして給付金の支給対象となった月の初日から起算して4か月以内に申請します。2回目以降はハローワークから申請日を指定されます。

高年齢雇用継続給付

高年齢再就職給付金をもらう条件と金額

　高年齢再就職給付金の「再就職」とは、いったん退職して基本手当を受け取り始め、給付日数を100日以上残して就職していることをいいます。この給付金をもらうには、高年齢雇用継続基本給付金（→P266）と同じで、雇用保険に5年以上加入していて、60歳の時点と比較して給与額が75％未満に下がることが条件です。

　給付金の計算方法も高年齢雇用継続基本給付金と同じです。

高年齢再就職給付金を受け取る期間

　高年齢雇用継続基本給付金は65歳になるまで受け取れますが、高年齢再就職給付金は基本手当の残りの給付日数が200日以上なら2年、100日以上200日未満なら1年間です。いずれも65歳になると終了となります。

再就職手当か高年齢再就職給付金か

　基本手当をもらっていた人で、残りの給付日数を3分の1以上残している場合は「再就職手当」をもらうことができます。この場合、高年齢再就職給付金とどちらかを選ぶことになります。どちらが得かは年金額や賃金などによるため、ハローワークで相談しながら、十分に検討する必要があります。

ちょっと補足　再就職手当と老齢厚生年金　再就職手当を受け取っても特別支給の老齢厚生年金は減額されません。

● 雇用保険からの給付まとめ

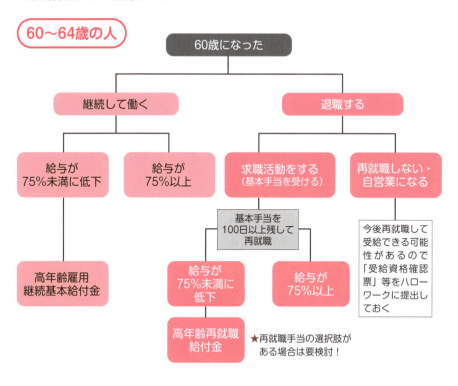

 給付日数に注意 高年齢求職者給付金は基本手当（失業保険）と比べて給付を受け取れる日数が短くなっています。65歳前後での退職を考えている場合には、検討材料のひとつになります。

❷ 老齢年金と雇用保険

雇用保険との調整

65歳前の老齢年金と基本手当

　60歳から65歳になるまでの間に老齢厚生年金を受け取ることができる人が退職した場合、ハローワークから基本手当（失業保険）を受け取ることができる可能性があります。ただし、基本手当と老齢厚生年金を同時に両方とも受け取ることはできないので注意が必要です。

　ハローワークに基本手当を受け取るために求職の申し込みを行うと、その時点で、老齢厚生年金のほうが全額支給停止となり、受け取ることができなくなります。

　老齢厚生年金が支給停止される期間は、ハローワークで求職の申し込みを行った月の翌月から最後の失業認定日の月までです。

　基本手当は、ハローワークで失業の認定を受けた場合に受け取ることができます。そのため、失業の認定を受けることができなかった場合は、基本手当を受けることができなくなります。

●老齢年金の全額支給停止の例

基本手当（失業保険）を受け取るために求職の申し込みを行うと、その時点で、老齢厚生年金のほうが全額支給停止となります。

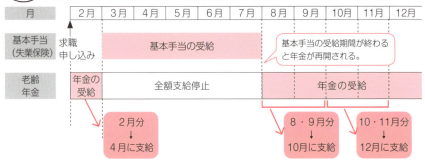

 調整対象期間　ハローワークで求職の申し込みをしたときに年金が支給停止される期間のことです。

ただし、求職の申し込みを行うと、基本手当をもらうことができてもできなくても、老齢厚生年金のほうがまずは支給停止となります。老齢厚生年金が支給停止される期間に、基本手当を受けることができなかった月がある場合は、その月分の老齢厚生年金はすぐに受け取ることはできず、約3か月後に受け取ることとなります。また、老齢厚生年金が支給停止される期間が終了したあとは、老齢厚生年金の受け取りが再開するのは約3か月後となります。

　求職の申し込みをした時点で、老齢厚生年金が全額支給停止されると聞くと、「損をしてしまうのでは？」と思われるかもしれませんが、老齢厚生年金が支給停止される期間が終了したあとに、調整が行われ、老齢厚生年金をさかのぼって受けることができる下の図のような**事後精算**のしくみがあります。

●事後精算の例

給付制限期間の間は基本手当の給付もなく、老齢年金も支給停止されます。

【例】給付制限期間3か月　所定給付日数240日（8か月）の場合

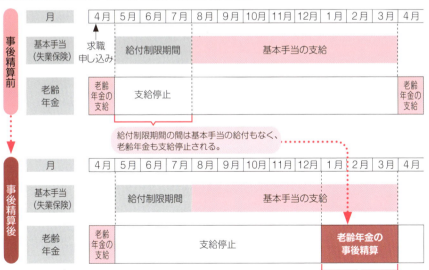

　失業認定を受けなかった場合、年金はどうなる？　ハローワークで失業認定を受けなかった月（基本手当を受けなかった月）がある場合は、その月の3か月後に年金が支払われます。

雇用保険との調整

65歳前の老齢年金と高年齢雇用継続基本給付金

　60歳から65歳になるまでの間に老齢厚生年金を受け取ることができる人が退職せずに会社に勤務している場合で、給与額が低下した場合は、ハローワークから高年齢雇用継続基本給付金を受け取ることができる可能性があります。ただし、高年齢雇用継続基本給付金を受け取ることができる場合は、老齢厚生年金のほうが一部支給停止されます。

　ハローワークで高年齢雇用継続給付金の手続きをする際に定める60歳前の賃金と60歳以降の標準報酬月額（→P60）を比べて、60歳以降の標準報酬月額が75％未満に低下している場合に、最大で6％老齢厚生年金が支給停止されます。

●支給停止率と在職老齢年金の支給停止も含めたイメージ

【支給停止率】

標準報酬月額 60歳到達時 賃金月額	年金停止 （減額）率
75％以上	0.00％
74％	0.35％
73％	0.72％
72％	1.09％
71％	1.47％
70％	1.87％
69％	2.27％
68％	2.69％
67％	3.12％
66％	3.56％
65％	4.02％
64％	4.49％
63％	4.98％
62％	5.48％
61％未満	6.00％

停止率は2025年4月より変更される可能性があります。
最新の率を確認してください。

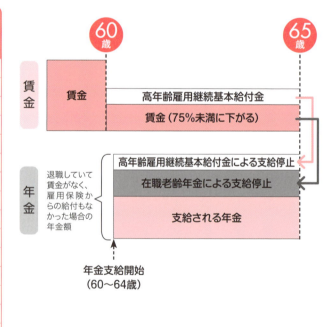

 高年齢雇用継続基本給付金の支給対象期間　60歳に達した月から65歳に達する月までです。ただし、60歳時点において、雇用保険加入期間が5年未満の場合は、雇用保険加入期間が5年となるに至った月から支給対象期間となります。

在職老齢年金と高年齢雇用継続基本給付金はいっしょに考える

なお、在職老齢年金のしくみ（→P116）で、老齢厚生年金が一部支給停止される場合もあります。そのため、高年齢雇用継続基本給付金を受け取ることによる老齢年金の支給停止と在職老齢年金のしくみによる老齢年金の支給停止が両方行われます。

● 老齢年金と高年齢雇用継続給付金を加味した最適賃金

60歳から65歳になるまでの間に老齢厚生年金を受け取ることができる人が退職せずに会社に勤務し、給与額を減額して勤務する場合、老齢年金や高年齢雇用継続給付金を受け取ることができたとしても、ご本人の総手取額（老齢年金受給額＋高年齢雇用継続給付金＋減額後の給与）が給与減額前より低くなってしまっては、生活がたいへんになってしまいます。
そのため、給与減額によって、ご本人の総手取額が大幅に減りすぎないように、次の🅐～🅒に注意する必要があります。

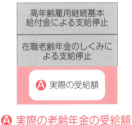

🅐 実際の老齢年金の受給額
在職老齢年金のしくみによる老齢年金の支給停止と高年齢雇用継続基本給付金を受け取ることによる老齢年金の支給停止がある。

🅑 実際の給与の手取額
給与からは税金や健康保険料・介護保険料・厚生年金保険料・雇用保険料が天引きされる。

🅒 高年齢雇用継続給付金の受給額

🅐・🅑・🅒の合計額がどのくらいのものになるか確認しながら、60歳以降の勤務のしかたを考えるのがよいでしょう。会社によっては、🅐・🅑・🅒の合計を加味して、減額後の給与を提示してくれる場合もあります。
会社にそのようなしくみがない場合は、社会保険労務士や年金事務所、年金を受け取る予定の振込銀行などで相談に応じてくれます。

高年齢求職者給付金は老齢厚生年金との調整はない

65歳以上で退職した場合は、ハローワークから**高年齢求職者給付金**をもらえる可能性があります。

ちょっと補足　高年齢求職者給付金の額　雇用保険の被保険者であった期間と基本手当の額によって決まります（→P265）。

雇用保険との調整

　高年齢求職者給付金は、基本手当（失業保険）や高年齢雇用継続基本給付金とは違って、老齢厚生年金との調整はありません。したがって、高年齢求職者給付金と老齢厚生年金は、両方もらうことができます。

●高年齢求職者給付金と老齢厚生年金

> 高年齢求職者給付金と老齢厚生年金は両方もらうことができます。65歳以上で退職した場合は高年齢求職者給付金をもらえる可能性がありますから、ハローワークで相談しましょう。

雇用保険との調整は届出不要

　年金を受け取る権利が発生した日と、求職の申し込みをした日または高年齢雇用継続給付を受けられるようになった日が、平成25年10月1日以後の場合は、雇用保険と老齢年金の調整に必要な届出書の提出は不要となりました。年金請求書に雇用保険被保険者番号を記入するので、それによって年金事務所が雇用保険の受給情報を確認できるためです。

　ただし、年金を受け取る権利が発生した日と、求職の申し込みをした日または高年齢雇用継続給付を受けられるようになった日が、平成25年10月1日よりも前の場合は、雇用保険と老齢年金の調整に必要な手続きが必要です。その場合、「支給停止事由該当届」を年金事務所へ提出します。

　なお、年金請求時に、雇用保険被保険者番号を持っていなくて記入しなかった場合、年金を受けるようになったあとに雇用保険に加入し、求職の申し込みをしたときや、高年齢雇用継続給付を受けられるようになったときなども支給停止事由該当届の提出が必要です。

　支給停止事由該当届の提出には、ハローワークから交付される雇用保険の給付が確認できる書類（失業給付の場合は「雇用保険被保険者証」、高年齢雇用継続給付の場合は「高年齢雇用継続給付支給決定通知書」のコピー）をいっしょに提出します。

 ちょっと補足　雇用保険被保険者証を紛失したら？①　雇用保険被保険者証は会社を通じて被保険者に渡されるものですが、会社側が保管する場合もあります。手元にない場合は会社が保管していないか問い合わせをしてみましょう。

●老齢厚生・退職共済年金受給権者 支給停止事由該当届

様式第583号

老齢厚生・退職共済年金受給権者 支給停止事由該当届
（雇用保険法または船員保険法の失業等給付の申込みをされたとき、もしくは高年齢雇用継続給付等を受けられるようになったときの届）

※この届出には、以下の書類（両面をコピーしたもの）を添付してください。
④で1を○印で囲んだ場合
「雇用保険受給資格証」、「雇用保険受給資格通知」または「船員失業証明書」
④で2または3を○印で囲んだ場合
「高年齢雇用継続給付支給決定通知書」(注)または「高年齢雇用継続給付支給決定通知書」
(注)「高年齢雇用継続給付受給資格確認通知書」では代用できません。

→ 雇用保険の給付の確認ができる書類のコピーの提出が必要になります。

＊基礎年金番号（10桁）で届出する場合は左詰めでご記入ください。

① 個人番号（または基礎年金番号）： 1 2 3 4 5 6 7 8 9 0 0 0
① 年金コード： 1 1 5 0
② 生年月日： 昭和 37年 02月 27日
③ 雇用保険被保険者番号： 4 8 0 0 0 1 4 5 6 7 8

④ 求職の申込みをされた場合や、受けられるようになった雇用保険等の給付
（該当する番号を○で囲んでください）

① 基本手当（船員保険法にあっては失業保険金）
　添付書類「雇用保険受給資格証」等
2. 高年齢雇用継続基本給付金
　（船員保険法にあっては高年齢雇用継続基本給付金）
3. 高年齢再就職給付金
　（船員保険法にあっては高年齢再就職給付金）
2, 3.の添付書類「高年齢雇用継続給付支給決定通知書」等

→ ハローワークに求職の申し込みをした場合は雇用保険受給資格証の被保険者番号を、高年齢雇用継続基本給付金などを受けた場合は高年齢雇用継続給付支給決定通知書の被保険者番号を記入します。

⑤ ④の1に○を付けられた方は、求職の申込みを行った年月日 ※平成25年10月以後の場合は記入不要です。 平成 年 月
⑥ ④の2または3に○を付けられた方は、その給付の対象となり始めた年月 ※平成25年10月以後の場合は記入不要です。 平成 年 月

郵便番号 107-0000　　　令和 XX 年 4 月 10 日 提出
住　所 千代田区○○XX-XX-XX
（フリガナ）コウセイ カズオ
氏　名 厚生 一雄
電話番号 (03)－(XXXX)－(XXXX)

→ 平成25年10月以降の場合は記入不要です。

※下欄は日本年金機構で使用しますので、記入しないでください。

※支給停止51	支給停止年月日	事由	事由	※ 調整額 57
	年 月 日	31 32 33	+・-	

ちょっと補足　雇用保険被保険者証を紛失したら？② 自分の手元にもなく、会社も保管していないという場合は、ハローワークで再発行してもらいます。

❸ 年金にかかる税金

年金にかかる所得税と住民税

老齢年金は課税、遺族年金と障害年金は非課税

　所得税と住民税は、老齢年金にはかかりますが、遺族年金と障害年金にはかかりません。

　老齢年金は、受け取っている年金額が65歳未満の人は108万円以上、65歳以上の人は158万円以上ある場合に、所得税がかかります。所得税がかかる場合は、所得税が天引きされた年金額が振り込まれます。

　毎年2月時点での年金額で所得税がかかるかどうかが判断されます。そのため、年金額が2月の時点で108万円(158万円)未満で、所得税がかからないと判断されると、3月以降に年金額が108万円(158万円)以上に上がった場合でも、その年は所得税がかかりません。

　しかし、このように途中で年金額が変わった場合は、確定申告が必要です。

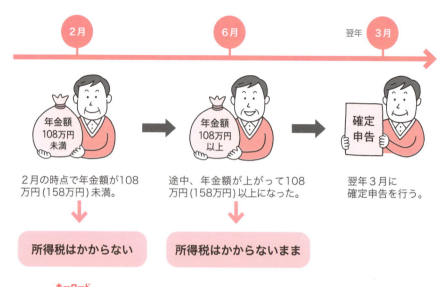

キーワード

確定申告とは① 1〜12月の1年間の老齢年金や給与などの所得を計算することにより、正しい納付税を確定する手続きです。

老齢年金と扶養親族等申告書

　会社から給与の支払いを受けている場合、毎年、「給与所得者の扶養控除等(異動)申告書」を提出しているように、老齢年金を受給している場合は、「**公的年金等の受給者の扶養親族等申告書**」を年金事務所へ提出します。

　「給与所得者の扶養控除等(異動)申告書」を提出すると、給与から天引きされる所得税の額が、提出しないときに比べて安くなるのと同じように、「公的年金等の受給者の扶養親族等申告書」を提出すると、提出しないときに比べて、老齢年金から天引きされる所得税の額が安くなります。

　「公的年金等の受給者の扶養親族等申告書」は、毎年2月時点の年金額が65歳未満の人は108万円以上、65歳以上の人は158万円以上である場合には年金事務所から毎年10月頃に送られてきます。ただし、はじめて老齢年金を請求した場合は、その際の請求書に「公的年金等の受給者の扶養親族等申告書」が含まれているため、改めて「公的年金等の受給者の扶養親族等申告書」は届きません。また、毎年2月時点の年金額が65歳未満の人は、108万円未満、65歳以上の人は158万円未満である場合には所得税がかからないため、届きません。

●**扶養親族等申告書はかならず提出しよう**

申告書を受け取ったらかならず提出しましょう。提出すると提出しないときに比べて、老齢年金から天引きされる所得税の額が安くなります。

キーワード　確定申告とは②　老齢年金や給与などは受け取りのつど、所得税が天引きされています。確定申告をすると正しい納税額が確定されるので、1年間にすでに支払った税金と正しい納税額とを過不足精算できます。

年金にかかる所得税と住民税

「公的年金等の受給者の扶養親族等申告書」を提出したあとに申告内容に変更があった場合には、変更の届出は、年金事務所では受け付けていません。申告書を提出したあとに申告変更があった場合は、確定申告を行わなければならないので注意が必要です。

● **扶養親族等申告書はスマホで提出できる**

扶養親族等申告書はパソコンやスマホを使ってオンラインで提出できます。日本年金機構に提出方法の動画がアップされています。ぜひ活用してください。

［扶養親族等申告書　個人　電子申請］で検索
https://www.nenkin.go.jp/denshibenri_kojin/denshibenri_rorei/denshi_fuyo/shinsei_fuyo.html

給与も年金も受け取っている場合の扶養控除等申告書

会社から給与の支払いを受けていて、老齢年金も受け取っている場合には、会社には、「給与所得者の扶養控除等（異動）申告書」を提出します。

なお、間違って各種控除について、「給与所得者の扶養控除等（異動）申告書」と「公的年金等の受給者の扶養親族等申告書」の両方に記入してしまった場合でも、確定申告に行けば正しく所得税を計算して精算してもらえます。

源泉徴収票は毎年1月に届く

老齢年金を受けている人には、毎年1月中に日本年金機構から公的年金等の源泉徴収票が届きます。遺族年金や障害年金を受けている人には、もともと所得税がかからないので届きません。

源泉徴収票に記載されている支払金額は、2月支払い分から12月支払い分まで(1月に支払いがあった場合は、1月支払い分も含む)の金額です。

キーワード

源泉徴収票　給与や公的年金等を支払いする者が、その支払額やそれに応じて源泉徴収した所得税額を記した書面です。

● 公的年金等の源泉徴収票

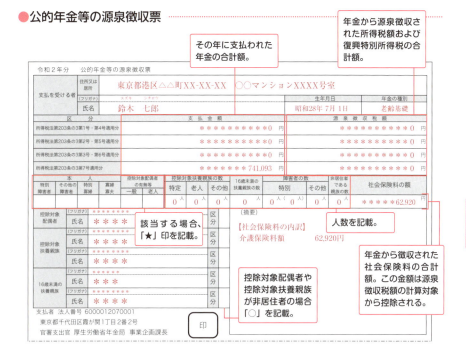

老齢年金と住民税

　老齢年金には住民税もかかります。その年の4月1日に65歳以上である場合は、老齢年金から住民税が天引きされます。

　65歳未満の人で、会社に勤務し給与の支払いを受けていて、老齢年金も受け取っている場合は、給与と老齢年金にかかる住民税がまとめて給与から天引きされますので、老齢年金から住民税は天引きされません。

　その後、65歳になると、これまで給与からまとめて引かれていた老齢年金分の住民税が給与からは天引きされなくなり、老齢年金から天引きがはじまります。

　65歳になると、急に住民税が老齢年金から天引きされて、住民税が給与と二重に引かれているという問い合わせがよくあります。給与と二重で引かれているわけではなく、これまでまとめて給与から天引きされていた老齢年金分が、老齢年金から引かれるように移動しただけです。

 キーワード
　住民税　住んでいる自治体が課税する都道府県民税と市町村税の2つをあわせて住民税といいます。

❸ 年金にかかる税金

年金から天引きされる保険料と税金 まとめ

年金から天引きされる保険料と税金

年金からは税金や保険料などが天引きされます（天引きのことを正確には**特別徴収**といいます）。一定の条件がありますが、次のものが差し引かれます。

● 例 会社で社会保険に加入し老齢年金も受け取る人が天引きされる税金と保険料

65歳未満

何から天引きされる？	天引きされるものは？		補足
給与	社会保険料	健康保険料	―
		厚生年金保険料	
		介護保険料	
		雇用保険料	
	税金	住民税	65歳未満の給与所得者は給与と年金の合算で給与から天引きされる。
		所得税	
老齢年金	税金	所得税	―

65歳以上70歳未満

何から天引きされる？	天引きされるものは？		補足
給与	社会保険料	健康保険料	―
		厚生年金保険料	
		雇用保険料	
	税金	住民税	65歳以上の給与所得者は給与と年金それぞれから天引きされる。
		所得税	
老齢年金	社会保険料	介護保険料	―
	税金	所得税	
		住民税	

 キーワード 普通徴収とは？　年金や給与からの天引きを**特別徴収**といいますが、納付者が口座振替や納付書を使って現金払いすることを**普通徴収**といいます。

● 年金から天引きされる保険料と税金

老齢年金から差し引かれるもの → 社会保険料* / 所得税 / 住民税

遺族年金や障害年金から差し引かれるもの → 社会保険料*

遺族年金と障害年金からは所得税と住民税は天引きされません。

*介護保険料、後期高齢者医療制度保険料、国民健康保険料

70歳以上75歳未満

何から天引きされる？	天引きされるものは？		補足
給与	社会保険料	健康保険料	―
		雇用保険料	
	税金	住民税	65歳以上の給与所得者は給与と年金それぞれから天引きされる。
		所得税	
老齢年金	社会保険料	介護保険料	―
	税金	所得税	
		住民税	

75歳以上

何から天引きされる？	天引きされるものは？		補足
給与	社会保険料	雇用保険料	―
	税金	住民税	65歳以上の給与所得者は給与と年金それぞれから天引きされる。
		所得税	
老齢年金	社会保険料	介護保険料	―
		後期高齢者医療制度保険料	
	税金	所得税	
		住民税	

ちょっと補足　65歳以上の人の雇用保険料　以前は65歳以上の雇用保険被保険者の雇用保険料が免除されていましたが、2020〈令和2〉年4月からは保険料の納付が必要となっています。

●さくいん

あ行

育児休業	64
遺族基礎年金	46・132
〃 の額	138
〃 の子の加算	138
〃 の受給権の失権	140
〃 の受給対象者	136
〃 の受給要件	134
遺族厚生年金	46・132
〃 の額	150
〃 の支給停止	157
〃 の受給権の失権	156
〃 の受給対象者	148
〃 の受給要件	146
遺族年金の請求手続き	228・230
iDeCo	25・27・28・31・68・73

か

介護保険料	260・282
加給年金	86
確定給付企業年金（DB）	27・69・70
寡婦年金	132・142
寡婦年金の請求	231

き

企業型確定拠出年金（企業型DC）	27・28・69・70
企業年金	69・31
基礎年金	42
基礎年金番号	207

基礎年金番号通知書	50
基本手当	263・264・272
協会けんぽ（全国健康保険協会管掌健康保険）	252・255
共済年金	42・69・72

く

繰上げ受給	7・8・10
繰下げ受給	7・9・11
繰下げ申出みなし制度	107

け

経過的寡婦加算	153
健康保険組合	252・255
源泉徴収票	239・280

こ

合意分割	124
後期高齢者医療制度	252・254・283
厚生年金	42
厚生年金基金	27・69・71
厚生年金分割制度	124
厚生年金保険	3・42
〃 の適用事業所	58
〃 の適用除外	58
厚生年金保険被保険者資格取得届	59
厚生年金保険被保険者資格喪失届	59
厚生年金保険料	60
〃 の計算	60・62
〃 の免除	64

公的年金		25・42
公的年金の財政		246
公的年金シミュレーター		111
高年齢求職者給付金		263・264・275
高年齢雇用継続基本給付金		
		13・266・268・274
高年齢再就職給付金		270
国民皆保険制度		252
国民健康保険		252・255
国民年金		3・42
国民年金基金		25・27・31・67
国民年金の加入可能年数		89
〃	の合算対象期間	48・91
〃	のカラ期間	91
〃	の種別変更	51
〃	の任意加入	23・49・50・87
国民年金保険料		52
〃	の学生納付特例	22・54・91
〃	の前納	52
〃	の滞納期間	89
〃	の追納	22・49・57
〃	の納付済期間	48・88
〃	の納付猶予	22・48・54・90
〃	の早割	53
〃	の未納	22・54・56
〃	の免除	22・48・54・88・90
個人型確定拠出年金（iDeCo）		
		25・27・28・31・68・73
個人年金保険		27・75
雇用保険		262〜277

雇用保険被保険者六十歳到達時等賃金証明書		267・269
雇用保険被保険者番号		210

さ行

再就職手当		270
在職定時改定		122
在職老齢年金		13・14・116・275
〃	と雇用保険	120
〃	の計算（60歳代前半）	118
〃	の計算（65歳以降）	121
裁定請求		206
3号分割		126
産前産後休業		64
事後重症		184
事後精算		273
失業認定日		265
失業保険		263・264・272
私的年金		42
死亡一時金		132・144
死亡一時金の請求		231
住民税		281・282
受給資格期間		21・48・54
準確定申告		245
障害基礎年金		46・166
〃	の額	186
〃	の子の加算額	187
〃	の支給停止	178
〃	の受給権の失権	178
〃	の受給対象者	172
〃	の受給要件	168・170

障害厚生年金		46·166
〃	の額	188
〃	の受給権の失権	178
〃	の受給対象者	172
〃	の受給要件	169·170
〃	の配偶者の加給年金	189·190
障害手当金		166
〃	の額	195
〃	の受給要件	192·194
〃	の障害等級	193
障害等級表		173·174
障害認定日		182
障害年金の請求		232·234
障害補償年金		166
初診日		168·176·180·234
所得控除		73·75
所得税		278·280·282
生計維持		214·230
精神障害での障害年金		176
世代間扶養		198

た行

第1号被保険者		43
第3号被保険者		43
第2号被保険者		43
中高齢寡婦加算		152
同日得喪		251
特別支給の老齢厚生年金		3·5·98·100
〃	の額	102
〃	の受給要件	102

〃	の定額部分	98·100
〃	の年金請求書	216
〃	の報酬比例部分	98·100
特別障害給付金		171
特別徴収		282

な行

日本年金機構	42·60
任意継続被保険者制度	255
年金額改定通知書	237·238
年金決定通知書	206·236
年金受給権者現況届	238
年金受給権者死亡届(報告書)	242
年金受給選択申出書	240
年金証書	206·236
年金の請求	202·204
年金請求書	4·19·203·204·206〜219
年金積立金管理運用独立行政法人(GPIF)	246
ねんきん定期便	17·76·110
年金手帳	50
年金手帳番号	208
ねんきんネット	18·78·80·108·123
年金の受給権	202
年金の支払日	237
年金の相談	81
年金振込通知書	206
年金振込通知書	237

は行

1人1年金の原則	154·240

被保険者		43
被用者年金		42
標準報酬月額		60・62・65
付加年金		31・66・87・93
普通徴収		282
扶養控除等申告書		280
扶養親族等申告書		215・239・279
併給		154
平均標準報酬額		102・150・189
平均標準報酬月額		102・150・189
併合認定		185

ま行

マイナポータル	80
マクロ経済スライド	162
未支給年金	243・244

ら・わ行

労災保険（労働者災害補償保険）		158
〃	の遺族等給付	158・160
〃	の遺族特別支給金	161
〃	の遺族補償等給付	158・160
〃	の受給権者の転給	159
〃	の障害特別一時金	197
〃	の障害特別支給金	197
〃	の障害特別年金	197
〃	の障害年金	196
〃	の障害補償年金	196
老齢基礎年金		3・21・45・46・86
〃	の額	92
〃	の繰上げ	7・8・10・94・220

〃	の繰上げ　請求手続き	222・224・226
〃	の繰下げ	7・9・11・96・220
〃	の繰下げ　請求手続き	223・224・226
〃	の受給要件	88
老齢厚生年金		3・45・46・86
〃	の加給年金	112
〃	の加給年金の額	113
〃	の加給年金の特別加算	114
〃	の加給年金の振替加算	114
〃	の額	104
〃	の繰上げ受給	7・8・10・105・220
〃	の繰上げ受給　請求手続き	222・224
〃	の繰下げ受給	7・9・10・106・220
〃	の繰下げ受給　請求手続き	223・224・226
〃	の経過的加算	105
〃	の受給要件	104
〃	の中高齢特例	113
老齢年金受給後の健康保険		252～259・282
〃	の介護保険	260・282
〃	の厚生年金保険料	250・282
老齢年金の全額支給停止		272
わたしとみんなの年金ポータル		18・79

●著者

社会保険労務士法人 小林労務
平成5年東京都千代田区にて開業。
「お客様の立場で次の次を考え、最良な労務管理を提供する」を経営理念に、長年培ってきた「ひと」に関するノウハウで企業の健全な発展をサポートする。
受賞歴：平成26年 東京ワークライフバランス認定企業「長時間労働削減取組部門」
　　　　平成29年 日本赤十字社 金色有功章受賞
https://www.kobayashiroumu.jp/

社会保険労務士法人 小林労務 千鳥ヶ淵研究室
社労士法人小林労務の研究機関。人事労務に関する専門家として、労働法・社会保険関係諸法令に関する情報を定期的に発信している。

【メンバー】
統括責任者	社会保険労務士	小林　幸雄	はじめに・コラム執筆
研究室室長	特定社会保険労務士	上村　美由紀	第1・4章執筆
主任研究員	社会保険労務士	小松　容己	第5・6章執筆
主任研究員	特定社会保険労務士	遠藤　恵	第2・3章執筆

本書に関するお問い合わせは、書名・発行日・該当ページを明記の上、下記のいずれかの方法にてお送りください。電話でのお問い合わせはお受けしておりません。
・ナツメ社webサイトの問い合わせフォーム
　https://www.natsume.co.jp/contact
・FAX（03-3291-1305）
・郵送（下記、ナツメ出版企画株式会社宛て）
なお、回答までに日にちをいただく場合があります。正誤のお問い合わせ以外の書籍内容に関する解説や法律相談・税務相談は、一切行っておりません。あらかじめご了承ください。

これ1冊ですっきりわかる！
年金のしくみともらい方　25-26年版

2025年5月7日 初版発行

| 著　者 | 社会保険労務士法人 小林労務 | ©Kobayashi roumu, 2025 |

発行者　田村正隆

発行所　株式会社ナツメ社
　　　　東京都千代田区神田神保町1-52　ナツメ社ビル1F（〒101-0051）
　　　　電話　03（3291）1257（代表）　FAX　03（3291）5761
　　　　振替　00130-1-58661

制　作　ナツメ出版企画株式会社
　　　　東京都千代田区神田神保町1-52　ナツメ社ビル3F（〒101-0051）
　　　　電話　03（3295）3921（代表）

印刷所　ラン印刷社

ISBN978-4-8163-7717-4　　　　　　　　　　　　　　　　Printed in Japan
〈定価はカバーに表示してあります〉〈落丁・乱丁本はお取り替えいたします〉

本書の一部または全部を著作権法で定められている範囲を超え、ナツメ出版企画株式会社に無断で複写、複製、転載、データファイル化することを禁じます。